SÉCURITÉ ALIMENTAIRE ET STABILISATION MACROÉCONOMIQUE

Le cas Haïtien

ISBN : 2-7384-7438-1

Louis DUPONT

SÉCURITÉ ALIMENTAIRE ET STABILISATION MACROÉCONOMIQUE

Le cas Haïtien

Préface de Robert E. Maguire

L'Harmattan
5-7, rue de l'École Polytechnique
75005 Paris - FRANCE

L'Harmattan Inc.
55, rue Saint-Jacques
Montréal (Qc) - CANADA H2Y 1K9

Collection *Economiques*
dirigée par Pierre-Jean Benghozi

Economiques veut être une collection qui traduise la richesse de la recherche française actuelle en économie et en gestion. A ce titre, elle souhaite rester ouverte à tous les courants de ces disciplines, qu'il s'agisse d'histoire économique, de modélisation, d'analyses sectorielles, d'économie politique, ou de stratégies industrielles... La collection a pour vocation de publier les thèses de jeunes doctorants talentueux comme les ouvrages de chercheurs plus confirmés qui pourront trouver là un espace de diffusion de leurs travaux.
Les lecteurs visés sont bien sûr les économistes et les gestionnaires "de profession". Mais ce sont aussi les "honnêtes hommes" d'aujourd'hui, à la recherche d'outils et de clés de lecture qui leur permettent de mieux appréhender les phénomènes de société auxquels ils sont confrontés dans leur vie quotidienne ou en suivant l'actualité. La collection vise à rendre accessibles des textes et des travaux pointus à un public qui n'est pas uniquement constitué de spécialistes. Les ouvrages publiés dans *Economiques* s'efforcent de mettre donc essentiellement l'accent sur les résultats et les éléments d'explication obtenus dans les recherches plutôt que sur les démarches et les méthodologies adoptées. Les textes publiés contribuent à éclairer les enjeux économiques et sociaux actuels à partir d'approches solides et rigoureuses, en mobilisant des matériaux, des données, des informations, des théories, des modèles ou des analyses inédites. Le seul critère que se donne la collection est un critère de qualité et d'originalité.

Déjà paru

Philippe ANTOMARCHI, *Les barrières à l'entrée en économie industrielle*, 1998.

En souvenir ému de Mangette,
et en hommage à Norma et Louis Junior

Avant-propos

De nombreux pays, en particulier, ceux qualifiés de moins avancés (PMA) sont confrontés au fil des ans à des problèmes d'insuffisance alimentaire.

La sécurité alimentaire constitue par conséquent un des objectifs majeurs de leur politique économique.

Le but de cette étude est d'analyser les causes de l'insécurité alimentaire et les options de politique alimentaire en Haïti, pays figurant parmi les PMA.

Une attention particulière sera portée sur les déterminants macroéconomiques de l'insécurité alimentaire si souvent négligés dans le passé ainsi que sur les conséquences macroéconomiques des politiques alternatives.

Cette étude est le fruit de plusieurs années de recherche au sein du Département d'économie de l'université George Washington. Elle est également le résultat d'une expérience de terrain acquise lors d'une mission d'observation que j'ai effectuée en Haïti de 1995 à 1996 pour le compte de l'Organisation des États américains et de l'Organisation des Nations Unies (MICIVIH).

Je saisis cette occasion pour remercier les différentes personnes contactées dans le cadre de cette étude. Elles ont bien voulu me faire part de leur vision de la situation économique en général et alimentaire en particulier ayant cours en Haïti. Au premier rang de ces personnes figurent : Ernest H. Preeg, ancien Ambassadeur des États-Unis en Haïti de 1981 à 1983 et aujourd'hui titulaire de la Chaire de commerce international au Centre d'études stratégiques et internationales (CSIS) à Washington.

Mes remerciements s'adressent également au Dr. Robert Maguire, Représentant à Haïti de la Fondation interaméricaine, qui m'a fait bénéficier de sa longue expérience des problèmes sociaux haïtiens.

L'aide fournie par George Fauriol, Directeur du programme des Amériques au CSIS, est hautement appréciée ainsi que celle de David Gatelz, Directeur de l'information à International Food Research Institute. Des observations précieuses ont également été reçues de Michael A. Trueblodd, économiste au Service de recherche économique du Ministère américain de l'agriculture. Enfin, pour la partie consacrée à la modélisation de l'ouvrage, un remerciement tout particulier est adressé à Jos. Verbeek de la Banque mondiale (Division Development Data Group : Development Economics) qui m'a fourni les principaux éléments nécessaires à la maîtrise du modèle de base utilisé dans cette institution.

Louis DUPONT

The George Washington university

Préface

Au cours d'une visite effectuée vers le milieu de l'année 1996 en Haïti, j'ai rencontré dans une petite localité proche du village de Desarmes, dans la Vallée de l'Artibonite, les membres d'une association de petits agriculteurs avec lesquels j'avais noué dix ans auparavant des relations à la fin de la dictature Duvaliériste.

Durant ces dix années, j'avais décidé de suivre les efforts que déployaient ces 315 fermiers pour améliorer la sécurité alimentaire de leurs familles et de leur communauté à travers la construction d'un silo à grains et d'un programme pour l'alimentation, le stockage des semences et la commercialisation des céréales.

Pendant plusieurs années, ces agriculteurs ont vu à maintes reprises leurs efforts entravés par l'action des militaires haïtiens et leurs alliés, notamment des spéculateurs locaux et régionaux qui voyaient dans ce programme une menace pour leurs intérêts économiques.

En effet, sentant leurs intérêts véritablement menacés, de gros exploitants agricoles ont eu à une occasion, le soin d'organiser un raid nocturne et armé en direction du silo de l'association, pillant la récolte de maïs et d'haricot qui y était entreposée et incendiant le silo.

Les relations de pouvoir qui, jusqu'ici contrecarraient les efforts des paysans s'étaient profondément modifiées en 1996, suite à l'intervention internationale qui mis un terme au gouvernement de facto et restaura le gouvernement constitutionnellement élu. Aussi, les forces, qui jadis constituèrent un obstacle aux efforts entrepris par les paysans cessèrent.

L'objectif premier de cette visite de 1996 à Desarmes était par conséquent de prendre le pouls de la situation relative à ces petits agriculteurs et de déterminer l'influence du changement qui s'était opéré à leur égard, alors qu'ils continuaient à travailler à l'amélioration de leur sécurité alimentaire.

Lors de cette rencontre, les paysans firent allusion au nouveau contexte politique en vigueur et y exprimèrent leur stupéfaction. Un paysan d'une quarantaine d'années affirma :
"C'est la première fois de ma vie que ma récolte de maïs me procure un revenu", interrogé sur l'utilisation qu'il en ferait (50 dollars US. émanant de l'exploitation de moins d'un ha planté en maïs), il ajouta :

"une partie sera consacrée par ma femme à l'achat de quelques produits de consommation et l'autre à payer quelqu'un à m'aider pour ma prochaine récolte".

Les propos de ce paysan reflétaient l'image de la tâche qu'avait accompli l'association.

Selon le volume de l'ensilage réalisé à l'époque, une partie des grains stockés était allouée aux adhérents de l'association pour un usage alimentaire ainsi que pour la semence, une autre partie relativement importante était orientée vers le marché pour la vente.

Plutôt que de réaliser une opération spéculative, l'association avait décidé de vendre sa production au prix de marché à une organisation non gouvernementale qui l'intégra dans son programme de fourniture d'aide alimentaire au Département du Nord-Ouest, victime de la sécheresse. Le représentant de cette ONG, consulté à ce sujet, confirmait que cette initiative visait à démontrer que Haïti pourrait commencer à satisfaire ses besoins alimentaires si, les petits producteurs du pays étaient encouragés et si la distribution interne de la production alimentaire était rationalisée.

L'optimisme constaté précédemment était perceptible dans toute la Vallée de l'Artibonite et simultanément aux efforts consentis par cette ONG pour promouvoir la sécurité alimentaire nationale, le gouvernement du président René Préval déclarait accorder une grande priorité à l'amélioration de la sécurité alimentaire en Haïti, non par le biais des importations, mais par un accroissement de la production nationale.

Alors que les propos du président Préval étaient applaudis par la plupart des haïtiens, ils étaient reçus avec scepticisme par les donateurs internationaux qui évaluaient négativement les potentialités productives haïtiennes à nourrir la population.

Plutôt que d'accorder de l'importance à un petit secteur rural sous-capitalisé, les donateurs mettaient l'accent sur la nécessité d'abaisser les tarifs douaniers et d'accroître les importations agricoles destinées à nourrir une population haïtienne en augmentation, population pour laquelle, les deux tiers environ du budget national sont constitués de l'apport financier des donateurs.

Nul doute que ce sera la voix des donateurs et pas nécessairement celle des paysans du haut de l'Artibonite ainsi que celle

des ONG nationales ou même celle du gouvernement qui pèsera le plus.
C'est dans ce contexte que le Dr Louis Dupont a entrepris l'analyse de la problématique de la sécurité alimentaire et de la stabilisation macroéconomique en Haïti. Étant donné l'importance cruciale que revêt en ce moment pour Haïti la satisfaction des besoins alimentaires de sa population, de même que la mise en oeuvre de politiques et programmes économiques susceptibles de retombées en terme, non seulement de production et de croissance mais devant permettre par la même la consolidation de la démocratie naissante en Haïti, l'ouvrage du Dr Dupont arrive à un moment propice. Guadeloupéen, il apporte par cette étude, non seulement sa compétence de macroéconomiste, mais également une vision et une appréciation d'universitaire caribéen.
Les paysans du haut de l'Artibonite n'auront pas l'occasion de lire cet ouvrage, mais les décideurs politiques de même que les planificateurs dont les décisions et actions ont un impact direct et important sur la vie de ces agriculteurs en auront l'opportunité.
Ils devraient donc en profiter. Les enjeux y sont importants.

Dr Robert E. MAGUIRE
Inter-américan foundation

Carte

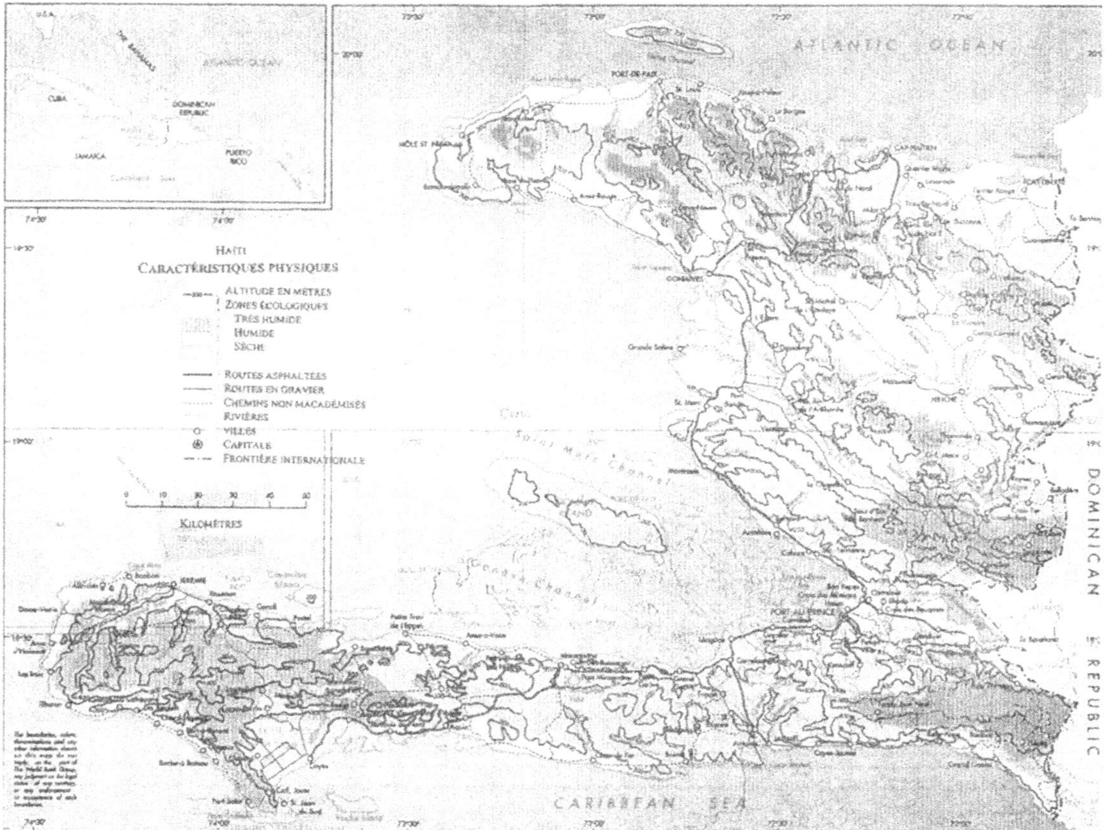
IBRD 270
ATLANTIC OCEAN
CARIBBEAN SEA
DOMINICAN REPUBLIC
PORT-DE-PAIX
MÔLE ST NICOLAS
CAP-HAÏTIEN
GONAÏVES
Grande Saline
St. Marc
HINCHE
PORT-AU-PRINCE
JÉRÉMIE
Saint Marc Channel
U.S.A.
THE BAHAMAS
ATLANTIC OCEAN
CUBA
DOMINICAN REPUBLIC
JAMAICA
PUERTO RICO
HAITI
CARACTÉRISTIQUES PHYSIQUES
ALTITUDE EN MÈTRES
ZONES ÉCOLOGIQUES
TRÈS HUMIDE
HUMIDE
SÈCHE
ROUTES ASPHALTÉES
ROUTES EN GRAVIER
CHEMINS NON MACADÉMISÉS
RIVIÈRES
VILLES
CAPITALE
FRONTIÈRE INTERNATIONALE
0 10 20 30 40 50
KILOMÈTRES

Introduction

La sécurité alimentaire occupe depuis longtemps une place importante dans la littérature économique. De nombreux ouvrages, articles, séminaires, conférences sont consacrés à ce thème et la FAO a organisé un Sommet mondial de l'alimentation qui a réuni à Rome en novembre 1996 137 Chefs d'État et de gouvernement.

Le constat est qu'aujourd'hui, à l'aube du 21e siècle, plus de 840 millions d'êtres humains souffrent encore de la faim, avec un apport quotidien en dessous de 2.200 calories, le seuil minimal retenu par la FAO et l'OMS. Tout le monde s'accorde à trouver choquante cette situation.

Certains s'étonnent du peu de valorisation des potentiels productifs locaux, d'autres ne comprennent pas la simultanéité des problèmes d'excédents au nord et de faim au sud et considèrent comme scandaleuses les destructions de surplus alimentaires.

Au-delà du constat commun, les avis sont partagés sur les solutions. Pour les uns, la solution à la faim du tiers monde doit être trouvée dans une meilleure répartition des aliments à l'échelle mondiale, et ceux là parlent volontier de "sécurité alimentaire" et d'"aide alimentaire", alors que pour les autres, il faut surtout penser au développement des agricultures vivrières locales et ceux là parlent volontiers de "stratégies alimentaires nationales" ou d'"autosuffisance alimentaire".

Multiples sont les voies à explorer pour faire en sorte que chacun puisse se nourrir convenablement à travers le monde. Nouvelle révolution verte, mise en place d'un "développement durable" capable d'assurer l'alimentation de l'humanité sans détériorer l'environnement, émergence d'une philosophie différente de la sécurité alimentaire, plus respectueuse des liens du vivant, meilleur efficacité des institutions internationales et plus grande détermination des gouvernements nationaux ?

Nombreuses sont les possibilités qui s'offrent aujourd'hui pour espérer parvenir un jour à garantir l'accès des plus démunis à l'alimentation, même si, dans bien des régions, la marge de manoeuvre paraît d'autant plus réduite que le temps presse ; c'est notamment le cas des pays les moins avancés, en particulier d'Haïti, objet de la présente étude. Le choix d'Haïti repose sur le fait que ce pays affiche selon la FAO, l'un des plus faibles indices de sécurité alimentaire au monde (FAO. 14e session CFA, 13-17 novembre 1995), que la majorité de ses habitants est confrontée depuis longtemps à un problème alimentaire grave, que la malnutrition a pris des proportions alarmantes, aggravées depuis le coup d'État de septembre 1991 et de l'embargo qui s'en est suivi. La sécurité alimentaire revêt par conséquent une importance majeure dans ce pays. La drégadation de la situation économique et sociale observée en Haïti après près de trente ans de dictature (1957-1986) et ensuite dix ans d'instabilité politique place ce pays au coeur du problème de la pauvreté et de la malnutrition, fléau dont les racines sont à rechercher à travers les vicissitudes de l'histoire mouvementée de ce pays.

Après sa découverte en 1492 par Christophe Colomb, Haïti comme d'autres îles de la Caraïbe fut délaissé par la puissance ibérique parce que dépourvu d'or, au profit de territoires plus richement dotés que sont par exemple le Mexique et le Pérou.

En 1664, la France occupa l'île d'Hispaniola et durant les 140 années suivantes transforma la Colonie de St Domingue en une économie de plantation esclavagiste dénommée "la perle des antilles".

A la fin du 18e siècle, St Domingue tirait profit de l'exploitation de milliers de plantations : 800 d'entre elles produisaient du sucre, 3000 du café, 800 du coton, et près de 3000 de l'indigo. Haïti devint la possession d'outre mer la plus lucrative de la France. Da ns son ouvrage de 1776, intitulé : <la richesse des nations>, Adams Smith considérait St Domingue comme "la plus importante des économies sucrières des Antilles".

La révolution haïtienne (1791-1803) qui conduisit le pays à l'indépendance en 1804 a donné naissance à d'importantes dévastations de la production agricole. Après l'assassinat en 1806 de Jean Jacques Dessalines, premier héros national du pays, Haïti fonctionna à l'image d'une économie duale, composée d'une main d'oeuvre engagée sur de grandes plantations au nord et d'autres exploitant au sud, exerçant sur de petites superficies morcelées.

Bien qu'à l'époque, la politique de redistribution de la terre ainsi que les réformes économiques et sociales aient donné lieu à une amélioration des conditions de vie des anciens esclaves, cette politique a dans le même temps engendré un déclin important et irréversible de la production agricole.

La plupart des présidents haïtiens qui se sont succédés tout au long de l'histoire n'ont accordé malheureusement que peu d'importance au secteur agricole mais en revanche une grande priorité à leur enrichissement personnel, alors que d'autres mettaient l'accent sur le remboursement controversé de la dette à l'égard de la France : puissance coloniale qui, en réalité ne laissa à son départ que peu de capitaux à l'amélioration du niveau de vie des habitants.

Par ailleurs, la rigidité de la stratification sociale et le conflit entre mulatres et noirs ont élargi le fossé entre une élite riche et une masse de pauvres. L'occupation américaine du 19e siècle (1915 - 1934) souleva et soulève encore la question de l'impact économique et social que cette présence a engendré.

Les administrateurs américains ont à l'époque largement contrôlé la politique fiscale et monétaire du pays. Quant aux militaires américains, ils ont construit des routes, des ponts, des écoles, des cliniques, ont introduit le téléphone à Port au Prince et réalisèrent d'autres travaux. Après le départ des troupes en 1934, des conseillers économiques américains sont restés sur place jusqu'en 1914 afin de fournir une aide technique dans le domaine de l'administration fiscale. La vérité conduit à souligner que l'économie haïtienne enregistra durant l'occupation américaine une croissance réelle constatée dans les années 1940 et au début des années 1950. Croissance que l'on peut imputer en partie à l'amélioration des infrastructures mais aussi à l'augmentation du prix à l'exportation des produits traditionnels.

Par la suite, François Duvalier pendant son règne (1957-1971), s'est fait élire président à vie de la république d'Haïti. Il a, par sa politique, marquée du sceau de la corruption institutionnalisée et de la terreur contribué à saper les fondations, certes modestes laissées par les américains et a engagé le pays sur une voie de désolation dont les séquelles sont encore visibles aujourd'hui. La politique poursuivie par ses successeurs n'a pu jusqu'a ce jour sortir le pays de l'ornière puisque quasiment tous les indicateurs socioéconomiques sont considérés aujourd'hui comme alarmants.

En effet, ce pays, à densité de population élevée (7,2 millions d'habitants en 1997 pour une superficie de 28000 km2) qui occupent dans sa partie occidentale le tiers de l'île d'Hispaniola (les deux autres tiers sont occupés par la République Dominicaine) constitue l'une des parties du monde ou les différentes formes du dénuement humain sont les plus prononcées.

Selon les données extraites du rapport 1997 du PNUD sur le développement humain on dénote en Haïti, un très faible indice de développement humain (0,338 en 1994) et corrélativement un indice élevé de pauvreté humaine (46,2 %), une faiblesse de l'espérance de vie (57 ans en 1995), un niveau élevé de la mortalité infantile (84 pour 1000), une faiblesse du taux d'alphabétisation (47 %), du taux de scolarisation dans le primaire (26 %), une faiblesse des différentes formes d'accès aux services de base : santé (50 %), eau potable (39 %), assainissement (24 %). Le revenu moyen par habitant (estimé à moins de 300 $) a diminué en moyenne de 3,7 % par an de 1991 à 1997.

La production agricole, principale source de revenus de 70 % de la population qui vivent dans les zones rurales a, exprimée par habitant, diminué de manière importante depuis le début des années 70. Par suite, l'indice de la production alimentaire per capita a connu le même sort, puisque selon la FAO (FAOSTAT, 1997) cet indice est passé en Haïti en trente ans (1965 - 1995) de 120,8 à 83,7, soit une diminution annuelle moyenne de 1,22 % durant cette période. Les principales productions agricoles sont : le café, les mangues, la canne à sucre, le riz, le maïs, le sorgo, le bois.

Cette diminution de la production agricole s'est traduite par une réduction concommittante des disponibilités alimentaires nationales, par un accroissement de la dépendance du pays à l'égard tant des importations alimentaires commerciales que de l'aide alimentaire. La part des importations dans le PIB évaluée à 43 % en 1984 -85 est passée à 83 % en 1994-95. Pour certains produits tels que le sucre, le ciment, la farine, le pays est passé du stade d'exportateur, ou d'autosuffisance, à celui d'importateur net. Quant à l'activité industrielle, la plupart des branches qui la compose (raffinerie de sucre, minoterie, textiles, ciment, unités légères d'assemblage) mais aussi le tourisme sont entrées à partir de 1981 dans un long processus d'abord de stagnation puis de chute globale : les taux de croissance de la production industrielle en volume ont baissé de plus de 30 % durant la phase 1981/85 par rapport à celle de 1968/80. Le mouvement s'est encore amplifié au cours de la seconde phase de la crise

1986/91 pour atteindre des sommets inégalés durant la période de l'embargo (1991-1994). La répartition sectorielle du PIB était avant l'embargo (1990-91) la suivante : agriculture (34,8 %), industrie (23 %) services (42,2 %).

Dans ce contexte récessif quasi permanent et de baisse du niveau de vie qui caractérisent la situation économique et sociale d'Haïti, le développement économique et social de long terme doit constituer une priorité pour ce pays, en intégrant certains objectifs de rétablissement des équilibres.

Ce <développement> renvoie prioritairement à l'objectif de satisfaction des besoins alimentaires des individus. Objectif premier, mais aussi condition du développement, car les individus ne peuvent participer véritablement au processus que s'ils parviennent en tout premier lieu à assurer le développement de leurs capacités physiques et intellectuelles à partir d'apports nutritionnels adéquats.

La théorie des besoins fondamentaux avait connu une certaine notoriété au milieu des années 70, elle avait disparu de la scène de l'économie du développement avec la prédominance des théories libérales qui sous-tendent l'ajustement structurel, pour réapparaître timidement au début de la décennie 1990 sous une autre forme.

A cet égard, le concept de sécurité alimentaire constitue une approche riche de potentialité et peut désormais contribuer à offrir un renouvellement possible des formes de la planification et un principe organisateur de l'action publique comme alternative aux stratégies exclusivement fondées sur les équilibres financiers. Ce concept ne s'inscrit pas automatiquement dans la logique de l'ajustement structurel.

Les politiques à mettre en oeuvre dans le cadre d'une stratégie nationale de sécurité alimentaire peuvent s'inscrire dans un contexte macroéconomique différent de celui qui est dominant aujourd'hui.

Le concept de sécurité alimentaire est porteur en dehors du paradigme de l'ajustement structurel, il autorise une réflexion nouvelle sur les méthodes d'élaboration de stratégies globales ayant pour objectif la satisfaction des besoins alimentaires et nutritionnels des individus.

C'est à l'une de ces tentatives que le présent ouvrage convie. Ouvrage, qui en premier lieu vise à analyser les causes de l'insécurité alimentaire en Haïti, ainsi que les options de politique alimentaire en vigueur dans ce pays.

Ce faisant, la politique de sécurité alimentaire qui y sera priorisée nécessitera la prise en compte de problèmes socioéconomiques divers. Une attention particulière sera portée aux déterminants macroéconomiques de l'insécurité alimentaire qui ont été souvent négligés dans le passé ainsi qu'aux conséquences macroéconomiques des politiques alimentaires. alternatives.

La première partie de l'ouvrage abordera le concept de sécurité alimentaire et les problèmes qui lui sont liés ; on procédera ensuite à l'examen de la sécurité alimentaire proprement dite en Haïti, et ce, par un bilan de situation qui résumera les éléments saillants du dernier bilan alimentaire haïtien. Dans ce même chapitre, seront évalués et projetés les besoins alimentaires du pays. Des recommandations seront formulées pour une approche globale de la sécurité alimentaire et nutritionnelle.

Pour ce faire, on proposera au préalable une méthodologie d'élaboration de politiques de stratégies de sécurité alimentaire prenant appui sur différentes politiques qui définissent une stratégie de sécurité alimentaire.

Les caractéristiques principales de l'économie haïtienne et leurs interrelations seront décrites dans la deuxième partie ainsi que les principales sources de l'insécurité alimentaire. Les effets des programmes d'ajustement et de stabilisation (PAS) y seront également analysés, de même que le rôle que jouent dans le développement de l'économie haïtienne les transferts des Haïtiens de l'étranger, l'aide générale et l'aide alimentaire. Seront passées en revue les principales composantes de l'agenda du développement économique haïtien. Enfin, on insistera sur les priorités à proposer afin de placer ce pays sur la voie d'un développement autoentretenu.

Dans la troisième et dernière partie sera proposé un modèle de simulation macroéconomique appliqué aux caractéristiques de l'économie haïtienne. Il s'agit d'un petit modèle utile pour l'analyse et la simulation de questions de politique économique importantes. L'intérêt de ce modèle tient à ce qu'il offre un instrument de simulation qui permet de reproduire les traits essentiels de l'évolution économique d'Haïti entre 1995 et 2005 et ce, après application des mesures macroéconomiques préconisées par la banque mondiale et le FMI dans le cadre du récent programme d'ajustement structurel relatif à ce pays.

Enfin un modèle d'équilibre général calculable sera proposé pour tester les effets de chocs exogênes sur les principaux agrégats et sur la pauvreté en Haïti. Ces chocs concernent un aléa climatique (sécheresse), le prix des exportations, les envois de fonds des travailleurs émigrés.

La sécurité alimentaire

I. LA SÉCURITÉ ALIMENTAIRE

La sécurité alimentaire apparaît comme un enjeu majeur dans l'agenda de développement des PMA. Après avoir rappelé ce qu'il faut entendre par "sécurité alimentaire", on analysera, par un bilan de situation, les différents aspects de la sécurité alimentaire en Haïti. Une évaluation et une projection des besoins alimentaires permettront de situer le niveau actuel et futur des disponibilités alimentaires en Haïti. Enfin, on formulera des recommandations pour une amélioration de la situation alimentaire et nutritionnelle de ce pays.

1. Le concept de sécurité alimentaire

Le cadre conceptuel de la sécurité alimentaire a sensiblement changé au fil du temps. Cela reflète l'évolution des perceptions de l'ensemble du problème alimentaire mondial. Au lendemain de la crise alimentaire mondiale du début des années 70, le concept de sécurité alimentaire reposait largement sur la vision suivante : la sécurité alimentaire d'un pays peut être assurée si l'on dispose de stocks céréaliers mondiaux plus abondants et si l'on parvient à contenir dans des limites raisonnables les fluctuations des cours internationaux des céréales. Tenant compte du nouveau contexte dans lequel se situe aujourd'hui la sécurité alimentaire mondiale, de nombreux organismes ont réexaminé et élargi la notion même de sécurité alimentaire. Dès lors, de nombreuses définitions sont apparues ; elles illustrent une double évolution.

Du niveau national au niveau individuel et familial d'une part, d'une perception alimentaire simple vers la prise en compte du niveau de vie des familles d'autre part. La littérature spécialisée abonde en définitions sur le concept de "sécurité alimentaire" ; on peut citer entre autres celles de :

- Nations Unies (1975) "Disponibilité à tout moment des approvisionnements mondiaux en denrées alimentaires adéquates... pour faire face à une augmentation de la consommation alimentaire... et pour répondre aux fluctuations de la production et des prix".

- L'Organisation pour l'alimentation et l'agriculture (1983) "la sécurité alimentaire consiste à assurer à toute personne et à tout moment un accès physique et économique aux denrées alimentaires dont elle a besoin".
- Reutlinger (1985), Banque mondiale (1986). "Accès pour toute personne et à tout moment à une alimentation suffisante pour mener une vie active en pleine santé".
- Maxwell Simon (1987). "Un pays et un peuple sont en situation de sécurité alimentaire quand le système alimentaire fonctionne de telle sorte qu'il n'y a aucune crainte de ne pas posséder une alimentation suffisante".
- Programme alimentaire mondial (1989). "la sécurité alimentaire correspond à la capacité pour toute personne de posséder à tout moment un accès physique et économique aux besoins alimentaires de base. Une stratégie nationale de sécurité ne peut être envisagée sans assurer la sécurité alimentaire au niveau du foyer familial".
- Frankenberger (1991). "... La sécurité alimentaire est assurée lorsque la viabilité du ménage, définie en tant qu'unité de production et de reproduction n'est pas menacée par un déficit alimentaire".

Parmi ces définitions, celle de Reutlinger (Banque mondiale) paraît la plus complète et donc la plus satisfaisante, car englobant des aspects à la fois économiques, alimentaires et sanitaires. Ce concept est le plus largement admis aujourd'hui. La plupart des définitions de la sécurité alimentaire mettent l'accent sur la qualité de la ration en termes de calories ou de manière plus détaillée de composition en nutriments.

Le concept "d'alimentation suffisante" est défini dans la littérature de manière plus ou moins précise. Il peut s'agir :

- du niveau minimum de la consommation alimentaire
- de l'alimentation répondant aux besoins nutritionnels
- de l'alimentation suffisante pour répondre aux besoins énergétiques de tous les membres de la famille afin de vivre de manière active, saine et productrice.

Le concept "d'alimentation suffisante" peut néanmoins être défini par :

- un nombre de calories 2000 kcal/jour/personne --- niveau minimal requis;
- les besoins nécessaires à la survie ou pour mener une vie active en bonne santé;
- une évaluation des conséquences et de l'importance du manque de disponibilité alimentaire;
- une estimation des besoins industriels puis des besoins du foyer familial.

On distingue par ailleurs deux types d'insécurité alimentaire : l'insécurité chronique et l'insécurité temporaire.

L'insécurité alimentaire chronique est la situation de ceux qui, faute de pouvoir se procurer de la nourriture, ont en permanence une alimentation déficiente. Elle est le lot des ménages qui ne peuvent jamais soit acheter, soit produire de quoi se nourrir.

Cette insécurité est enracinée dans la pauvreté. Quant à l'insécurité alimentaire temporaire, c'est le fait, pour un ménage, d'être momentanément dans l'impossibilité de se procurer une alimentation suffisante. Les causes en sont l'instabilité des prix ou de la production alimentaire ou celle du revenu des ménages et sa pire forme est la famine.

Les questions de sécurité alimentaire sont importantes, car améliorer la nutrition, c'est investir dans la productivité de la population. En outre, les mesures de restructuration que les pays entreprennent pour rendre leur économie plus performante ont plus de chance d'aboutir si les objectifs de sécurité alimentaire ne sont pas sacrifiés.

Les problèmes de sécurité alimentaire ne découlent pas obligatoirement d'une insuffisance des approvisionnements. Ils résultent plutôt d'un manque de pouvoir d'achat au niveau des pays ou des ménages.

À long terme, la sécurité alimentaire passe par le relèvement du revenu réel des ménages, qui leur permet d'acheter suffisamment à manger. La pauvreté et la faim doivent permettre l'analyse de toutes sortes de moyens économiques d'améliorer la sécurité alimentaire à court terme. Nombre de mesures de lutte contre l'insécurité alimentaire sont parfaitement compatibles avec une croissance économique efficace, car elles visent à accroître la productivité de la population.

En revanche, d'autres comportent divers sacrifices. En effet, certaines mesures appliquées par les autorités nationales pour renforcer la sécurité alimentaire compromettent à la fois la croissance économique et la sécurité alimentaire à longue échéance. On peut signaler en particulier la surévaluation persistante des monnaies, l'affectation de sommes considérables aux subventions alimentaires et la construction d'installations de stockage coûteux pour réserver l'aide alimentaire aux groupes les plus vulnérables. En outre et, comme indiqué précédemment, la sécurité alimentaire est définie et mesurée à différents niveaux : pays, région, ménage ou particulier.

L'étude de la sécurité alimentaire à l'échelle du ménage ou de l'individu requiert l'analyse de rapports ou d'études relatives aux ménages comportant des mesures liées à la ration alimentaire. Ces études portent généralement sur une période précise, elles mesurent des situations relatives à la période indiquée et non des tendances ni des fluctuations de la consommation et ne peuvent, par conséquent, être utilisées pour une mesure rigoureuse de la sécurité alimentaire; Cependant, elles peuvent être exploitées dans des analyses croisées pour établir la relation entre statut nutritionnel et des variables socioéconomiques et démographiques telles que : revenu, salaire, prix, patrimoine, migration, sexe et éducation. Ces variables peuvent constituer tout au moins une base pour l'analyse du niveau de sécurité alimentaire, prévoir les effets d'évènements extérieurs, étudier et gérer l'impact des différentes politiques.

Au niveau national ou régional, la sécurité alimentaire peut être analysée en termes d'indicateurs de production, de disponibilités alimentaires, de commerce, de stocks et de prix. La disponibilité alimentaire est définie comme suit :

disponibilité alimentaire (C) = production - consommation intermédiaire et déchets + importations nettes - variations de stocks.

La disponibilité alimentaire est un concept de consommation finale, quelquefois appelée "consommation apparente", opposée à la mesure découlant de l'observation de la consommation elle-même.

Les données relatives à la consommation intermédiaire et aux déchets ne sont pas toujours disponibles; dans ce cas, elles sont estimées en pourcentage de la production. La sécurité alimentaire est analysée également en termes de moyenne C, de tendance $\mathcal{L}$ et de variabilité I (C) de la disponibilité alimentaire et de ses composantes. Aussi, plusieurs indicateurs de sécurité alimentaire sont utilisés :

- si le taux de croissance de la disponibilité alimentaire est proche de zéro, une mesure de moyenne-variance peut être utilisée.

$$C \; \frac{1}{2} \; A Var(C)$$

Ou A est le coefficient d'aversion de risque absolu

- En supposant que le résidu relatif de la disponibilité suit une distribution normale, on calcule la probabilité selon laquelle la disponibilité alimentaire se situe à un niveau minimal C_m.

$$\text{Prob}\,(C < \mathcal{L}\, C_m)$$

- Lorsqu'il existe une tendance définie dans la série, la probabilité que la disponibilité alimentaire tombe en dessous d'un certain pourcentage $\mathcal{L}$ de la tendance est calculée comme suit :

$$\text{Prob}\,(C < \mathcal{L}\, C_m)$$

Ces indicateurs prennent plus spécifiquement la forme suivante :

$$\text{prob}\,(C<C_m) = \text{prob}\,\left(\frac{C-\hat{C}}{\mathcal{L}(C)} < \frac{\check{C} - Cm}{\mathcal{L}(C)}\right) = 1 - F_{(\check{C}-Cm)/\delta(C)}{}'$$

$$\text{prob}\,(C<\mathcal{L}\,\hat{C}) = \text{prob}\,\left(\hat{U} = \frac{C-\hat{C}}{\hat{C}} < -(1-\mathcal{L})\right) = \text{prob}\,\left(\frac{\hat{U}}{I(C)} < -\frac{1-\mathcal{L}}{I(C)}\right.$$

$$= 1 - F_{(1-\mathcal{L})/I(C)}$$

Ou I (C) est l'écart type de C, I (C) = GU, le coefficient de variation de C et F, la distribution cumulative normale.

Enfin, soulignons que la FAO a élaboré un indice global de sécurité alimentaire des ménages (IGSAM) en se fondant sur les travaux de Sen (1976) et Bigman (1993), et en incorporant les trois éléments de la sécurité alimentaire : la disponibilité, la stabilité des approvisionnements alimentaires et l'accès aux vivres. Elle a aussi introduit un indicateur (le niveau d'inadéquation alimentaire) qui permet d'introduire un plus grand nombre d'hypothèses pour mesurer l'insuffisance des disponibilités alimentaires au niveau national ; cet indicateur est calculé à partir des estimations de la sous-alimentation chronique. Ces deux mesures, combinées à celles des disponibilités alimentaires calculées à partir des bilans alimentaires, constituent le fil conducteur commun aux diverses expériences politiques qui, dans chaque pays influencent la situation économique et sociale déterminant la sécurité alimentaire.

Pour calculer l'indice de sécurité alimentaire des ménages, on part des estimations de la FAO concernant la sous-alimentation dans les pays en développement; on prend ensuite en compte successivement les indices mesurant l'écart entre l'apport alimentaire des personnes sous-alimentées et les besoins énergétiques moyens à l'échelle nationale, l'inégalité de la répartition des déficits vivriers et l'instabilité des disponibilités énergétiques alimentaires annuelles, qui est un indicateur assez approximatif du risque de carence alimentaire au niveau des agrégats.

La formule de l'indice est la suivante :

$$AHFSI = 100 -[H (G+(1-G) I^{P}+1/2 S [1-H (G+(1-G)I^{P}] 100$$ où,

H est le taux mesurant la proportion de personnes sous-alimentées par rapport à la population totale; cet indice exprime l'ampleur de la sous-alimentation.

G est le déficit vivrier qui mesure l'écart relatif entre l'apport alimentaire énergétique moyen journalier des personnes sous-alimentées et les besoins nutritionnels moyens à l'échelle nationale; cet indice exprime la gravité de la sous-alimentation.

G est le déficit vivrier qui mesure l'écart relatif entre l'apport alimentaire énergétique moyen journalier des personnes sous-alimentées et les besoins nutritionnels moyens à l'échelle nationale; cet indice exprime la gravité de la sous-alimentation.

I^P mesure l'inégalité de la répartition des déficits vivriers, il s'agit du coefficient de variation des disponibilitées énergétiques alimentaires, mesurant la probabilité d'une insécurité alimentaire temporaire.

S est le coefficient de variation des disponibilités énergétiques alimentaires.

Les valeurs de l'IGSAM peuvent varier de 0 à 100, les valeurs les plus élevées correspondent aux plus hauts niveaux de sécurité alimentaire. L'IGSAM n'étant qu'un chiffre relatif, il est difficile d'élaborer des hypothèses à partir d'une valeur quelconque, sauf lorsqu'elle se situe à l'une des deux extrémités de l'échelle.

D'après les estimations de la FAO (1994), les pays ayant un indice supérieur à 85 sont considérés comme jouissant d'une sécurité alimentaire "élevée". Ceux affichant un indice inférieur à 65 sont considérés comme ayant un niveau de sécurité alimentaire "critique".

- Le niveau d'inadéquation alimentaire (FA).

Cet indice relève davantage d'hypothèses servant à mesurer l'insuffisance des disponibilités alimentaires au niveau national. Il est défini par la formule suivante (FAO. 1996).

$$FA=[(^{P}UNNUR(^{C}AVREQ-^{C}AVUNNUR))/^{P}TOTAL\,^{C}AVALAIL]100$$

^{P}UNNUR= pourcentage de personnes sous-alimentées.

^{P}TOTAL= population totale.

^{P}AVREQ= besoins énergétiques moyens.

^{P}AVUNNUR= disponibilités énergétiques moyennes du groupe de personnes sous-alimentées.

^{P}AVALAIL= disponibilités énergétiques moyennes.

Comme on peut le voir, l'indice ne tient pas seulement compte du nombre de personnes sous-alimentées, il mesure aussi leur déficit alimentaire et exprime, en pourcentage, les disponibilités énergétiques supplémentaires nécessaires pour amener toute la population sous-alimentée au niveau moyen, en supposant un ciblage parfait.

Il convient de souligner que ces indicateurs sont étroitement corrélés comme l'indique la matrice de corrélation suivante, calculée par la FAO.

Tableau 1. Matrice de corrélation des indicateurs de "sécurité alimentaire"

AHFSI	Pourcentage UNNUR	Calorie/hab./jour
AHFSI	1	
Pourcentage UNNUR	-0,99	1
Calorie/hab./jour	0,85	-0,85 1

Source : "Food Security Assesment" FAO, WFS 96/.tech/7. Provisional version, janv. 1996.

En résumé, on peut considérer la sécurité alimentaire comme une situation dans laquelle l'offre et la demande de denrées alimentaire sont suffisantes pour satisfaire les besoins de la population sur une base continue et stable. Cette définition générale s'applique aussi bien aux ménages individuels qu'à la sécurité alimentaire globale du pays. En revanche, l'insécurité alimentaire apparaît si à tout moment (occasionnellement, souvent, ou en permanence) le volume de l'offre ou de la demande, (ou les deux) est inférieur aux besoins de la population.

La sécurité ou l'insécurité alimentaire a été abordée jusqu'ici en terme d'indicateurs ou de statistiques;or comme le souligne Claire Brisset[1], l'insécurité alimentaire n'est pas seulement affaire de chiffres. Exprimée sous sa forme extérieure, c'est-à-dire, en terme de malnutrition (mauvaise adaptation de l'alimentation aux besoins des individus : carence en vitamines, en protéines, etc.), elle est aussi et bien plus encore affaire de vie et de mort, de maladies, de handicaps (des exemples d'épidémie de rougeole, méningite, rage, tuberculose, pustule charbonneuse sont fréquents en Haïti). Elle est à la fois, source de pauvreté et conséquence de la misère. Elle signe l'échec de bien des politiques de développement, et souligne sans pudeur l'indifférence des puissants et la froideur des nantis. Elle ne réveille plus grand monde.

Les études récentes ont d'ailleurs permis de mesurer davantage que par le passé l'importance des apports qualitatifs et non plus seulement quantitatifs dans la nutrition humaine, à tous les stades de l'existence mais surtout dans l'enfance.

Un autre élément à prendre en compte pour définir une politique nutritionnelle est l'interaction entre santé et nutrition, de façon à éviter, en particulier, la catastrophique "spirale" malnutrition-infections.

Enfin, que faire en présence de telles données pour orienter une politique nutritionnelle. Les avis des techniciens de la nutrition et non plus seulement ceux des économistes doivent guider l'attitude des politiques. Car de toutes les vicissitudes que rencontre l'être humain pendant les premières années de sa vie peuvent naître plusieurs types de maladie nutritionnelles dont les principales sont entre autres dans le tiers monde :

- Le marasme.

Il s'agit d'une dénutrition globale, calorique surtout. L'enfant est d'une maigreur spectaculaire, il est déshydraté et faute d'une intervention d'urgence, il mourra à brève échéance, emporté par n'importe quelle infection, même bénigne.

- Le kwashiorkor.

Essentiellement dû à un manque massif de protéines, le

1 : Claire Brisset "Les problèmes alimentaires dans le monde" cahier français no 278, oct. déc. 1996.

kwashiorkor est aussi une maladie caractéristique de la malnutrition aiguë, révélatrice d'une crise alimentaire intense. Gonflé d'oedèmes, notamment sur les membres et le visage, ce qui lui donne l'expression joufflue de bébé en bonne santé, les cheveux décolorés, l'enfant pleure constamment, refuse la nourriture, son foie est envahi par les graisses, développant une sorte de cirrhose. Il sera là encore emporté par n'importe quelle infection.

- La malnutrition protéino-énergétique (PCM). Elle est de loin infiniment plus répandue que les deux précédentes. Insidieuse, elle est d'autant plus dangereuse qu'elle est bien souvent peu apparente. Résultat du manque combiné, même modéré de calories et de protéines, elle entrave la croissance en taille comme en poids, accroît la vulnérabilité, une fois encore, à toutes les infections et reste d'une fréquence extrême dans toutes les sociétés frappées à des degrés divers par la malnutrition.

- Les carences en micro-nutriments.

L'organisme, surtout celui des enfants, n'a pas seulement besoin de calories et de protéines, mais de quantité de micro-éléments, ou, "micro-nutriments" qu'un régime équilibré apporte normalement : la malnutrition résulte aussi du déséquilibre de régimes exclusivement composés de céréales ou de racines par exemple. Or, selon les spécialistes, ces carences spécifiques sont parfois d'une extrême gravité et d'une très grande fréquence, en particulier trois d'entre elles :

- La carence en fer.

L'anémie qui frappe de millions d'êtres humains dans le monde est imputable dans un cas sur deux à un régime de carences en fer. Ces millions de personnes sont presque toutes des femmes et des enfants. L'anémie ferriprive, selon les médecins nutritionnistes, diminue le transport par le sang de l'oxygène pulmonaire vers l'ensemble des tissus et provoque non seulement des difficultés cardiaques mais aussi un affaiblissement des défenses immunitaires et un ralentissement des performances physiques et intellectuelles.

Toujours selon les spécialistes, l'anémie entrave aussi la croissance du foetus, aggrave le risque de mort de l'enfant in utéro et de la mère lors de l'accouchement.

• La carence en iode.

On estime à un milliard le nombre de personnes vivant dans des zones ou sévit la carence en iode, ce qui les expose, dans les cas les plus graves, à l'arriération mentale lorsqu'il s'agit d'enfants, à des retards globaux du développement intellectuel et physique, à des troubles de l'audition, à la mort du foetus chez les femmes enceintes, au goitre chez les adultes, etc.

• La carence en vitamine A.

Cette carence, imputable à un régime alimentaire trop pauvre en végétaux rouges ou oranges, en produits laitiers, en viande et en poisson, est préjudiciable non seulement aux yeux (cécité chez les enfants) et à la peau, mais porte également une atteinte globale aux défenses immunitaires de l'organisme, tout particulièrement chez les enfants.

En résumé, les maladies nutritionnelles relèvent de facteurs complexes interdépendants et la malnutrition apparaît comme le résultat d'une situation d'ensemble, dont la pauvreté constitue la toile de fond.

Si quatorze millions environ d'enfants de moins de cinq ans meurent chaque année, essentiellement dans le tiers monde, de causes dont l'immense majorité aurait pu être évitée, ce n'est presque jamais "de faim", comme on a tendance trop souvent à le croire. Beaucoup d'enfants, mais aussi beaucoup d'adultes, souffrent de diverses formes de malnutrition sans ressentir la faim.

Par contre, ce qui emporte la très grande majorité de ces millions d'enfants est l'effet combiné de la malnutrition, des infections, des maladies parasitaires et diarrhéiques.

2. La sécurité alimentaire en Haïti

2.1. Bilan de situation

Son PNB par habitant, de moins de 300 dollars en 1997, fait d'Haïti le pays le plus pauvre de l'hémisphère occidental. C'est également l'un des plus densément peuplés : 7 millions d'habitants sur une superficie totale de 28.000 km2. Plus de 70 % de cette population vit, selon la FAO, en dessous du seuil de pauvreté qui est de 150 dollars par an.

Le revenu annuel de 61 % des habitants est inférieur à 100 dollars et on estime que 6 % seulement de la population contrôlent 90 % de la richesse du pays. Une inflation importante, l'incapacité du gouvernement à collecter efficacement les recettes fiscales, des politiques macroéconomiques inadaptées et des années de négligence du secteur rural ont, entre autres, contribué à accroître la pauvreté et l'insécurité alimentaire dans le pays. De plus, la crise politique qui a prévalu dans le pays lors du coup d'État de 1991 et de l'embargo infligé à Haïti jusqu'en 1994 a sérieusement affaibli la capacité de l'administration centrale et des communautés locales à gérer et promouvoir le développement. À la fin de l'année fiscale 1993-94, les arriérés concernant la dette extérieure s'élevaient approximativement à 121,5 millions de dollars et la dette extérieure à environ 160 millions de gourdes (11,4 millions de dollars). Le déficit budgétaire représentait 4,7 % du PIB. La dépréciation de la gourde plus la diminution des exportations représentent pour le gouvernement une contrainte majeure face au problème alimentaire.

Le taux de couverture des importations par les exportations est passé de 67,5 % en 1990-91 à moins de 50 % en 1994-95. Malgré la levée des sanctions, en octobre 1994, la situation de la grande majorité de la population demeure aujourd'hui très préoccupante comme l'attestent les deux tableaux suivants. En outre, plus de 70 % de la population vivent dans des zones rurales et travaillent sur des lopins de terre dont 75 % ont une superficie inférieure à 1,3 ha.

Les grosses exploitations appartiennent à des propriétaires le plus souvent absents dont les parcelles sont exploitées en location par des paysans dont le mode de partage de la récolte avec les propriétaires ne facilite pas l'adoption de technologies nouvelles ni l'accroissement de la productivité. Ces exploitations donnent naissance souvent à de graves et sanglants conflits terriens entre les paysans, en particulier dans la région de l'Artibonite. Par ailleurs, il convient d'ajouter toujours selon la FAO que la plupart des ménages haïtiens consomment moins de 75 % du niveau calorique minimum nécessaire et on estime à 36 % les ménages qui ont une ration en protéine inférieure au niveau requis par la FAO et l'OMS (Une moyenne de 45 grammes par jour pour un adulte).

• Le déficit alimentaire du pays est estimé aujourd'hui à environ 300.000 tonnes d'équivalent céréale (FAO 1994). L'absence de sources énergétiques alternatives a conduit à une destruction de 97 % de la forêt naturelle. Ne reste actuellement que 60.000 hectares de forêt.

La montée de la pression démographique, l'abattage des forêts pour le bois de feu et le bois d'oeuvre et l'expansion des cultures vivrières sur les collines ont entraîné une très forte érosion du sol. La surpopulation a également eu pour conséquence une diminution de la viabilité des exploitations agricoles et de la production par habitant et une aggravation de la pauvreté rurale, de la malnutrition, de l'exode rural et de l'émigration.

Les pertes de productivité constatées au niveau du sol et du travail ont entraîné une détérioration du stock de capital du pays (fertilité du sol, système d'irrigation et réseaux routiers) reflétant un environnement politique et économique non propice à l'investissement.

Tableau 2. - Haïti

cateur	Unité de mesure	Dernière année 1970–75	1980–85	Estimation plus récente 1988–93	Même région/Groupede revenu Amérique latine Caraïbes	Faible revenu	Prochain Groupe à revenu élevé
		Indicateurs de pauvreté					
VRETÉ							
eau supérieur	monnaie locale	...	...	...	...	...	...
ce par hab.	% de pop.	...	...	...	...	19	...
eau inférieur	monnaie locale	...	...	...	...	...	...
ce par hab.	% de pop.	...	...	...	...	...	...
per capita	$ E.U.	...	...	...	2 930	380	1 590
ENU DES INDICATEURS À COURT TERME							
ailleurs urbains non qualifiés	Mon. Locale	...	...	...	...	...	...
ailleurs ruraux non qualifiés	"	...	...	...	...	...	...
nes de l'échange (rural)	"	...	...	...	...	...	...
ce des prix à la consommation	1987=100	48	109	228	...	...	...
le revenu	"	...	...	...	...	...	...
nentation	"						
Urbaine	"	25	...	...	...	...	...
Rurale	"	...	119	178	...	...	...
CATEURS SOCIAUX							
enses publiques sur les services sociaux	% du PIB	...	...	...	...	...	...
e							
aire	% pop. âge scol.	60	96	56	107	108	104
ommes	"	...	102	58	...	116	...
emmes	"	...	90	54	...	101	...
alité							
ortalité infantile	par mil. de naissance	135,0	108,0	84,2	43,0	63,1	39,0
ortalité enfants moins de 5 ans	"	...	...	130,0	52,2	101,4	61,5
unisation							
ugeole	% groupe d'âge	...	13,0	31,0	78,7	87,3	77,6
T	"	...	12,0	41,0	73,7	89,9	82,2
nutrition (enfants moins de 5 ans)	"	...	...	...	...	40,3	...
rance de vie							
otal	Années	49	53	57	69	62	67
vantage des femmes	"	2,9	3,2	3,4	5,3	2,1	5,9
l de taux de fertilité	Naissances par femme	5,8	5,2	4,8	3,1	3,6	2,9
de mortalité maternelle	par 100 000 naissances	...	340	600	...	...	...
		Autres indicateurs de pauvreté					
enses en sécurité sociale	% dép.tot. de l'État	...	...	...	...	...	...
verture en sécurité sociale	% pop. active	...	...	...	...	...	...
s à l'eau potable : total	% de la population	12,0	37,3	41,8	80,0	67,0	...
Urbaine	"	46,0	59,0	55,5	90,2	78,7	...
Rurale	"	3,0	30,0	36,4	57,6	62,0	...
s aux soins de santé	"	...	...	45,0	...	...	...

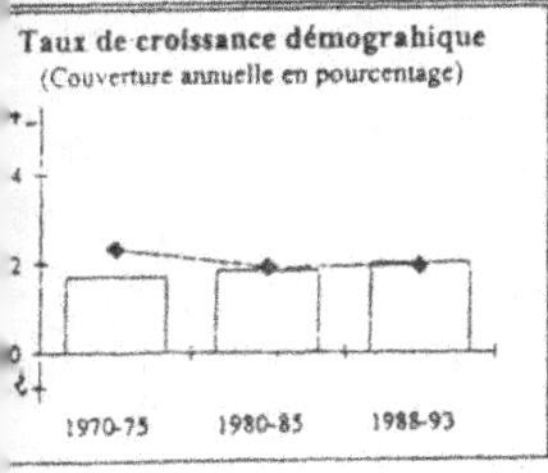

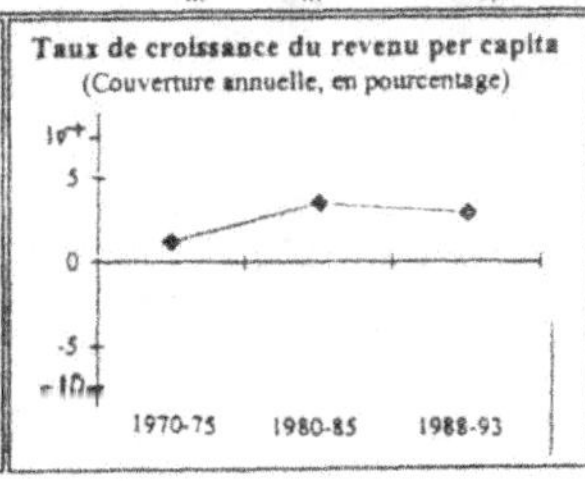

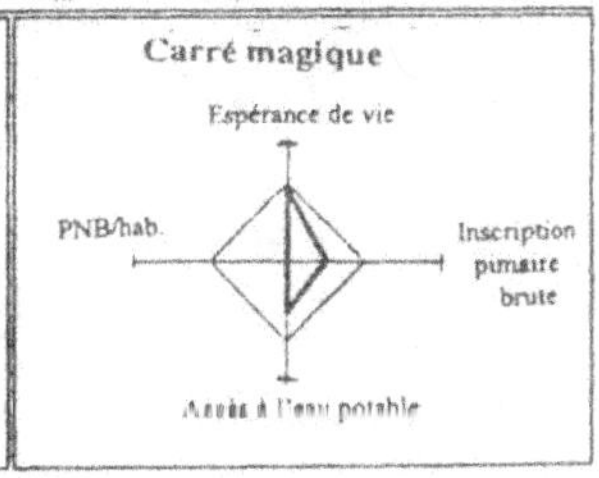

aïti
aible revenu

— Haïti
— Faible revenu

Carré Magique, fondé sur quatre indicateurs, souligne le niveau de développement atteint par le pays par comparaison à un oupe de pays aux caractéristiques identiques.

Tableau 3. Haïti

Indicateur	Unité de mesure	Dernière année 1970-75	1980-85	Estimation plus récente 1988-93	Même région/Groupe de revenu Amérique latine Caraïbes	Faible revenu	Prochain Groupe à revenu élevé
		Ressources et dépenses					
RESSOURCES HUMAINES							
Population (mre =1993)	Millions	4.920	5.865	6.893	466.304	3091.764	1096.665
Ratio des inactifs	ratio	0.84	0,81	0.79	0.66	0.67	0,69
Zone Urbaine	% de la pop	21.7	26.0	30.4	71.2	27,6	54.7
Taux de croissance de la population	% annuel	1.7	1.8	2.0	2.0	1.9	1,6
Zone Urbaine	"	3.5	3.6	4,0	1.9	3.9	2.9
Population active (15-64)	Millions	2.441	2,822	3.344	169,839	1442,452	459,196
Agriculture	% pop. active	72	70				
Industrie	"	8	8				
Femmes	"	45	43	41	27	33	31
Femmes pour 100 Hommes							
Urbain	Nombre	144	134				
Rural	"	103	103				
RESSOURCES NATURELLES							
Zone	Millions km2	27.75	27,75	27,75	20505.92	39091.96	40682.57
Densité	pop. au km2	177.30	211.35	243.43	22,29	77,60	26.52
Terrain agricole	% terrain	51.52	51,05	50.98	40.00	52.82	39.61
Variation en terre agricole	% annuel	-1.39	0.00	0,29	0.39	0.03	-0.13
Terre agricole sous irrigation	% 4.93	4.98	5,34	3,41	18,02	12,66	
Forêts et bois	Millions km2		0.00	0,00	9.87	7,15	5,95
Déforestation (net)	% annuel			4,77			
REVENU							
Revenu ménager							
Plafond de la part au foyer 20 %	% du revenu						
Plancher de la part au foyer 40 %	"						
Plancher de la part au foyer 20 %							
DÉPENSES							
Produits alimentaires	% du PIB						
Denrées de première nécessite	"						
Viande, poisson, lait, fromage, oeufs	"						
Importation de céréales	Millions T	88	220	381	27,700	34.420	66,281
Aide alimentaire (céréales)	"	25	101	74	1.565	8,334	5,477
Production alimentaire per capita	1987=100	109	108	71	101	113	101
Consommation d'engrais	kg/ha	1,5	2,3	3,1	16.1	59,9	48,0
Agriculture en PIB	% du PIB						
Logement	% du PIB						
Taille moyenne habitat	personnes par habitat	3,6					
Zone Urbaine	"	2,2					
Investissement fixe : ménage	% du PIB						
Essence et énergie	% du PIB						
Consommation en énergie per capita	équiv. Kg huile	34	51	47	913	364	1.595
Habitation électrifiée							
Urbaine	% habitat	% au foyer					
Rurale	"						
Transport et communications	% du PIB						
Investissement fixe : transport	"						
Longueur totale route	Millions km	3	4	4			
INVESTISSEMENT EN CAPITAL HUMAIN							
Santé							
Population par médecin	personnes	12.392	7.304				
Population par infirmier	"	7.408	2,270				
Population par lit d'hopital	"	1.289	1.384	1.326	517	1,016	604
Thérapie par rehydratation orale (avant 5 ans)	% de cas			20	61	38	
Éducation							
Ratio brut de scolarisation							
Secondaire	% âge scola	8	18	22	47	41	53
Filles	"	7	17	21		34	
Ratio élèves primaires	enfants par inst	40	38	21	26	39	
Ratio élèves secondaires	"	16	20	20		20	
Élèves atteignant grade 4	% de cohort		37	60			
Taux de redoublant : primaire	% enregis. total		9				
Illetrés	% pop. (âgé +15)	79	52	47	15	41	19
Filles	% femmes (âgée+15)		58	53	18	53	
Information en circulation	par mill. pop	19	9	7	85		74

Banque mondiale ; International Economics Department, Avril 1995.

L'insécurité alimentaire existe partout sur le territoire national. On considère toutefois qu'elle est plus importante dans le nord-ouest et le nord-est. L'île de Gonaïve, le plateau central (Tibois Casal), le sud-est et la région de Port-au-Prince sont également des zones à haute insécurité alimentaire. Il existe cependant entre ces régions des différences significatives.

La vallée de l'Artibonite, le nord et le sud-ouest ont de meilleurs résultats en termes de sécurité alimentaire. En général, les zones montagneuses humides avec une pluviométrie variant entre 700 et 1.200 millimètres et des sols où peuvent être cultivés du maïs, des haricots, des fruits ont une insécurité alimentaire moindre que celles des régions montagneuses et des plaines où la pluviométrie varie entre 300 et 500 millimètres.

À cela, il convient d'ajouter la vulnérabilité du pays aux catastrophes naturelles, en particulier aux cyclones . Le rapport 1993 de la Croix Rouge Internationale sur les catastrophes mondiales indique qu'entre 1967 et 1991, 127.000 personnes par an ont été victimes en Haïti de cyclones, inondations et sécheresses. Les sécheresses, cyclones, tempêtes tropicales et inondations sont des problèmes récurrents en Haïti. Cyclones et inondations à l'ouest et au sud-ouest, sécheresse au nord-ouest et dans la plaine des Gonaïves.

Quels sont dans ce contexte les objectifs du gouvernement haïtien en matière de sécurité alimentaire ?

Jusqu'à récemment, Haïti n'a pas eu une approche bien définie du problème. En réalité, il est apparu une confusion apparente sur la politique de sécurité alimentaire au niveau national. Depuis la restauration en octobre 1994 du gouvernement démocratiquement élu, le gouvernement et la communauté internationale ont fixé comme priorité, la réduction de la pauvreté, ainsi que l'amélioration de la sécurité alimentaire au niveau national et des ménages.

La priorité à la sécurité alimentaire est largement partagée par les récents documents de stratégie d'institutions comme l'ONU, la Banque mondiale, l'Union européenne et le Gouvernement des États-Unis. Les programmes de ces institutions ainsi que ceux d'autres agences auxquelles relève le Programme alimentaire mondial donnent pour les prochaines années la priorité aux objectifs suivants :

La protection et le développement de l'individu par une amélioration des soins de santé, une aide nutritionnelle et une meilleure éducation de base pour les enfants, spécialement ceux issus de parents pauvres. L'accroissement du revenu et l'amélioration de la sécurité alimentaire par :

- La réhabilitation et le développement des infrastructures agricoles et rurales (routes, petits systèmes d'irrigation, citernes, écoles et centres de santé).
- Augmentation de la production alimentaire de base.
- Accroissement de la pêche et de l'élevage.
- Dispense d'une formation et fourniture de crédits aux petits fermiers.
- Conservation du sol et gestion de l'eau.

Le gouvernement considère l'aide alimentaire comme une ressource importante pour résorber la pauvreté et améliorer la sécurité alimentaire pour les couches les plus vulnérables de la population.

Compte tenu de ces objectifs, le gouvernement haïtien a souhaité mettre en place une réserve alimentaire stratégique composée de riz, maïs et haricots; Réserve à la constitution de laquelle il ferait appel à la contribution des donateurs internationaux. L'avantage d'une réserve de sécurité alimentaire est de faire face en temps utile aux urgences et donc de parer à toute éventualité. La position du gouvernement haïtien sur l'aide alimentaire est contenue dans un document d'orientation stratégique du Ministère de l'agriculture. Ce document souligne que l'aide alimentaire est nécessaire mais que pour éviter ses effets pervers, il convient que :

- Des activités soient créées afin d'améliorer cette sécurité, notamment la disponibilité alimentaire et l'accès à cette dernière.

- L'alimentation devrait être distribuée en priorité, dans les régions à fort déficit alimentaire, ceci, entre les récoltes.

- Cette distribution devrait être ciblée, limitée dans le temps et donner des résultats significatifs et quantifiables. À l'exception des cas d'urgence, elle ne devrait pas être gratuite mais axée principalement sur une amélioration à la fois de la production agricole et du développement des ressources humaines (éducation, santé et nutrition), la protection de l'environnement et le renforcement des filets de sécurité.

- La coordination de l'aide alimentaire étant vue comme essentielle.

- La monétisation sur une base sélective est également préconisée afin d'accroître l'impact de projets par la fourniture d'une alimentation locale appropriée et en plus grande quantité, l'utilisation des fonds dans un certain nombre d'activités, une assistance technique et une aide à la gestion.

Ces grandes lignes d'orientation stratégique en matière de sécurité alimentaire coïncident avec celles à la fois du Programme alimentaire mondial et des autres donateurs tels que l'USAID et l'Union européenne. On analysera ci-après l'étendue de l'insécurité alimentaire en Haïti à travers ses 3 composantes, à savoir : la disponibilité alimentaire, l'accès aux vivres et l'utilisation alimentaire. On terminera cette analyse par un examen du dernier bilan alimentaire et par une évaluation de la performance du programme alimentaire mondial dans ce pays.

1) Disponibilité alimentaire.

La disponibilité alimentaire en Haïti sera analysée par l'étude en longue période de la production alimentaire proprement dite ainsi que celle de la qualité de la ration alimentaire, des importations alimentaires, de l'aide alimentaire, des recettes d'exportation et de la capacité à importer du pays.

a) La production alimentaire nationale

La production alimentaire a commencé à décliner depuis 1987 ; cette baisse est d'environ 2 % par an jusqu'en 1995 alors que la population a affiché un taux de croissance de 2 % par an durant la même période, la production alimentaire per capita ayant diminué à un taux plus élevé.

Les productions agricoles à l'exception du riz affichent une tendance à la baisse et sont de loin inférieures à celles enregistrées dans tout autre pays de la région. Le manioc, l'igname, la banane et le plantain sont les récoltes les plus importantes en terme de volume. La production de ces récoltes a augmenté jusqu'au début des années 80, mais a stagné depuis.

Graphique 3. Haïti - Production alimentaire totale et production alimentaire per capita

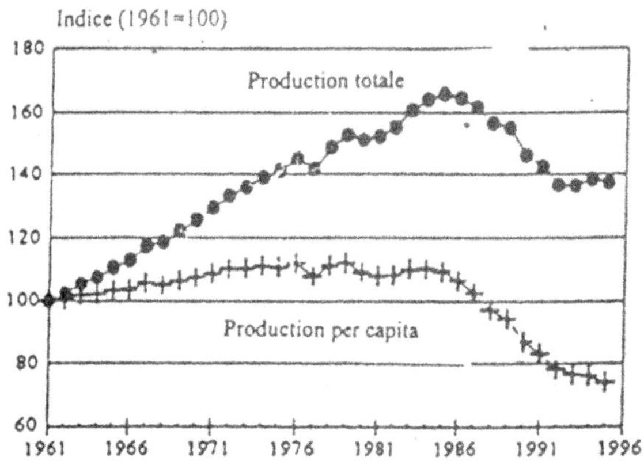

Source : USAID, 1997

La production céréalière a diminué (sauf le riz); elle est passée de 560.000 tonnes en 1972 à 370.000 tonnes en 1993-95. La production céréalière per capita est passée de 120 kg par personne et par an au début des années 60 à 50 kg au début des années 90. En pourcentage, la production alimentaire totale a diminué d'un tiers entre 1972 et 1993-95, alors que la production alimentaire per capita a diminué de près de 60 %.

L'importance relative des différentes céréales s'est également modifiée au cours du temps. La production de riz s'est accrue, offrant dans les années 90 plus de 20 % de la production céréalière locale contre 12 % au début des années 60. La production de sorgho a diminué, fournissant dans les années 90, 20 % de l'offre céréalière locale contre 40 % au début des années 60. La production de maïs, qui avait baissé dans les années 70 a commencé à croître de nouveau en 1990-91.

Graphique 4. Haïti - Production de quelques denrées alimentaires

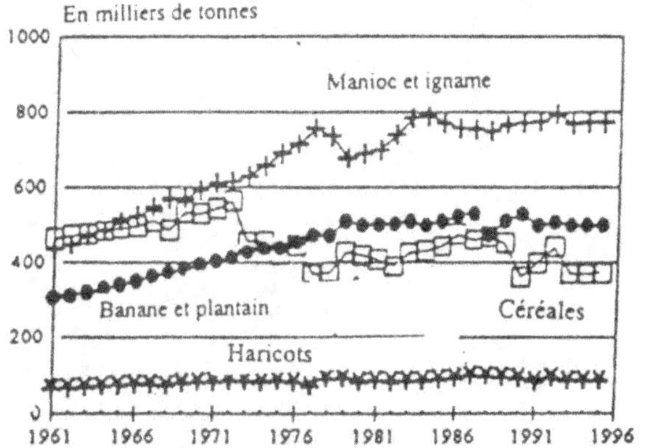

Source : USAID, 1997 opus cité.

Graphique 5. Haïti - Évolution de la production céréalière

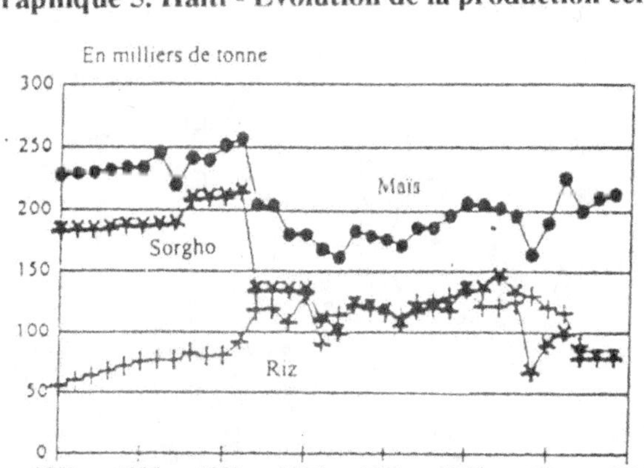

Source : USAID, opus cité.

Haïti : Production alimentaire par habitant : indice : 1979 - 1981 = 100

Année	Valeur ajustée	P/capita	Résidu
* 1961	95.80	102	-5.70
* 1962	97.24	98	-0.66
* 1963	98.55	100	-1.05
* 1964	99.71	100	-0.29
* 1965	100.73	101	-0.67
* 1966	101.62	100	1.52
* 1967	102.36	102	0.66
* 1968	102.97	99	3.57
* 1969	103.43	100	3.33
* 1970	103.75	101	2.35
* 1971	103.93	103	1.13
* 1972	103.97	104	0.17
* 1973	103.87	103	0.57
* 1974	103.64	104	0.04
* 1975	103.26	103	0.36
* 1976	102.74	102	0.44
* 1977	102.07	96	6.17
* 1978	101.27	99	1.87
* 1979	100.33	103	-3.07
* 1980	99.25	100	-0.95
* 1981	98.03	96	1.63
* 1982	96.67	95	1.57
* 1983	95.16	99	-3.74
* 1984	93.52	99	-5.28
* 1985	91.74	98	-5.86
* 1986	89.81	95	-5.09
* 1987	87.75	90	-1.85
* 1988	85.54	87	-1.26
* 1989	83.20	85	-1.60
* 1990	80.71	80	1.11
* 1991	78.09	77	1.59
* 1992	75.32	71	3.92
* 1993	72.41	69	3.31
* 1994	69.37	68	1.77

Statistiques pour 1961 ... 1994 :

Années =	34	
Minimum =	67.60	(1994)
Maximum =	103.80	(1972)
Fourchette =	36.20	
Moyenne]/année=	-1.03	
% □ =	-33.40	
% annuel =	-1.19	
Moyenne =	94.94	
Ecart type =	10.30	

y = P/capita

x = Year Index (1961=1)

Parabole : $y = ax^2 + bx + c$

a =	-0.0702
b =	1.6560
c =	94.2099
R^2 =	0.9207
SEE =	2.9434

Source : FAO : FAOSTAT 1995

b) La qualité de la ration alimentaire haïtienne.

Elle s'est également détériorée. En effet, selon une étude récente réalisée par l'USAID[2], les haïtiens continuent de puiser l'essentiel de leurs calories des céréales de base, alors que le nombre de calories émanant de ces céréales a diminué substantiellement. D'une moyenne de 900 calories par personne et par jour au début des années 60, il est passé à 700 calories durant la période 1992-94. Le chiffre le plus faible ayant été atteint entre 1987 et 1992 avec 650 calories. Le riz demeure, en terme calorique, la céréale la plus importante (40 %) suivi par le blé (32 %) et le maïs (20 %). Le pourcentage de calories dérivé du sucre, second produit d'importance dans la ration haïtienne a augmenté puisqu'il est passé de 235 calories par personne et par jour au début des années 60 à une moyenne de 250 calories en 1993-94.

Le nombre de calories tiré de la viande, du lait et des oeufs a également diminué, passant de 110 calories par personne et par jour en 1987 à environ 80 calories en 1994. Un autre élément attestant de la baisse de qualité de la ration haïtienne est le fait que le pourcentage de protéine dérivé des sources animales soit passé de 20 % en 1987 à 16 % en 1994.

Graphique 1. Haïti - Évolution des disponibilités alimentaires (en calories)

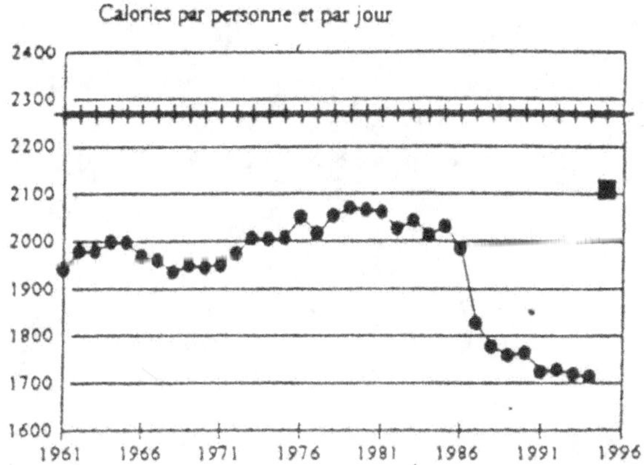

Source : USAID Strategy to Improve Food Security in "Haïti", 1997.

---

(2) USAID "Strategy improve food security in Haïti : a proposal" février 1997.

Graphique 2. Haïti - Qualité et diversité de la ration alimentaire nationale

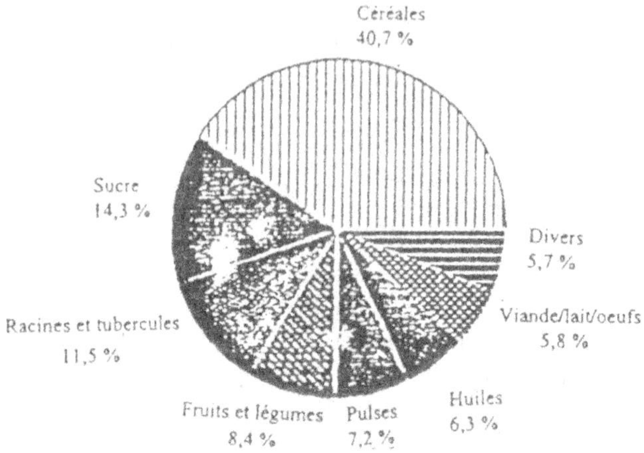

Source : USAID - février 1997.

Par ailleurs, le ratio d'autosuffisance alimentaire en Haïti, c'est-à-dire la part de la production alimentaire dans la consommation, est passée selon la FAO de 70 % en 1985 à environ 50 % e, 1995. Haïti est classée par la FAO comme un pays à fort déficit alimentaire et affiche l'un des indices globaux de sécurité alimentaire (IGSAM) le plus faible au monde (28,6 en 1993) comme l'atteste le tableau suivant.

Tableau 4. Haïti - Indice global de sécurité alimentaire (IGSAM) dans quelques pays

Pays	IGSAM - 1988-90	IGSAM - 1991-93	IGSAM - 1993
Guatemala	76,00	70,90	72,00
Congo	75,90	72,60	70,20
Cambodge	72,60	69,30	71,10
Tanzanie	72,00	67,90	67,00
Haïti	67,30	26,50	28,60
Rwanda	66,30	62,40	57,00
Zambie	71,40	62,10	76,70
Afganistan	37,60	31,20	31,40
Mozambique	41,30	34,50	34,50
Somalie	43,40	35,80	37,50

Source : USAID - Extrait de Anne Thomson et Manfred Metz"Implications et Economic Policy for Food Security" 1997.

c) Les importations alimentaires

La conséquence du déclin de la production alimentaire a été l'augmentation corrélative des importations de vivres destinées à satisfaire les besoins de consommation. Le ratio de dépendance à l'importation alimentaire est passé en Haïti de 11 % en 1965 à 55,5 % en 1994. Il n'existe pas de données fiables relatives aux importations alimentaires en Haïti, ceci en raison de l'absence de données précises mais également de l'importance de la contrebande réalisée avec la République dominicaine. Mais il faut tout de même noter que selon le PNUD, la part des importations alimentaires dans le total des importations est passée en Haïti de 24 % en 1980 à 77 % en 1994.

Les importations alimentaires sont estimées officiellement aujourd'hui entre 800.000 et 900.000 tonnes, dont environ 100.000 tonnes d'aide alimentaire. Ces données indiquent que Haïti a importé en 1994, 25 % de ses besoins de consommation alimentaire. Le coût des importations alimentaires a été en moyenne de 200 millions de dollars E.U. au début des années 90, soit le double de celui du début des années 80; il représente 20 fois celui du début des années 70. Les importations céréalières ont augmenté de manière significative, passant d'environ 10 % de l'offre céréalière totale du début des années 60 à environ 50 % de cette même offre au début des années 90. Jusqu'à la fin des années 80, le blé représentait la plus grande part des importations céréalières, près de 100 % entre 1961 et 1974 et entre 80 et 90 % entre 1975 et 1989. Les importations de riz, cependant, ont plus que quadruplé en volume entre 1989 et 1990 et ont en 1994 surpassé en valeur les importations de blé (46,5 millions de dollars E.U. contre 36 millions), ce qui n'a pas été le cas en volume (140.000 tonnes de riz contre 167.000 tonnes de blé et de farine de blé). Pendant plusieurs années, l'essentiel du blé était importé à l'état brut, pour être ensuite usiné localement dans la minoterie nationale.

Cette minoterie ayant cessé ces activités en 1993, dès lors, les importations de farine de blé ont remplacé celles du blé brut. Comme corollaire, on constate une augmentation du nombre de calories par personnes dérivées du blé importé et une diminution du nombre de calories émanant du maïs et du sorgho produits localement. Dans la ration nationale, le nombre de calories émanant du blé importé a triplé durant les 30 dernières années, alors que le nombre de calories venant du maïs a diminué d'un tiers par rapport à ce qu'il était 30 ans auparavant.

Graphique 6. Haïti - Évolution de la production et des importations céréalières

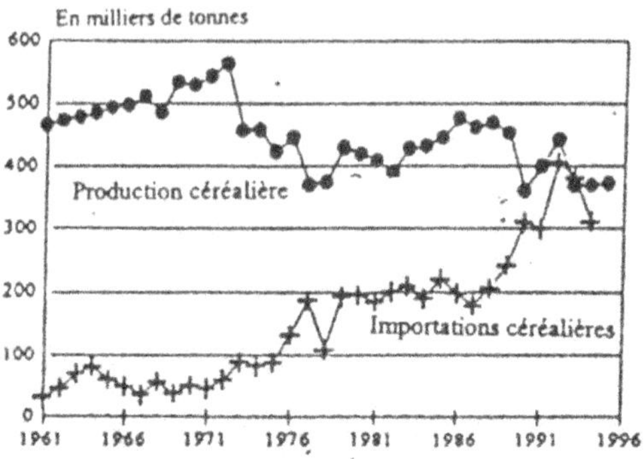

Source : USAID - 1997.

Enfin, dans l'hypothèse la plus optimiste d'un accroissement de la production agricole, on estime que Haïti devra encore importer en l'an 2000 pour environ un million de tonnes (équivalent céréale) de nourriture que l'on considère tout de même comme un niveau faible pour nourrir convenablement la population.

d) l'aide alimentaire

Haïti reçoit une aide alimentaire s'élevant en moyenne à environ 100.000 tonnes par an. Les États-Unis offrent à Haïti au moyen du programme (PL 480, titre II) plus de 80 % du volume total de cette aide. L'aide alimentaire américaine à Haïti a commencé en 1954. En 1993, l'aide alimentaire globale a atteint 145.000 tonnes, dont 63.000 tonnes sous forme de programme et 82.000 tonnes sous forme de projet.

Aujourd'hui, l'aide alimentaire au titre du programme ne représente que 45 % du volume total de l'aide, ceci, en raison de la décision de plusieurs donateurs (USAID, Union européenne,

France) de transférer leur aide alimentaire aux organisations non gourvernementales internationales et nationales.

Les fournitures de l'Union européenne s'élèvent en moyenne à environ 20.000 tonnes par année; elles sont composées pour moitié d'aide alimentaire relevant de programme et l'autre moitié découlant de projet. Le Canada, le Japon et la France sont également des donateurs importants.

Graphique 7. Haïti - Évolution de l'aide alimentaire et des importations céréalières

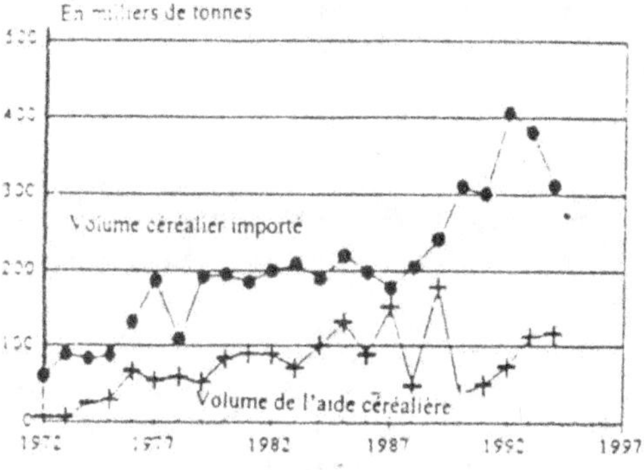

Source : USAID - opus cité.

L'essentiel de l'aide alimentaire au titre de projet passe par quatre organisations non gouvernementales, CARE (28.700 tonnes en 1993), BND (13.000 tonnes), ADRA (12.500 tonnes) et CRS (10.000 tonnes).

L'aide alimentaire sous forme de programme est une subvention de gouvernement à gouvernement assortie de conditions, notamment de réforme politique. Obligation est faite au gouvernement récepteur de l'aide de fixer par accords, des objectifs pour permettre la disponibilité et l'accessibilité des denrées alimentaires de base au plus grand nombre de ménages défavorisés. Malheureusement, cela a rarement été suivi d'effets en Haïti.

En raison de sa sélectivité et de son objectif direct, l'aide alimentaire sous forme de projet est orientée plus vers la production locale et est pour le pays récepteur moins contraignante que l'aide alimentaire sous forme de programme. À cet égard, le concept de "vivres contre travail" est vu par les autorités gouvernementales comme "un outil de développement important".

Un des objectifs du Ministère de l'agriculture est "d'intégrer l'aide alimentaire à des projets de développement de communautés locales, de telle sorte qu'elle n'aide pas seulement à améliorer leur statut nutritionnel mais aussi à renforcer leur autonomie" Par ailleurs, le fait que Haïti ait accru sa dépendance à l'égard des importations alimentaires ne devrait pas constituer un problème si le pays avait la capacité de faire face à ces importations.

Toujours est-il que la faible performance économique du pays ajouté à l'accroissement des besoins alimentaires créée par des catastrophes naturels périodiques contribue à rendre Haïti plus dépendant de l'extérieur pour satisfaire ses besoins d'importations alimentaires.

L'aide alimentaire fournie à Haïti était d'une valeur relativement faible jusqu'en 1977, date à partir de laquelle elle fut portée de 10 millions de dollars au titre I du programme américain à 20 millions de dollars en 1991; elle représentait au titre III du programme 30 millions de dollars E.U. en 1993 et 1994. Durant la période de l'embargo, elle s'élèvait à plus de 40 millions de dollars E.U.

e) Recettes d'exportations et capacité à importer

Il est important de noter qu'il n'est pas nécessaire à Haïti comme à tout autre pays de produire ses propres denrées pour assurer la sécurité alimentaire de ses habitants. En d'autres termes, l'autosuffisance alimentaire n'est pas une condition nécessaire et suffisante à l'obtention de la sécurité alimentaire ni un objectif raisonnable à réaliser. L'autosuffisance agricole ne l'est pas non plus. Il n'y a aucune raison non plus pour Haïti de payer les importations alimentaires dont elle a besoin au moyen de recettes d'exportation de produits agricoles.

En réalité, Haïti ne dispose pas suffisamment de recettes d'exportation de produits agricoles pour payer ses importations alimentaires et ce, depuis le milieu des années 70. Le coût des importations agricoles a pesé considérablement sur la valeur des importations totales du pays depuis 1979 (voir graphique suivant) ainsi que sur le déficit de sa balance commerciale. En revanche, un objectif d'indépendance sur le plan alimentaire serait plus réaliste à atteindre. Il n'y a aucune raison de penser que ce pays ne puisse payer les importations alimentaires (notamment céréalières) dont il a besoin, à condition que le gouvernement présente un cadre économique et politique stable nécessaire à la croissance économique.

La question importante concernant l'aide alimentaire n'est pas de savoir à quel moment elle peut ou doit commencer, mais à partir de quand l'économie nationale sera en mesure de se développer suffisamment de telle sorte que les importations concessionnelles puissent être remplacées par des importations commerciales payées au moyen de recettes d'exportation de produits agricoles et non agricoles.

Haïti : Données de tendance des importations agricoles : en 1000 $

Année	Valeur ajustée	Importations	Résidu
* 1961	3.94	10	-6.06
* 1962	4.57	11	-6.43
* 1963	5.61	11	-5.39
* 1964	7.07	13	-5.93
* 1965	8.93	11	-2.07
* 1966	11.21	11	0.21
* 1967	13.90	11	2.90
* 1968	16.99	13	3.99
* 1969	20.50	12	8.50
* 1970	24.42	13	11.42
* 1971	28.75	16	12.75
* 1972	33.49	17	16.49
* 1973	38.64	24	14.64
* 1974	44.20	39	5.20
* 1975	50.17	41	9.17
* 1976	56.56	65	-8.44
* 1977	63.35	80	-16.65
* 1978	70.56	63	7.56
* 1979	78.17	92	-13.83
* 1980	86.20	120	-33.80
* 1981	94.63	127	-32.37
* 1982	103.48	112	-8.52
* 1983	112.74	112	0.74
* 1984	122.41	109	13.41
* 1985	132.49	121	11.49
* 1986	142.98	120	22.98
* 1987	153.88	140	13.88
* 1988	165.19	164	1.19
* 1989	176.91	178	-1.09
* 1990	189.04	215	-25.96
* 1991	201.59	207	-5.41
* 1992	214.54	226	-11.46
* 1993	227.90	201	26.90
1994	241.68		

Statistiques pour 1961 ... 1993 :

Années =	33	
Minimum =	10.00	(1961)
Maximum =	226.00	(1992)
Fourchette =	216.00	
Moyenne □/année=	5.97	
% □ =	1910.00	
% annuel =	9.52	
Moyenne =	81.97	
Ecart type =	70.13	

y = Importations
x = Year Index (1961=1)
Parabole : $y = ax^2 + bx + c$

a =	0.2053
b =	0.0172
c =	3.7141
R^2 =	0.9567
SEE =	14.8177

Source : FAO : FAOSTAT 1995

Graphique 8. Haïti - Exportations et importations agricoles

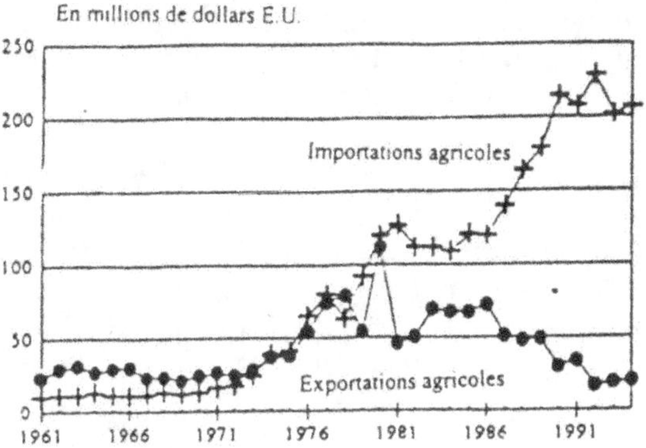

Graphique 9. Haïti - Évolutions de la balance du commerce agricole et du commerce total

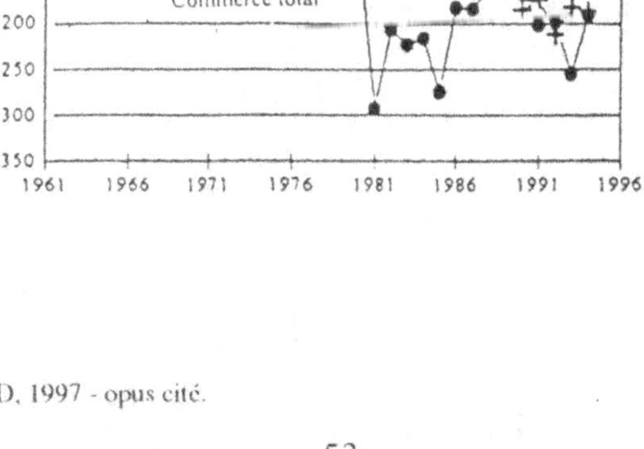

Source : USAID, 1997 - opus cité.

2 L'accès aux vivres

La majortié de la population haïtienne n'a pas accès à une alimentation suffisante pour mener une vie saine et productive. L'indice global de sécurité alimentaire des ménages haïtiens a été estimé par la FAO en 1993 à 28,6 (sur une échelle de 0-100); il s'agit donc, de l'un des plus faibles indices de sécurité alimentaire au monde.

Le nombre de personnes vivant en dessous du seuil de pauvreté est estimé aujourd'hui à 4,9 millions, dont 75,5 % vivent dans les zones rurales. La dernière enquête de consommation des ménages (1987) - estime que 85 % de ces ménages dépensent annuellement moins de 2.000 gourdes (320 dollars) et consomment moins de 75 % du niveau calorique minimum requis. Seuls les ménages avec une dépense annuelle de 12.000 gourdes (1.920 dollars) ou plus consomment 100 % du niveau calorique recommandé par la FAO. Le graphique suivant indique que les ménages avec des dépenses comprises entre 2.001 et 4.000 gourdes consomment 68 % du niveau calorique requis, ceux dépensant entre 4.001 et 6.000 gourdes, en consomment 58 %.

Dans un rapport de 1992, l'USAID considère que dans les ménages haïtiens les hommes reçoivent en moyenne, par rapport aux femmes, une part proportionnellement plus grande de l'alimentation disponible. Les modes d'allocation au sein du ménage haïtien sont selon ce rapport, tels que l'accroissement du revenu du chef de famille ne débouche pas nécessairement sur une amélioration du statut nutritionnel des autres membres les plus vulnérables du ménage, en particulier, les enfants.

À l'inverse, l'amélioration du revenu des mères peut avoir un plus grand impact sur le statut nutritionnel des enfants. Cette observation a pour les principaux donateurs en Haïti des implications politiques stratégiques importantes. En améliorant le revenu des femmes, on améiore par la même le niveau de vie de toute la famille.

Graphique 10. Haïti - Niveau de consommation calorique par tranche de revenu

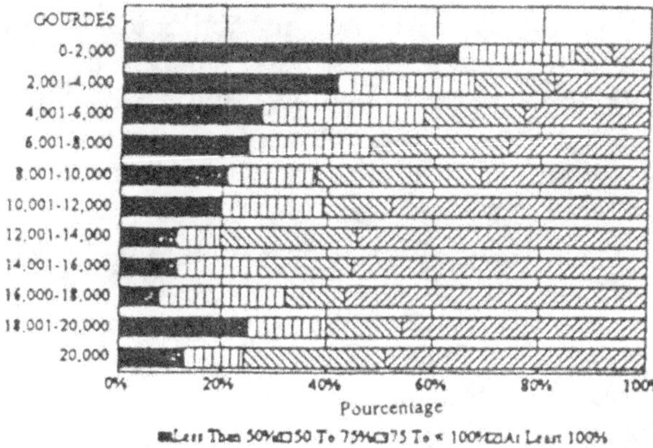

Source : USAID, 1997 - opus cité.

3 L'utilisation alimentaire

Le faible accès de la population à la nourriture ne constitue pas le seul problème de sécurité alimentaire rencontré en Haïti. Une consommation alimentaire impropre et inadéquate représente également un problème. Les enfants préscolariés en Haïti ne sont pas nourris selon les normes internationales reconnnues, ceci en raison non seulement de l'insuffisance même de cette nourriture mais aussi parce que leurs mères ne suivent pas les pratiques correctes d'allaitement et de sevrage. Selon l'UNICEF, l'OMS et l'Organisation panaméricaine de la santé, les rations courantes sont en Haïti inadéquates à la fois en quantité et fréquence. À cela, il convient d'ajouter l'insuffisance notoire de services de santé et d'adduction d'eau. Seuls 60 % de la population urbaine et 25 % de la population rurale ont accès à l'eau potable et un pourcentage d'accès plus faible aux équipements sanitaires. Tous ces facteurs expliquent les raisons pour lesquelles 55 % des enfants de moins de cinq ans sont mal nourris, 30 % souffrent de malnutrition modérée ou sévère (M_2 et M_3 sur l'échelle de Gomez). Le taux de mortalité pour les nouveaux nés est de 101 ‰ et celui des enfants de 151 ‰.

La taille par rapport à l'âge est le meilleur indicateur du niveau de malnutrition chez les enfants, car reflétant leur statut nutritionnel passé et présent. Toujours selon l'USAID, la taille des enfants de moins de cinq ans en Haïti est inférieure de 2 points à la valeur médiane de la norme. Cette proportion est supérieure aux niveaux de malnutrition chronique observés dans d'autres pays de la Caraïbe. À la République dominicaine, par exemple, seuls 19 % des enfants de moins de cinq ans ont des problèmes de croissance.

À la Jamaïque et à Trinidad et Tobago, ce taux tombe à 5 %. En réalité, seuls trois pays de l'Amérique latine ont des niveaux de malnutrition chronique significativement plus élevé qu'en Haïti. Il s'agit du Pérou et du Honduras avec 39 % et le Guatemala avec 58 %.

Graphique 11. Haïti - Indice de la malnutrition chronique et sévère chez les enfants âgés de moins de cinq ans (1994)

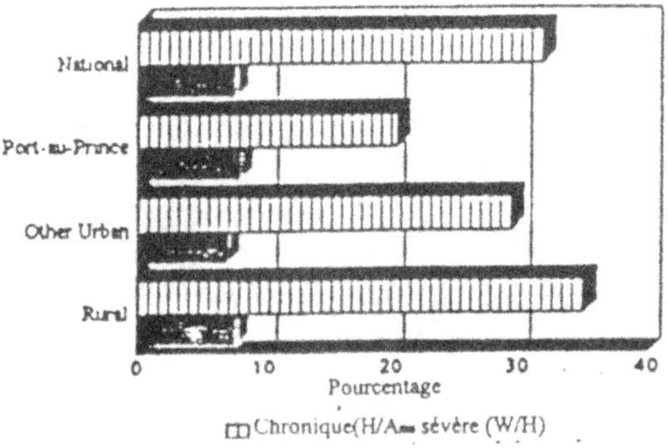

Source : USAID, 1997 - opus cité.

4 Bilan alimentaire d'Haïti

Un bilan alimentaire donne une idée d'ensemble de la composition des approvisionnements alimentaires d'un pays durant une période de référence spécifiée. Le bilan alimentaire indique pour chaque denrée, les sources d'approvisionnement et son utilisation. La quantité totale des denrées alimentaires produites dans un pays, majorée de la quantité totale importée et ajustée en fonction des variations éventuelles des stocks depuis le début de la période de référence, correspond aux disponibilités durant cette période. Côté utilisation, une distinction est faitre entre les quantités exportées, utilisées pour l'alimentation animale, employées comme semences, transformées pour les usages alimentaires et autres, les pertes en cours de stockage et de transport et les approvisionnements disponibles pour l'alimentation humaine.

Pour obtenir les disponibilités par habitant de chaque denrée utilisée pour la consommation humaine, on divise les quantités respectives par le nombre de personnes qui ont effectivement accès à ces approvisionnements. Les disponibilités alimentaires par habitant sont exprimés en quantités et par application de coefficients appropriés de composition des aliments pour tous les produits primaires et transformés, aussi en calories, en protéines et en lipides.

Établis régulièrement sur plusieurs années, les bilans alimentaires montrent l'évolution des disponibilités alimentaires nationales totales, révèlent les changements qui peuvent être intervenus dans les types d'aliments consommés, c'est-à-dire dans la structure du régime alimentaire, et indiquent dans quelle mesure les approvisionnements alimentaires du pays sont dans l'ensemble adaptés aux besoins nutritionnels.

Le dernier bilan alimentaire d'Haïti a été publié par la FAO en 1991; il portait sur des renseignements disponibles au 7 novembre 1989. Depuis cette date et jusqu'à ce jour (1997), aucun autre bilan alimentaire ne fut publié sur Haïti. Ce dernier bilan est reproduit intégralement ci-dessous :

Il indique par exemple, que la disponibilité céréalière par personne et par année est passée en Haïti de 105,8 kg en 1961-63 à 93 kg en 1986-88 dont 28,8 kg par personne et par an pour le blé, 22,8 kg pour le riz, 31,6 kg pour le maïs, 16,6 kg pour le sorgho. En 1996, la disponibilité céréalière en Haïti est estimée selon le Ministère américain de l'agriculture à 103 kg par habitant et par an. Pour les racines et tubercules, elle est passée de 90,1 kg à 102,1 kg de 1961-63 à 1986-88. Pour les viandes et abats de 11,5 kg à 14,6 kg pour la même période de référence.

Ce bilan informe également sur l'évolution des apports en calorie, protéine et lipide. Sur cette même période, ces apports sont passés respectivement de 2.028 à 1.992 calories par personne et par jour, de 46 à 49,4 grammes de protéine par personne et par jour et de 27,4 à 35,5 grammes de lipide par et par jour. Ces apports sont estimés en 1994 par la FAO à 1.714 calories par personne et par jour, 39,6 grammes de protéine par personne et par jour et 24,2 grammes de lipide par personne et par jour.

Tableau 5. Haïti - Bilan alimentaire

Renseignements disponibles au 7 novembre 1989

MOYENNE 1984-86 POPULATION 5,922.00

PRODUITS	DISPONIBILITÉ INTÉRIEURE						CONSOMMATION INTÉRIEURE						DISPONIBILITÉ PAR PERSONNE				
	PRODUCTION	IMPORTATIONS	VARIATIONS DE STOCK	EXPORTATIONS	COMMERCE PRODUITS TRANSF. (E-I)	TOTALE	ALIMENTATION DU BÉTAIL	SEMENCES	TRANSF. POUR ALIMENTATION HUMAINE	AUTRES FINS	PERTES	ALIMENTATION HUM	KILOGRAMMES PAR AN	GRAMMES	PAR JOUR CALORIES	PROTÉINES	LIPIDES
	1000 TONNES MÉTRIQUES															(G)	(G)
TOTAL GÉNÉRAL															2077	50,3	37,6
Produits végétaux															1953	41,4	29,6
Produits animaux															124	8,9	8,0
CÉRÉALES (BIÈRE EXCLUE)	447	189	14		21	674	32	13		1	35	563	100,2	24,4	818	21,8	6,2
Blé		173			-7	180					9	171	28,8	79,0	219	7,2	0,8
Riz (paddy)	130		5		14	149		5			9	135	22,8	62,4	151	3,0	0,5
Orge					-1	1				1							
Maïs	196	16	-4			218	13	5			11	187	31,6	86,4	296	7,7	3,5
Sorgho	122		-5			127	19	3			6	98	16,6	45,5	148	3,8	1,4
Céréales, NDA					-2	2						2	0,4	1,1	3	0,1	
RACINES ET TUBERCULES	812					812	32	1			161	619	104,5	286,2	251	2,4	0,5
Pommes de terre	10					10		1			1	8	1,4	3,7	3	0,1	
Patates douces	485					485											
Manioc	272					272	32				97	388	65,5	179,5	164	1,8	0,4
Racines, NDA	46					46					54	186	31,4	85,9	69	0,4	0,1
CULTURES SUCRIÈRES	3100					3100	342		2181		310	267	45,1	123,5	36	0,1	0,2
Canne à sucre	3100					3100	342		2181		310	267	45,1	123,5	36	0,1	0,2
ÉDULCORANTS	131	20	1	11		140						140	23,6	64,7	225	0,2	0,2
Sucre, non centrifué	84					84						84	14,2	38,9	129	0,2	0,2
Sucre (ÉQ. Brut)	47	20	1	11		55						55	9,4	25,6	96		
LÉGUMINEUSES SÈCHES	92	1				93		6			7	80	13,6	37,2	126	8,5	0,5
Haricots secs	48	1				49		3			3	43	7,2	19,7	66	4,3	0,3
Légumin. Sèches, autre	44					44		3			3	38	6,4	17,5	60	4,1	0,2
OLÉOGINEUX	91					91		3	3	7	4	75	12,6	34,7	103	4,0	8,7
Arachides	46					46		2			2	41	6,9	19,0	73	3,4	5,9
Graines de coton	4					4		1	3								
Noix de coco-Incl. Coprah	36					36				5	1	30	5,0	13,7	19	0,2	1,7
Graines de sesame	4					4						4	0,7	1,9	11	0,3	1,0
Oléagineux, NDA	2					2				1							
LÉGUMES	314				-7	321					31	290	48,9	134,0	30	1,8	0,3
Tomates	5					5						4	0,7	2,1			
Oignons secs	3					3						3	0,5	1,4	1		
Légumes, NDA	305				-7	313					31	282	47,6	130,5	29	1,8	0,3
FRUITS (EXCLU VIN)	1065			6	3	1056	53			13	197	793	133,9	366,8	183	1,8	1,9
Oranges et mandarines	41					41					2	39	6,6	18,1	5	0,1	
Citrons et limes	27					27				13	1	12	2,0	5,6	2		0,1
Pamplemousses	12					12					1	11	1,9	5,2	1		
Bananes	240					240					60	180	30,4	83,3	54	0,7	0,2
Plantains	272					272	53				41	178	30,1	82,5	62	0,5	0,2
Ananas	2					2						2	0,4	1,0			
Fruits, NDA	471			6	3	462					92	370	62,5	171,2	59	0,5	1,4
STIMULANTS	42		-1	21		22					1	21	3,6	9,8	5	0,7	0,1
Café	37		-2	18		21					1	20	3,4	9,3	4	0,6	
Fève de cacao	5		1	3		1						1	0,2	0,6	1		
ÉPICES																	
BOISSONS ALCOOLIQUES	55	1				55						56	9,3	25,5	75		
Vin													0,1	0,2			
Boissons alcooliques	55					54						54	9,2	25,2	74		
VIANDES	69	2				71	1					70	11,9	32,5	63	4,5	4,8
Viande de bovins	34					34						34	5,7	15,6	34	2,2	2,7
Viande d'ovins/caprins	5					5						5	0,9	2,4	4	0,4	0,2
Viande de porc	11	1				12						12	2,1	5,7	14	0,7	1,2
Viande poule/volailles	11	1				11						11	1,9	5,1	7	0,6	0,5
Autres viandes	9					9	1					8	1,4	3,8	5	0,7	0,2
ABATS	7	3				10	1					9	1,6	4,3	5	0,8	0,1
LAITS (EXCLU BEURRE)	50				-72	121					2	119	20,2	55,2	29	1,9	1,0
OEUFS	4	1				4		1				4	0,6	1,6	2	0,2	0,1
POISSONS ET FRUITS DE MER	7				-21	29						29	4,9	13,4	8	1,6	0,2
Poissons démersaux					-20	20						20	3,4	9,4	6	1,2	0,1
Poissons pélagiques					-1	1						1	-1	-4			
Poissons de mer, NDA	7					7						7	1,2	3,3	2	0,3	0,1
HUILES VÉGÉTALES	1	21	-3			25			1			24	4,1	11,1	98		11,1
Huile de soja		20	-3			23						23	3,8	10,5	93		10,5
Huile de colza/moutard		1				1			1								
Huile de coton	1					1						1	0,1	0,3	2		0,3
Huiles, NDA						1						1	0,1	0,4	3		0,3
GRAISSES ANIMALES	2				-25	28			23			5	0,8	2,2	16		1,8
Beurre et beurre fondu																	
Graisses animales, cru	2				-25	27			23			5	0,8	2,2	16		1,7
PRODUITS DIVERS															3	0,1	

Source : FAO - Bilan alimentaire , 1991.

Tableau 6. Haïti - Disponibilités alimentaires par personne

	1961-63	1964-66	1969-71	1972-74	1974-76	1976-78	1979-81	1982-84	1984-86	1986-88
POPULATION (EN MILLIERS)	3816	4049	4499	4775	4957	5137	5414	5711	5922	6147
KILOGRAMMES/ANNÉE										
CÉRÉALES (EXCLU BIÈRE)	105,8	107,1	96,6	98,7	96,6	95,1	96,3	102,4	100,2	93,0
RACINES ET TUBERCULES	90,1	95,4	100,2	101,1	105,8	109,1	96,7	102,8	104,5	102,1
EDULCORANTS	25,3	24,9	24,1	25,2	25,4	26,1	26,4	23,7	23,6	23,1
LEGUMINEUSES SÈCHES	15,5	15,9	15,8	15,6	14,9	14,0	14,3	13,2	13,6	14,1
NOIX ET OLÉAGINEUX	5,0	4,9	5,1	6,0	7,6	9,0	11,6	12,4	12,6	12,8
LEGUMES	40,4	42,1	43,7	44,7	45,5	45,9	47,5	48,7	48,9	46,6
FRUITS (EXCLU VIN)	119,1	122,0	127,7	130,1	130,9	129,8	133,8	135,4	133,9	127,5
VIANDES ET ABATS	11,5	11,6	13,4	14,1	14,5	14,6	13,1	11,9	13,4	14,6
OEUFS	0,4	0,4	0,4	0,4	0,4	0,4	0,5	0,6	0,6	0,7
POISSON ET FRUITS DE MER	1,1	1,4	1,4	1,5	2,1	2,6	3,3	4,1	4,9	4,9
LAIT (EXCLU BEURRE)	12,7	12,3	12,2	12,7	13,6	16,1	17,7	19,0	20,2	23,8
HUILES ET GRAISSES	2,9	3,0	2,8	2,6	2,9	3,3	3,7	4,3	4,9	4,0
HUILES VÉGÉTALES	1,4	1,5	1,9	1,8	2,1	2,4	3,1	3,7	4,1	3,5
GRAISSES ANIMALES	1,5	1,4	0,8	0,8	0,7	0,9	0,7	0,6	0,8	0,6
ÉPICES	0,1	0,0	0,0	0,0	0,0	0,0	0,1	0,1	0,1	0,1
STIMULANTS	2,6	2,70	2,8	2,7	2,6	2,3	3,0	3,3	3,6	3,1
BOISSONS ALCOOLIQUES	13,5	11,0	10,2	10,5	10,6	10,5	10,7	9,2	9,3	9,2
CALORIES (NOMBRES/JOUR)										
TOTAL GÉNÉRAL	2028	2034	1959	1989	2000	2009	2026	2061	2077	1992
PRODUITS VÉGÉTAUX	1911	1917	1840	1867	1873	1875	1904	1951	1953	1858
PRODUITS ANIMAUX	117	117	118	122	127	135	122	111	124	134
CÉRÉALES (EXCLU BIÈRE)	924	928	834	834	808	782	71	834	818	753
RACINES ET TUBERCULES	216	229	240	242	254	282	231	247	251	245
EDULCORANTS	240	236	230	241	243	250	253	226	225	220
LEGUMINEUSES SÈCHES	144	148	146	145	138	130	133	123	126	131
NOIX ET OLEAGINEUX	23	22	24	33	48	64	91	100	103	105
LEGUMES	25	26	27	27	28	28	29	30	30	30
FRUITS (EXCLU VIN)	166	67	174	177	178	177	183	186	183	174
VIANDES ET ABATS	63	64	74	77	80	80	70	61	68	73
OEUFS	1	1	1	1	1	1	2	2	2	2
POISSON ET FRUITS DE MER	2	2	2	3	4	5	6	7	8	8
LAIT (EXCLU BEURRE)	21	21	24	26	27	31	31	28	29	38
HUILES ET GRAISSES	63	65	63	59	66	76	87	102	114	94
HUILES VÉGÉTALES	34	37	46	44	51	59	74	89	98	83
GRAISSES ANIMALES	29	28	16	15	15	18	13	13	16	11
ÉPICES	1							1	1	
STIMULANTS	4	4,0	4	4	4	3	4	5	5	5
BOISSONS ALCOOLIQUES	108	89	82	84	85	84	86	73	75	74
PRODUITS DIVERS	30	32	34	35	36	36	38	38	39	38
PROTEINES (GRAMMES/JOUR)										
TOTAL GÉNÉRAL	46,0	46,7	45	45,8	46	45,9	47,7	49,3	50,3	49,3
PRODUITS VÉGÉTAUX	40,0	40,7	38,3	38,7	38,5	38,0	39,8	41,3	41,4	39,7
PRODUITS ANIMAUX	6,0	6,1	6,7	7,1	7,5	8,0	7,9	8,0	8,9	9,7
CÉRÉALES (EXCLU BIÈRE)	23,9	24,0	21,4	21,6	21,0	20,3	20,7	22,2	21,8	20,0
RACINES ET TUBERCULES	2,1	2,2	2,3	2,3	2,4	2,5	2,2	2,3	2,4	2,3
EDULCORANTS	0,2	0,2	0,2	0,2	0,2	0,2	0,2	0,2	0,2	0,1
LEGUMINEUSES SÈCHES	9,6	9,9	9,9	9,8	9,3	8,7	8,9	8,2	8,5	8,8
NOIX ET OLÉAGINEUX	0,5	0,5	0,5	0,8	1,4	2,1	3,4	3,9	4,0	4,1
LEGUMES	1,5	1,6	1,7	1,7	1,7	1,7	1,8	1,8	1,8	1,7
FRUITS (EXCLU VIN)	1,6	1,6	1,7	1,8	1,8	1,7	1,8	1,8	1,8	1,7
VIANDES ET ABATS	4,3	4,4	5,1	5,4	5,5	5,5	5,0	4,7	5,3	5,7
OEUFS	0,1	0,1	0,1	0,1	0,1	0,1	0,2	0,2	0,2	0,2
POISSON ET FRUITS DE MER	0,3	0,4	0,4	0,4	0,6	0,8	1,1	1,3	1,6	1,6
LAIT (EXCLU BEURRE)	1,2	1,1	1,1	1,2	1,3	1,5	1,7	1,8	1,9	2,2
HUILES ET GRAISSES	0,0	0,0	0,0	0,0	0,0	0,0	0,0	0,0	0,0	0,0
HUILES VÉGÉTALES	0,0	0,0	0,0	0,0	0,0	0,0	0,0	0,0	0,0	0,0
GRAISSES ANIMALES	0,0	0,0	0,0	0,0	0,0	0,0	0,0	0,0	0,0	0,0
ÉPICES	0,5	0,5	0,5	0,5	0,5	0,4	0,4	0,6	0,7	0,6
STIMULANTS	0,0	0,0	0,0	0,0	0,0	0,0	0,0	0,0	0,0	0,0
BOISSONS ALCOOLIQUES	0,1	0,1	0,2	0,2	0,2	0,2	0,3	0,2	0,3	0,2
PRODUITS DIVERS										
LIPIDES GRAMMES / JOUR)										
TOTAL GÉNÉRAL	27,4	27,5	27,5	27,8	29,6	31,5	33,7	35,5	37,6	35,5
PRODUITS VÉGÉTAUX	18,2	12,4	18,8	18,8	20,3	21,9	25,5	28,4	29,6	27,4
PRODUITS ANIMAUX	9,0	9,2	8,8	9,0	9,2	9,6	8,2	7,1	8,0	5,5
CÉRÉALES (EXCLU BIÈRE)	8,8	8,6	7,7	7,2	6,6	6,1	5,8	6,2	6,2	5,5
RACINES ET TUBERCULES	0,4	0,5	0,5	0,5	0,5	0,5	0,5	0,5	0,5	0,5
EDULCORANTS	0,2	0,2	0,2	0,2	0,2	0,2	0,2	0,2	0,2	0,2
LEGUMINEUSES SÈCHES	0,6	0,6	0,6	0,6	0,6	0,5	0,6	0,5	0,5	0,6
NOIX ET OLÉAGINEUX	2,0	2,0	2,1	2,9	4,2	5,5	7,7	8,4	8,7	8,8
LEGUMES	0,2	0,2	0,2	0,2	0,2	0,2	0,3	0,3	0,3	0,3
FRUITS (EXCLU VIN)	1,8	1,8	1,8	1,9	1,9	1,9	1,9	1,9	1,9	1,8
VIANDES ET ABATS	4,9	5,0	5,7	6,0	6,2	6,2	5,3	4,5	5,0	5,4
OEUFS	0,1	0,1	0,1	0,1	0,1	0,1	0,1	0,1	0,1	0,2
POISSON ET FRUITS DE MER	0,1	0,1	0,1	0,1	0,1	0,1	0,1	0,1	0,1	0,2
LAIT (EXCLU BEURRE)	0,9	0,9	1,1	1,1	1,1	1,2	1,1	1,0	1,0	1,2
HUILES ET GRAISSES	7,0	7,3	7,1	6,7	7,4	8,6	9,8	11,5	12,9	10,7
HUILES VÉGÉTALES	3,8	4,2	5,2	5,0	5,7	6,7	8,4	10,1	11,1	9,4
GRAISSES ANIMALES	3,2	3,1	1,8	1,7	1,7	1,9	1,5	1,4	1,8	1,2
ÉPICES	0,0	0,0	0,0	0,0	0,0	0,0	0,0	0,0	0,0	0,0
STIMULANTS	0,0	0,0	0,0	0,0	0,0	0,0	0,0	0,0	0,0	0,1
PRODUITS DIVERS	0,2	0,2	0,2	0,2	0,2	0,2	0,3	0,3	0,3	0,3

Source : FAO - Bilan alimentaire , 1991.

Evaluation de la performance du programme alimentaire mondial en Haïti.

Selon la FAO, le programme alimentaire mondial (PAM) a fourni à Haïti, de 1968 à nos jours environ 150 000 tonnes de nourriture pour un montant de 9,7 millions de dollars. Les projets de développement ont représenté environ 85 % des opérations d'urgence.

Le programme alimentaire mondial à Haïti a été conduit essentiellement pour aider le pays à faire face à très court terme aux différentes catastrophes naturelles plutôt que pour une réduction à long terme de la pauvreté et de l'insécurité alimentaire. 40,3 % environ de cette aide a été allouée pour le développement des ressources humaines (éducation, centre maternel et infantile et planification familiale, hôpitaux) et 42 % (25,7 millions de dollars depuis 1968) à l'aide aux projets relevant du secteur agricole.

Le projet de développement le plus important a été le projet Haïti 2015 (projet multiple) qui a commencé en 1974. Le PAM a offert pour sa prolongation environ 14,7 millions de dollars sur 16 ans. Une des principales caractéristiques des projets de développement du PAM est leur nombre relativement élevé ainsi que leur faible montant (2,9 millions de dollars en moyenne). Quatre d'entre-eux furent conçus comme des projets d'action rapide pour répondre aux catastrophes naturelles (sécheresse, cyclones et tempêtes).

Les critères d'approbation étaient moins rigoureux pour ces projets que pour ceux nécessitant un engagement complet.

Concernant l'efficacité des actions engagées, il faut noter que jusqu'à nos jours, toutes les régions en Haïti connaissent des déficits chroniques (occasionnellement, on observe ici ou là des poches de surplus). Les projets de développement de ressources humaines aidés par le PAM ont été concentrés géographiquement : alimentation scolaire dans le nord-est.

Alimentation contre travail, infrastructure agricole et projets de protection de l'environnement ont eu des localisations spécifiques. Les projets de développement rural se sont concentrés aux Gonaïves, dans l'Artibonite et au sud. Ils s'adressent à des ménages pauvres par un processus d'autosélection basé sur le fait que les rations alimentaires en Haïti ont de plus grandes incidences sur les ménages pauvres.

Les femmes n'ont pas bénéficié beaucoup des activités liées au concept d'alimentation contre travail. Elles ne réprésentaient que 13 à 20 % des actifs. Le PAM a par ailleurs fourni une aide à huit projets de développement rural. Cette aide a touché 30.000 familles ou 150.000 bénéficiaires et ce, pour des activités liées à la notion de nourriture contre travail, la plupart des projets découlant de celui intitulé projet multiple Haïti 2015 "infrastructures, travail de la terre, développement hydraulique, reforestation et contrôle de l'érosion". Les projets (Haïti 2105 et 1676 -- "développement des coopératives du sud", Haïti 3888)-- "réhabilitation des infrastructures du sud d'Haïti" furent examinés par différentes missions du PAM.

Ces missions rapportent que l'aide du PAM a en général été bien intégrée aux plans de développement des zones ciblées. Ce fut particulièrement vrai pour la plaine des Gonaïves et la vallée de l'Artibonite, où les opportunités d'emploi sont rares. La rémunération par des rations alimentaires a attiré d'irrigation et de réhabilitation de canaux. l'UFAD a calculé qu'en sept ans, la production agricole a augmenté de 42 % par rapport à la situation initiale. Le taux de retour interne fut estimé par l'IFAD à 15 %.

Le projet Haïti 2676, le développement des coopératives agricoles dans la région sud pour aider l'Union nationale des coopératives rurales du sud-ouest (UNICORS), a produit des résultats plus faibles. Sur les cinq composantes du projet (construction de routes, diversification de récolte, reforestation, production de café et formation des femmes rurales dans la reproduction de porc) seules deux d'entre elles : construction de routes et reproduction de porcs ont eu des résultats satisfaisants. La composante de l'USAID dans les activités de reforestation dans la zone ciblée ne s'est pas concrétisée et l'UNICORS seule n'a pas eu la capacité d'offrir les semences et les plants nécessaires pour atteindre l'objectif des 250.000 arbres par année. Par conséquent, ces activités furent suspendues, bien que l'on ait procédé à la plantation d'arbres le long des nouvelles routes d'accès.

Même dans le cas des projets nos 2676 et 2728, les succès rencontrés masquent une certaine faiblesse structurelle. Les projets furent conçus en amont et non en aval. Les bénéficiaires n'ont ni participé à la conception ni à la gestion de ces projets.

Ces derniers fonctionnaient bien lorsqu'une aide technique était fournie par la FAO et l'IICA, mais échouaient lorsque cette dernière cessait.

L'absence d'aide financière et technique de la part du gouvernement a constitué une contrainte sérieuse à la poursuite d'une production locale compétitive à l'égard des importations. Dans le cas de l'Artibonite, l'État est propriétaire des 3/4 des surfaces et gère 1/3 de la superficie disponible. Les recettes collectées servent au maintien d'un nombre élevé d'employés. Soulignons également que les fermiers étaient et sont encore victimes d'expropriation de la part d'individus organisés qui accaparent leur production de riz. L'aide du PAM a permis néanmoins la création d'une certaine infrastructure (routes, irrigation et canaux d'irrigation, de puits, de citernes etc....).

Les activités de caractère communautaire (route, puits, eaux, et celles qui ont donné naissance à quelques profits privés (petite irrigation, drainage) ainsi que celles de nature agroforestière exercées par de petits fermiers sur leur terre) ont produit de loin de meilleurs résultats que celles des travaux publics (ex. Conservation du sol).

Au chapitre du développement des ressources humaines, le PAM a alloué environ 42.874 tonnes d'aide alimentaire destinée aux activités liées au développement des ressources humaines. Les programmes d'éducation, de santé et de planning familial furent les principaux véhicules de l'aide du PAM dans ce domaine. Trois projets : Haïti 2388 -- "aide alimentaire aux centres maternels dans les centres maternels et infantiles et dans les centres de planning familial". Et Haïti 4111 -- "assistance aux cantines scolaires -- ont reçu depuis 1978 une aide du PAM". Les deux premiers projets ont été réalisés. Celui relatif aux cantines scolaires est actuellement en cours d'exécution. un total de 244.280 personnes y ont bénéficié. Ces trois projets ont eu des degrés divers de réussite, le projet 2388 a bénéficié indirectement d'une aide extérieure de 900.000 dollars venant de l'UNFPA, de 3,4 millions de dollars de l'USAID et de l'OMS.
Les insuffisances en matière nutritive ainsi que le manque de cadres et de personnel qualifié dans le domaine de la santé ont constitué un obstacle majeur pour la mise en oeuvre du projet. Malgré cet inconvénient, la FAO indique que 324.907 enfants représentant 41,3 % des effectifs âgés de 0 à 5 ans furent soi-

gnés dans les centres maternels et infantiles et de planning familial et que 58.379 ont été vaccinés contre la tuberculose. La fourniture d'aide alimentaire aux patients hospitaliers a contribué à réduire les dépenses budgétaires hospitalières de 135.583 dollars qui ont été utilisés à l'acquisition d'équipements de cuisine, à la formation du personnel et à la supervision du projet.

Les deux autres projets respectivement, Haïti 2678 --"ration supplémentaire dans les centres maternels et infantiles et de planning familial" et Haïti 4111 --"aide aux cantines scolaires" ont contribué à l'amélioration des services scolaires et de santé. Le projet relatif aux cantines scolaires touche actuellement 90.000 enfants au lieu des 45.000 initialement prévus.

Pour ce qui est des opérations d'urgence, il faut noter que 165.000 personnes ont reçu une aide du PAM. Aide orientée essentiellement vers les groupes défavorisés qui ont été affectés par les sécheresses, les cyclones et les sanctions économiques dans le nord-ouest et le sud-ouest.

Les opérations d'urgence Haïti 5010 et ses expansions 1 et 2 --"aide aux groupes défavorisés et aux exilés de retour" furent engagés en 1993 pour résorber les effets défavorables des sanctions économiques sur les groupes défavorisés et pour la réinsertion des 20.000 haïtiens qui étaient exilés en République dominicaine et à Guantanamo. On compte environ 120.000 personnes qui ont reçu couramment une aide parmi lesquelles figurent les 10.000 victimes du cyclone "Gordon".

Le concept de nourriture contre travail fut introduit dans l'opération d'urgence, en particulier, pour la réintégration des anciens exilés et des victimes de "Gordon" et pour la création et la réhabilitation des infrastructures communautaires.

En définitive, il importe aujourd'hui de dresser une évaluation globale des projets de développement qui ont été conduits en Haïti par le programme alimentaire mondial et d'en souligner les forces et les faiblesses. Malgré les fonctions louables dévolues à l'aide alimentaire comme moyen incitatif à la réhabilitation et au contrôle de l'érosion du sol, à la production agricole, aux services réguliers fournis dans les centres maternels et infantiles, dans les centres de planning familial et dans les écoles. En dépit également des rations alimentaires supplémentaires fournies et du transfert de revenu aux ménages défavorisés, force est de constater que cette aide n'agit que sur certains maux liés au problème alimentaire haïtien et non sur ses causes profondes. Son efficacité dépend en grande partie du niveau de participation des communautés touchées.

Les politiques macroéconomiques et sociales inappropriés aussi bien que l'instabilité politique observée depuis longtemps en Haïti ont eu de nombreux effets pervers.

Les projets ont péché dans leur formulation même et ont été basés sur des hypothèses erronées. Leur exécution a été souvent neutralisée ou affaiblie par des facteurs économiques et sociaux extérieurs. Le projet développement des ressources humaines a pris appui sur les symptômes plutôt que sur les causes relatives à la santé, à l'éducation et au statut nutritionnel du pauvre.

Les projets de développement rural mettaient l'accent sur les réalisations en terme de production physique (nombre d'arbres plantés, kilomètres de canaux d'irrigation construits ou réhabilités, etc.). Les objectifs physiques furent atteints dans la plupart des cas mais le problème rencontré depuis longtemps porte sur la maintenance et la durabilité de ces réalisations. Concernant les autres aspects positifs et négatifs du programme alimentaire mondial en Haïti, il est important de noter au sujet de l'alimentation, que les rations alimentaires fournies composées de maïs, millet, haricots, patate douce, banane, igname, cassave, huile végétale et une petite quantité de viande, de riz et de pain ainsi que du poisson en conserve ont apporté un supplément important en protéine. L'Office national du programme alimentaire mondial (ONAPAM) a été chargé de la réception, du stockage et de la livraison de l'alimentation liée aux projets assistés par le PAM en Haïti. Cet office supervise la réalisation des projets par des visites effectuées par une petite équipe d'inspecteurs.

Le fonctionnement de l'ONAPAM a été entravé par des problèmes de financement, de mauvaise gestion et de l'inefficacité du personnel. On estime à environ 10 % par an les pertes de produits enregistrées par le PAM de 1974 à 1990. La performance générale de cette agence n'a pas été satisfaisante. Le contrôle et l'évaluation des projets ont été l'un des points faibles du Programme alimentaire mondial; en Haïti à de rares exceptions, aucun rapport n'est réalisé pour fournir des indications quant aux journées de travail et aux rations alimentaires utilisées conformément aux normes ou activités contenues dans les opérations du plan. Des délais considérables s'observent dans le contrôle et les comptes rendus fournis par l'ONAPAM. En outre, l'accent est porté davantage sur les productions physiques, le nombre de bénéficiaires de l'aide ainsi que les dépense et moins sur une évaluation de l'impact des projets; De plus, le nombre élevé de projets aidés par le PAM, leur faible taille, leur couverture géographique, les insuffisances locales en matière de gestion et la faiblesse de l'aide financière n'ont pas contribué à faciliter le processus de l'aide alimentaire en Haïti. L'accès physique à l'alimentation constitue également un problème dans plusieurs régions du pays; cela est dû en partie à l'imperfection du système routier et des transports publics ainsi qu'à l'insuffisance de la production alimentaire locale. Sur les marchés locaux, existe un grand décalage entre l'offre et la demande. L'aide alimentaire du PAM s'appuie sur une valeur alpha (coût-efficacité). Les projets de développement de ressources humaines ont une valeur alpha tenant compte d'un panier de produits, de la localisation du projet et autres facteurs qui a été estimée à 1,65. Compte tenu de la valeur estimée à 2,25 dollars pour la ration d'une famille disposant d'un salaire minimum de 1 dollar par jour dans les zones urbaines et de moins de 0,7 dollars dans les zones rurales, ainsi que du fort taux du chômage, il est clair que l'aide du PAM représente une valeur non négligeable sur le plan économique et nutritionnel, et constitue un transfert de revenu significatif pour le pauvre. Cela est particulièrement vrai pour les femmes dont le revenu est égal à 75 % environ de celui des hommes dans les zones rurales.

En résumé, on peut affirmer que l'aide alimentaire aux pays en développement si elle peut être efficace à court terme, elle atteint en revanche rapidement ses limites dans une perspective de moyen et long terme. Aussi préférons nous l'aide alimentaire triangulaire. Cette dernière débute par un constat :
si certaines régions du tiers monde, ont un déficit alimentaire, d'autres, pas forcément très éloignées, peuvent avoir au même moment un excédent disponible. Pourquoi ne pas remplacer alors l'envoi de céréales venues du nord par une somme d'argent, destinée à acheter des céréales locales en zone excédentaire, pour les redistribuer en zone déficitaire ?

Une association paysanne ou une ONG peut être chargée de l'opération.

Par rapport à l'aide alimentaire classique, envoyée par les pays industrialisés en puisant dans leurs excédents agricoles, l'aide triangulaire présente plusieurs avantages. Elle ne modifie pas les habitudes alimentaires et elle procure aux paysans des zones excédentaires un nouveau débouché ; elle rencontre aussi les difficultés d'une démarche nouvelle ; procédures administratives non rodées, transports locaux manquant d'infrastructures routières etc.... Savoir dans quelle zone excédentaire acheter reste également difficile à évaluer. Un paysan peut être tenté de vendre ses grains quitte à dégarnir son stock familial pour regarnir son portefeuille.

Mais l'aide triangulaire a le mérite de dynamiser le commerce local et de faire ainsi avancer l'idée de marchés régionaux organisés et protégés. Les populations bénéficiaires de l'aide ne sont plus les receveurs passifs d'excédents venus du nord.

2.2. Projection des besoins alimentaires à l'horizon 2005 et vision de l'an 2010.

L'offre globale de denrées alimentaires à la population, en quantité suffisante, demeure un problème important pour bon nombre de pays en développement. Haïti n'échappe pas à ce constat. Souvent, le choix repose entre l'utilisation de rares recettes d'exportation à l'importation de produits alimentaires et (ou) l'emploi de ces mêmes recettes à l'acquisition et l'accroissement d'équipements nécessaires à l'augmentation de la production alimentaire locale.

Les insuffisances de l'offre dans le domaine alimentaire peuvent donner naissance à des problèmes nutritionnels et déboucher sur une instabilité politique; de même, le défaut d'investissements nécessaires à l'agriculture aura à long terme des conséquences néfastes sur la balance des échanges agricoles et alimentaires.

Par conséquent, la connaissance des niveaux de demande alimentaire future aidera à fournir des informations indispensables à la planification du développement et donc à la prise de décision. Le tableau suivant fournit les principales équations nécessaires à l'évaluation des besoins alimentaires.

Les projections de demande alimentaire que l'on réalisera dans le cas d'Haïti s'inspireront du modèle utilisé par Mervin J. Yetley et Sovan Tun[3] pour le Sri Lanka.

Les variables importantes dans ce modèle sont le taux de croissance du revenu réel et le temps. Dans ce cas, l'équation de la demande alimentaire s'écrit comme suit :

$$Q_t = Q_0 \, (1+e_y s_y)^t$$

Tableau 7. Haïti - Équations destinées à l'évaluation des besoins alimentiares

Équations fondamentales

Population x Quantité requise par habitant = **Total besoins de consommation**	Production nationale nette — Variation nette des stocks — Total exportations alimentaires = **Approvisionnement alimentaire intérieur**
Total besoins de consommation — Approvisionnement alimentaire intérieur = **Besoins d'importation**	Besoins d'importation — Importations alimentaires commerciales = **Déficit alimentaire**

Autres équations

Production nationale brute — Usages non alimentaires = **Production nationale nette**	Stocks en fin d'année — Stocks en début d'année = **Variation nette des stocks**
Semences réservées pour l'année suivante + Alimentation du bétail + Déchet après la moisson + Usages industriels/déchets de transformation = **Usages non alimentaires**	Variation nette : stocks régulateurs de l'État + Variation nette : stocks de réserve de l'État + Variation nette : stocks commerciaux + Variation nette : stocks des cultivateurs + Variation nette : stocks des organismes d'aide = **Variation nette du total des stocks**

[3] Mervin J. Yetley et Sovan Tun ; "Projections Food Demand : A Comparison of Two Methods" July 1986 United States Department of Agriculture : ERS. Staff report.

Pour projeter la population, on utilise l'équation suivante :

$P_t = P_o (1 + R)^t$

R = Taux de croissance naturelle de la population.

P_0 = Population initiale.

P_t = Population projetée au temps t.

Notons que cette projection portera sur deux périodes 2000 et 2005 et représente un scénario plausible à long terme, qui suppose une poursuite des politiques agricoles et commerciales courantes, sans chocs climatiques ou politiques majeurs mais avec des hypothèses spécifiques touchant la macroéconomie, le développement international, la croissance de la productivité, les budgets d'aide alimentaire et autres éléments affectant la production alimentaire, la consommation et le commerce. Il s'agit de projection à la fois de consommation céréalière et d'aide alimentaire en céréales, car les céréales jouent un rôle dominant dans la consommation alimentaire de la plupârt des pays récepteurs de l'aide alimentaire; elles constituent également une part importante dans les fournitures acheminées par les pays donateurs. Soulignons que les besoins d'aide alimentaire sont définis comme étant la différence entre le niveau de consommation alimentaire projetée et les disponibilités alimentaires à la période indiquée. Si bien que l'on peut écrire. Aide alimentaire = consommation alimentaire - (production alimentaire + importation alimentaire). La consommation, la production et les importations de denrées alimentaires d'un pays dépendent de la croissance de facteurs tels que niveau des recettes de change du pays, des politiques en vigueur, de la croissance de la population, des incitations à la production et des conditions qui prévalent sur le marché financier international et sur le marché des biens. Par conséquent, l'estimation des besoins d'aide alimentaire est le résultat d'hypothèses spécifiques concernant les ressources et politiques du pays en question. Pour réaliser cette projection, on s'appuiera successivement sur les données relatives à la balance céréalière d'Haïti fournies par les services de recherche économique du Ministère américain de l'agriculture[4] et celle de la Banque mondiale.

[4] The World Bank Group : "County Assistance Strategy of the World Bank Group for the Republic of Haïti" United Department of Agriculture "Food Aid Needs Assessment" 21 novembre 1996. et Ministère américain de l'agriculture. ERSA, 1996.

Graphique 8- Haïti - Balance céréalière : 1983 - 95 et prévisions (1996-2005)

	Offre			Usage non alimentaire				Disponibilités alimenmtaires				Besoins d'aide alimentaire (millions de t) (ajust.)	Revenu national (milliers de gourdes)
	Production (milliers de t)	Importations (milliers de t)	Aide alimentaire reçue (milliers de t)	Exportations (milliers de t)	Alimentation animale (milliers de t)	Autres (milliers de t)	Fin de stocks (milliers de t)	Disponibil. nettes (milliers t) de l'aide	Usage aliment. (milliers t)	Population (millions Hb)	Usage alimentaire/hb (kg)		
1983	388	119	72	0	75	42	20	390	461	5,66	88	-	10560
1984	395	119	101	0	60	45	15	414	515	5,76	96	-	10607
1985	265	65	133	0	15	36	9	285	417	5,86	76	-	10639
1986	340	89	89	0	15	39	9	375	464	5,99	83	-	10801
1987	365	52	154	0	15	43	9	358	512	6,11	90	-	10698
1988	330	193	49	0	15	43	9	466	514	6,24	89	-	10612
1989	350	131	179	0	15	45	20	410	589	6,36	100	-	10839
1990	350	187	113	0	15	47	20	475	588	6,49	98	-	10794
1991	330	363	43	0	15	52	30	616	659	6,62	108	-	10442
1992	320	303	79	0	15	51	30	557	635	6.76	102	-	8878
1993	340	199	112	0	15	47	25	481	593	6,90	94	-	8608
1994	320	285	118	0	15	52	45	528	647	7,04	101	-	7721
1995	345	265	115	0	15	54	20	566	681	7,18	102	-	-
Prévisions													
1996	346	260	-	0	16	52	20	538	683	7,32	103	144	-
1997	350	292	-	0	16	53	28	565	693	7,47	103	127	-
2000	349	336	-	0	16	55	32	610	782	7,68	103	123	-
2005	348	414	-	0	16	60	38	690	838	8,25	103	136	-

Sources : United States Department of Agriculture : Economic Research Service (Food Aid Needs Assessment).
FMI (Statistiques financières internationales), 1996.

Après calcul, il ressort de cette balance que l'élasticité moyenne de la consommation alimentaire par rapport au revenu s'élevait en Haïti entre 1983 et 1994 à -0,05 et entre 1983 et 1991 à -0,03. Il s'agit dans les deux cas d'une élasticité négative. On retiendra cette dernière élasticité pour l'évaluation de la projection, en raison du fait que l'embargo qui a frappé Haïti entre 1991 et 1994 a eu des effets néfastes à la fois sur le niveau de revenu des ménages et sur leur consommation alimentaire. Les données de cette période n'ont donc pas été retenues, car pouvant nuire à la crédibilité de l'observation.

Concernant la projection de la population en l'an 2000 et 2005, on reprendra un taux de croissance démographique annuel moyen de 2 % : taux le plus communément admis. Les niveaux de population ont été estimés par la Banque mondiale[5]. Ils sont pour Haïti de 7.682 millions habitants en l'an 2000 et 8.255 millions habitant en l'an 2005.

Hypothèses macroéconomiques spécifiques

La Banque mondiale retient pour la période 1996-2005 un taux de croissance économique moyen de 3 % (scénario de base). Contre 4,5 % (hypothèse haute), et un taux de croissance du revenu per capita de 1,1 en hypothèse basse. Le scénario de base suppose une stabilité politique durant cette période, que le climat de sécurité s'améliore progressivement, qu'une amélioration dans l'absorption des flux d'aide s'opère également et que les programmes de réforme économique et sociale soient réalisés. Le taux de croissance annuel de 1,1 % du revenu per capita sera donc retenu comme hypothèse plausible.

Enfin, notons que la consommation céréalière per capita en Haïti, selon le Ministère américain de l'agriculture, s'élevait en 1995 à 102 kg/hab. Partant de ces hypothèses, il est maintenant possible, par application du modèle de Mervin Yetz et Sovan Tun, de projeter pour l'an 2000 et 2005 la consommation céréalière en Haïti.

[5] "World Population Projections" World Bank, 1995.

$$\text{An } 2000 = (0{,}102 \times 7{,}68)\,[1 + (0{,}029 \times 0{,}011)]^{5} = 782$$

$$\text{An } 2005 = (0{,}102 \times 8{,}25)\,[1 + (0{,}029 \times 0{,}011)]^{10} = 838$$

Si les différentes hypothèses sont respectées, la consommation alimentaire s'élèverait par conséquent à :

782.000 tonnes en l'an 2000
838.000 tonnes en l'an 2005.

Pour satisfaire cette demande, Haïti devra compter sur une augmentation de la production alimentaire locale; malheureusement, cette dernière affiche une baisse tendancielle qui, se poursuivra vraisemblablement comme l'indiquent les graphiques de projection suivants :

Tableau 12- Haïti

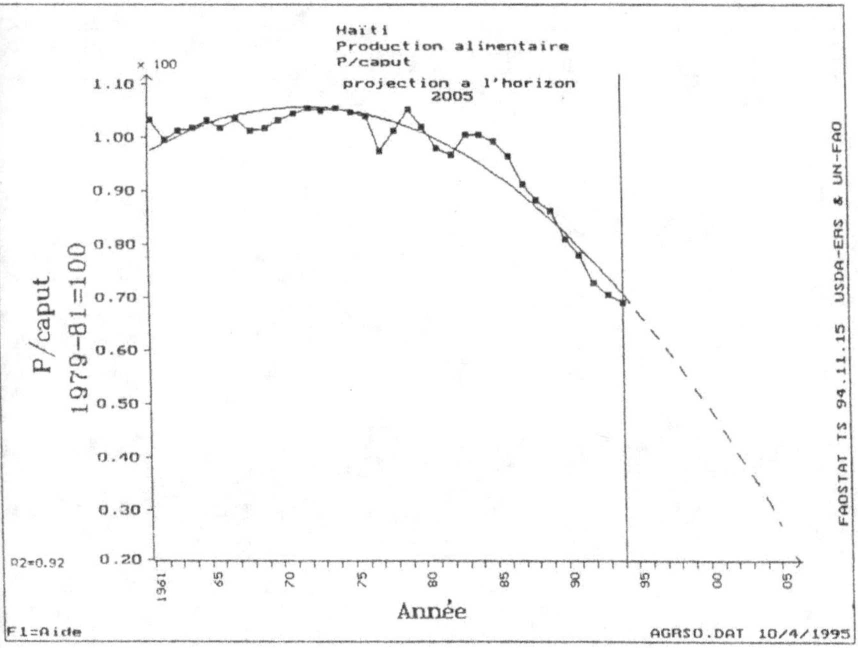

Tableau 13- Haïti

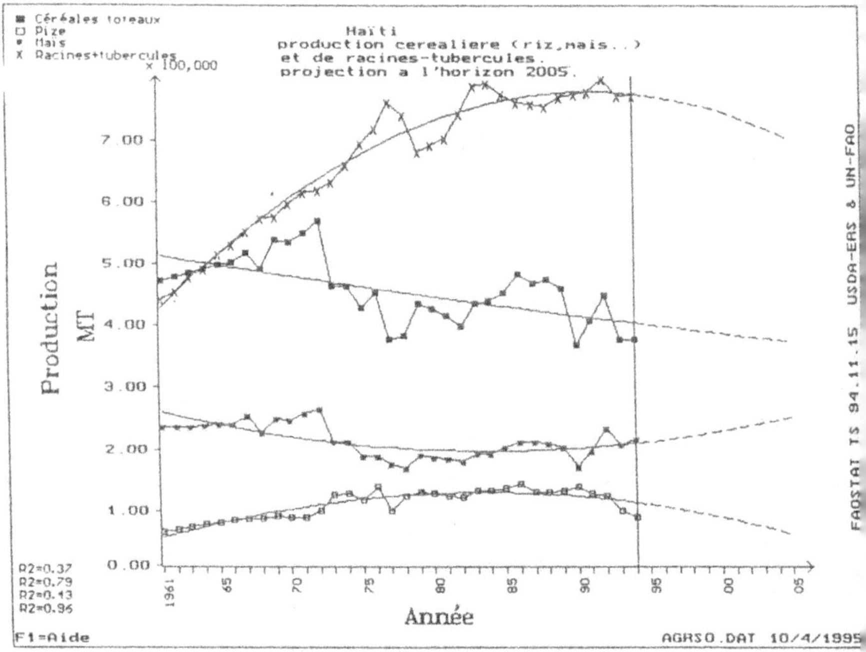

Cette diminution de la production devra automatiquement être compensée par un accroissement des importations et/ou de l'aide alimentaire.

Il existe bien entendu d'autres facteurs qui peuvent affecter à terme le niveau de la demande locale. C'est le cas notamment des changements dans les habitudes alimentaires (goût des consommateurs), l'urbanisation, ainsi que des variations dans la répartition du revenu national. Si on tient compte d'un seul bien, trois facteurs principaux sont considérés dans la plupart des estimations de la demande future du bien. Il s'agit du :

- taux de croissance démographique (n)
- taux de croissance du revenu réel per capita (y)
- taux de variation des prix (p)

Par conséquent, le taux de croissance de la demande de ce bien (g) s'exprime comme suit :

$$g = n + (e_d y + e_d P)$$

$e_d y + e_d P$ étant respectivement les élasticités de la demande du bien par rapport au revenu et au prix; en d'autres termes, le taux de croissance de la demande du bien peut être décomposé en taux de croissance de la population plus le taux de croissance de la demande par habitant. Si les prix réels sont stables, l'équation de la demande du bien s'exprime plus simplement sous la forme suivante :

$$g = n + e_d y$$

Ainsi, si dans le cas d'Haïti, le gouvernement souhaite connaître le taux de croissance de la production de riz qui serait nécessaire en 5 ans pour satisfaire la consommation de cette denrée à cette échéance (1995-2000), il devra tenir compte du taux de croissance démographique prévisionnel, disons 2 % par an, du taux de croissance du revenu per capita, (1,1 %) et de l'élasticité de la demande de riz par rapport au revenu (-0,03). Ainsi le taux de croissance de la demande de riz serait en un an en Haïti :

$$g = 2 + (-0,03 \times 1,1) = 1,9\ \%$$

sur cinq ans, l'augmentation de la demande de riz dans ce pays serait de 10,1 %. Il est improbable, en termes réels, que le prix du riz demeure constant sur les cinq ans. Il devrait varier en fonction des prix internationaux, de la politique locale en matière de prix et du prix des autres biens de substitution. Un modèle plus complexe pourrait être utilisé pour évaluer l'impact de la politique de prix notamment, en matière de consommation et ce, au regard des options de sécurité alimentaire arrêtées dans le pays. Le même modèle pourrait servir également à prévoir l'impact des variations de prix et de revenu sur des groupes de population spécifiques.

La projection de la production alimentaire repose par conséquent, sur un ensemble d'hypothèses à long terme et de jugement analytique. On a utilisé pour ce faire, les projections de production alimentaire de la FAO et du Ministère américain de l'agriculture. Les projections donnent pour l'an 2000 une production alimentaire de 349.000 tonnes et pour l'an 2005 de 348.000 tonnes.

Concernant l'aide alimentaire, son estimation est le résultat d'hypothèses spécifiques concernant les ressources et les politiques du pays récepteur de l'aide. Elle est estimée à 123.000 tonnes pour l'an 2000 et 136.000 tonnes pour l'an 2005.

Enfin, pour réaliser les projections d'importation alimentaire, il convient au préalable de projeter les disponibilités de change du pays. Ces disponibilités expriment la somme des recettes d'exportation et des flux de crédits et de subventions reçus de l'étranger. En deux mots, il s'agit de calculer la capacité à importer du pays. Cette capacité, selon l'USDA, se mesure en deux étapes et comme suit :

1) $FEA = MEE = [(I^{R}_{b}/MI_{b}*MI) - IR] - DS$

Où

FEA = disponibilité de change estimée

MEE = recettes d'exportation projetée.
(Sources : Banque mondiale et Ministère américain de l'agriculture : ERS).

I^{R}_{b} = réserves internationales durant la période de base.

MI_{b} = importations durant la période de base (sources : Fonds monétaire international et Banque mondiale)

IR = réserves internationales projetées
(Sources : Banque mondiale et ERS)
DS = service de la dette projetée
(Sources : Banque mondiale et ERS)
b = période de base.

Cette formule postule que les recettes de change destinées aux importations alimentaires dépendent des recettes d'exportation diminuées des paiements effectués au titre du service de la dette et des retraits sur les réserves internationales. Le niveau de réserves s'appuie sur la notion que durant la période de projection un pays est autorisé à maintenir un ratio de réserves pour les importations égal à celui de la période de base.

2) La deuxième détermine le niveau de change qui doit s'appliquer aux importations de produits alimentaires, en particulier pour un groupe de denrées (céréales, légumineuses, huile végétale etc...) désigné par la lettre J.

La formule est la suivante :

$$CICV_J = FEA * (CFI_J/MEE)_b$$

Où

CFI_J = capacité d'importation pour les denrées alimentaires du groupe J.
FEA = disponibilité de change dérivée de la première étape
CFI_{Jb} = importations alimentaires du groupe J durant la période de base (Sources : FAO et ERS)
MEE_b = recettes d'exportation durant la période de base (Sources : FMI et BIRD)
b = période de base.

Outre les autres résultats qu'elle permet d'obtenir, l'application de ces formules au cas d'Haïti permet de constater que ce pays réalise, à partir de ses réserves nettes, la plus faible capacité d'importation de la Caraïbe comme l'atteste le tableau suivant

Tableau 9. Haïti - Couverture des importations par les réserves nettes
(exprimée en semaines) dans la Caraïbe : 1984-92

	1984	1985	1986	1987	1988	1989	1990	1991	1992
Bahamas	7	7	7	4	4	3	3	0	0
Barbade	9	9	9	8	7	5	5	4	8
République dominicaine	9	10	10	3	5	3	1	7	7
Guyane	1	1	1	1	1	2	3	14	14
Haïti	1	1	1	1	1	1	0	1	0
Jamaïque	4	6	3	4	3	2	3	2	0
Suriname	3	3	2	2	1	1	2	0	0
Trinad -et-Tobago	28	26	11	4	3	7	13	7	4
Région Caraïbe	12	11	7	4	4	3	4	4	4

Source : Banque interaméricaine de développement et ESDB. Extrait de : Winston C. Dookeran : "Caribbean : Choices and Change" Reflections on the Caribbean, 1996.

Ce tableau indique que les réserves nettes d'Haïti sur la période 1984-92 ne lui permettaient de couvrir en moyenne qu'une semaine d'importation. En 1990 et 1992, l'état de ces réserves était tel qu'aucune importation n'était possible.

Soulignons enfin que ces formules ont permis au Ministère américain de l'agriculture de projeter les importations alimentaire haïtiennes à 336.000 tonnes pour l'an 2000 et 414.000 tonnes pour l'an 2005.

Haïti : vision de l'an 2000

La définition du problème de l'insécurité alimentaire en Haïti et l'explication des contraintes relatives à sa résorption constituent une première étape dans la vision que l'on peut avoir d'Haïti à long terme. Une autre est de suggérer des solutions appropriées à ce problème. Pour ce faire, on doit avoir une conception claire non seulement de la situation présente mais également de celle à venir. Aussi, on présentera ci-après la vision que l'on se forge d'Haïti en l'an 2010. Cette vision n'est pas une projection mais un jugement de valeur résumant la réflexion de différents chercheurs et organismes tels l'USAID.

Cette vision donne une image idéale de ce que sera Haïti dans une quinzaine d'années ; elle part de l'hypothèse que les choses s'amélioreraient d'ici cette période. Les caractéristiques de cette vision "raisonnablement optimiste" sont :

- des taux de croissance économique de l'ordre de 8 à 10 % par an, et un taux de croissance démographique passant en 1995 de 2,1 %, à 1,5 % en 2010. Conséquence, un nombre plus faible d'Haïti souffriront de la pauvreté en l'an 2010 par rapport à 1995. Deux Haïtiens sur trois sont considérés comme pauvres aujourd'hui , alors que dans cette hypothèse 1 sur 2 le seront en l'an 2010.

- La malnutrition massive et les déficiences en micro-nutriments disparaîtront virtuellement. La malnutrition chronique sera de l'ordre d'environ 15 %.

- La population rurale augmentera, mais la tendance vers l'urbanisation s'accélérera. En l'an 2010, la population rurale et urbaine seront en Haïti d'égale importance. L'insécurité alimentaire deviendra un problème essentiellement urbain.

- Les taux de croissance démographique seront plus élevés dans les villes secondaires d'Haïti, spécialement dans une demi-douzaine d'entre elles peuplées couramment d'au moins 20.000 habitants. Port-au-Prince connaîtra une croissance de sa population, mais cette dernière en sera ralentie. En résumé, la population haïtienne sera plus urbanisée mais moins concentrée dans la capitale.

- L'agriculture réalisera un taux de croissance moins élevé que celui des autres secteurs; les liens entre l'agriculture et ces secteurs seront plus étroits. Les villes principales d'Haïti seront la base d'industries de transformation et de commercialisation de produits agricoles en plus grande quantité. L'agriculture et les industries qui lui sont liées seront plus modernes et productives.

- Haïti produira plus de denrées alimentaires, mais ses besoins alimentaires seront satisfaits avec une proportion plus élevée d'importation. La facture globale des importations commerciales sera constituée en grande partie de denrées alimentaires.

- À l'exception des céréales de base, l'agriculture haïtienne évoluera vers des récoltes à plus grande valeur ajoutée. Des agriculteurs plus dynamiques produiront pour les marchés locaux et internationaux.

- L'industrie légère sera le principal moteur de la croissance économique future d'Haïti. Il s'agit d'industries de main d'oeuvre et d'exportation qui opéreront pour l'essentiel à

Port-au-Prince et dans les principales villes secondaires du pays.

- Le réseau routier s'améliorera. De bonnes routes relieront Port-au-Prince aux principales villes secondaires. Les routes dans la plupart des zones rurales du reste du pays seront encore en mauvais état.

- Le secteur privé aura la gestion d'équipements publics importants, spécialement l'électricité, les télécommunications et les services portuaires et aéroportuaires. Les sociétés qui en auront la charge fourniront un service efficace non seulement à Port-au-Prince mais aussi dans les principales villes secondaires.

- Avec l'urbanisation croissance d'Haïti, un nombre plus élevé de ses habitants bénéficieront de services sociaux. Une proportion plus grande d'investissements sera réalisée dans les principales villes secondaires, notamment dans le domaine de la santé primaire, dans celui des programmes de population et d'éducation de base, mais les municipalités seront encore confrontées à des difficultés pour satisfaire la demande sociale croissante des habitants en zone urbaine.

Les budgets continueront à être insuffisants pour satisfaire les besoins en services sociaux de la plupart des habitants des zones rurales.

- L'efficacité de l'école primaire sera accrue et passera de 50 à 75 % : un nombre plus élevé d'élèves achèveront leur scolarité primaire et l'y réaliseront en moyenne en moins de scolarité primaire et l'y réaliseront en moyenne en moins de temps. La qualité de cet enseignement s'améliorera également. Le nombre d'écoles secondaires augmentera, de même que la qualité de leur enseignement.

- La croissance des villes secondaires d'Haïti donnera naissance à une décentralisation du pouvoir économique. Les autorités locales deviendront des partenaires plus actifs dans le domaine du développement.

Tableau 10. Haïti - Les principales villes d'Haïti

Types de ville	Villes	Population
Capitale	Port-au-Prince	1.651.000
Villes intermédiaires	Cap-haïtien Gonaïves Saint-Marc Les Cayes	102.000 61.000 47.000 47.000
Villes de marchés et districts	Vérettes Jérémie Port-de-paix Limbé	28.000 27.000 26.000 21.000

- L'émigration haïtienne continuera à être comme par le passé une arme à double tranchant. D'une part, comme un moyen d'échapper à la pauvreté et d'autre part, comme l'un des mobiles les plus aisés présenté par les habitants les plus éduqués pour quitter le pays.

En définitive, cette vision, pour être réalisable, doit s'appuyer sur une stratégie dont les principaux éléments sont présentés dans la section suivante.

2.3 Contribution à une amélioration de la situation alimentaire et nutritionnelle en Haïti.

Cette contribution a pour ambition, l'élaboration d'une stratégie de lutte contre l'insécurité alimentaire en Haïti. Elle vise à formuler un certain nombre de recommandations que le gouvernement haïtien pourrait mettre en pratique pour combattre la malnutrition endémique dans le pays. Mais une stratégie ne peut être construite sans reposer sur une méthodologie. Cette méthodologie est conçue comme un ensemble d'outils permettant d'atteindre les objectifs fixés.

Aussi, notre contribution s'articule autour d'une méthodologie d'élaboration de stratégies globales ayant pour finalité, la mise en cohérence de l'ensemble des mesures de politique économique et des projets qui sont alors intégrés au sein d'une approche stratégique. Cette méthodologie s'appuiera en grande partie sur les travaux de Gérard AZOULAY et Jean-Claude DILLON*

La phase de diagnostic étant l'étape préalable à l'élaboration d'une stratégie de sécurité alimentaire, en conséquence, l'ensemble des mesures de politique économique à mettre en oeuvre et des moyens financiers et humains à mobiliser ne peuvent être élaborés qu'à partir des données collectées et des analyses menées dans la phase de diagnostic.

L'élaboration des stratégies alternatives, les politiques de production , commercialisation, consommation et le choix final d'une stratégie constituent la seconde phase de cette approche méthodologique globale.

Cette section s'achevera par la formulation de quelques recommandations et programmes d'action susceptibles de répondre aux préoccupations urgentes ayant cours actuellement en Haïti.

2.3.1. Méthodologie pour l'élaboration d'une stratégie de sécurité alimentaire nationale.

Les différentes étapes de la construction d'une stratégie de sécurité alimentaire peuvent être synthétisés de la façon suivante :

Première étape : établissement d'un diagnostic de la situation nationale de sécurité alimentaire.
Seconde étape : élaboration de stratégies alternatives et choix d'une stratégie globale de sécurité alimentaire.
troisième étape : mise en oeuvre des programmes et des projets : diagnostic permanent.

---

* Gérard AZOULAY et Jean Claude DILLON "La sécurité alimentaire en Afrique" 1993. Editions Karthala. Paris

Les deux premières étapes constituent le coeur du travail d'élaboration d'une stratégie de sécurité alimentaire.
La première est décisive car elle permet d'appréhender la spécificité et les multiples dimensions qui composent et entourent l'économie alimentaire du pays.

L'élaboration d'une stratégie suppose la connaissance préalable d'un vaste ensemble d'informations touchant au secteur lui-même, mais aussi à son environnement. Il s'agit de constituer une véritable banque de données liée à l'analyse d'un ensemble de domaines (qui constituent autant de phases spécifiques de ce diagnostic). Citons ces domaines avant de préciser leur contenu dans la suite de cette section.

- la situation de l'environnement écologique,
- la classification des différences agro-écologiques,
- les systèmes et les structures de production qui décrivent des modes de fonctionnement et des modes d'exploitation,
- la place et le rôle du secteur agricole et du secteur alimentaire dans l'économie nationale,
- la structure démographique,
- l'identification des problèmes de sécurité alimentaire,
- l'environnement macro-économique du secteur agricole et alimentaire,
- la nature des politiques spécifiques de production, commercialisation et consommation et leurs effets sur la situation alimentaire,
- l'analyse du degré de vulnérabilité des différents groupes de population,
- le degré d'intégration régionale du pays et les effets des relations interrégionales sur le secteur alimentaire et les politiques nationales,
- la situation nutritionnelle.

Les liens entre stratégie de développement et stratégie sectorielle de sécurité alimentaire

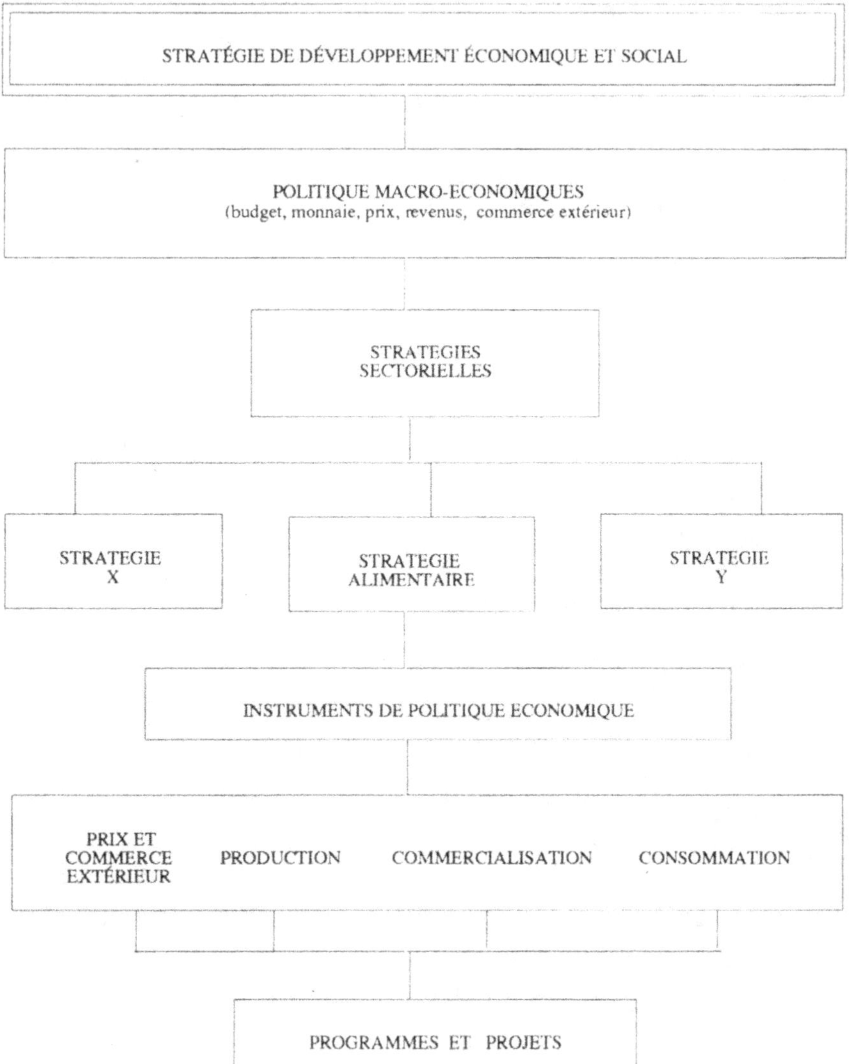

La seconde phase peut être scindée en deux moments distincts : la détermination des quelques stratégies alternatives concevables à partir de l'ensemble des contraintes préexistantes.

Ces quelques stratégies alternatives, parmi lesquelles l'autorité de décision sera amenée à exercer son choix, sont d'abord dictées par une orientation stratégique d'ensemble qui fixe le cadre macro-économique qui s'applique au secteur. Cette orientation peut être déduite d'un ensemble d'orientations stratégiques globales qui traduisent des choix de modes de développement. Un certain nombre de schémas de référence en matière de choix stratégique peuvent être décrits par un système de scénarios.

L'élaboration d'une ou plusieurs stratégies alternatives globales inclut l'ensemble des instruments de politique (production, commercialisation et consommation) à mettre en oeuvre pour atteindre les objectifs de sécurité alimentaire fixés.

Le choix, parmi ces quelques stratégies alternatives globales, de la stratégie à mettre en oeuvre est effectué en fonction de multiples contraintes et critères.

Le processus d'élaboration et de mise en oeuvre d'une stratégie de sécurité alimentaire représente une séquence de travail récurrente. Elle constitue à l'origine une construction originale, mais cette construction ne présente aucun caractère figé. Elle devient récurrente en fonction des résultats du diagnostic permanent.

En effet, le suivi de l'impact des mesures de politique mises en oeuvre doit révéler de manière permanente les déséquilibres inhérents à la réalisation de transformations des mécaniques de fonctionnement du secteur et/ou du comportement des agents. L'ajustement du choix des mesures de politique aux effets obtenus est une condition du succès à moyen terme.

Par ailleurs, l'élaboration d'une stratégie se fonde sur une situation de départ qui n'est pas identique dans tous les pays.

Dans certains pays, une politique clairement définie peut préexister et avoir révélé soit des échecs soit des goulots d'étranglement ou des incohérences qui justifient le lancement de cet exercice. Alors, la stratégie nouvelle part de l'existant et tente de réduire ses incohérences et les problèmes rencontrés.

A l'inverse, l'absence d'un cadre global unifiant des mesures diverses de politique économique constitue une situation de départ relativement fréquente dans plusieurs pays en développement. Alors l'élaboration d'une stratégie originale prend tout son sens en assurant la mise en cohérence des moyens en vue d'atteindre les objectifs retenus.

Le processus d'élaboration et de choix dépend naturellement de cette situation de départ que la phase de diagnostic a, entre autres missions, le devoir de révéler.

La composition du diagnostic

L'établissement d'un diagnostic global de la situation de sécurité alimentaire porte sur de multiples domaines, car l'élaboration d'une stratégie suppose la connaissance préalable ou la mise à jour d'une série d'informations essentielles.

Ces ensembles de données à collecter et à analyser sont synthétisés dans le schéma suivant. Ils constituent une suite de phases constitutifs du diagnostic, qui sont résumés succinctement ici avant d'être analysées.

1) L'identification des structures du système alimentaire national.

- La situation de l'environnement écologique et particulièrement du capital physique qui sous-tend la production.
- Les systèmes et les structures de production qui décrivent des modes de fonctionnement (des agents avec leurs techniques de production sur une terre donnée) et des modes d'exploitation (unités de production).
- L'analyse de la place et du rôle du secteur agricole et du secteur alimentaire dans l'économie nationale, c'est-à-dire l'analyse de la répartition sectorielle de l'activité, de la valeur ajoutée, de l'emploi.
- La classification des différentes zones agro-écologiques permet de déterminer les capacités et les potentialités de production.

2) L'analyse de la situation démographique, la prise en considération des valeurs culturelles et leurs influences sur la sécurité alimentaire.

3) L'identification des problèmes de sécurité alimentaire, évalués selon les trois composantes de la sécurité alimentaire.

4) L'analyse de l'environnement de politique macro-économique du secteur agricole et alimentaire (politiques de prix et de régulation des échanges avec l'extérieur).

5) L'analyse de l'offre et de la demande nationale de biens alimentaires compte tenu des éléments précédents.

6) La nature des politiques spécifiques de production, commercialisation et consommation qui s'appliquent au secteur et leurs effets sur la situation alimentaire (le rôle des agents et des institutions dans ces différentes fonctions (production, stockage, transport, approvisionnement en intrants, crédit, recherche, vulgarisation et encadrement...) doivent être examinés.

7) L'identification des groupes de population concernés et leur localisation géographique.

8) L'évaluation de la situation alimentaire au niveau de l'ensemble régional auquel appartient le pays, des processus d'intégration régionale et/ou des processus d'harmonisation et de coordination des politiques macro-économiques ou sectorielles, et les effets des relations inter-régionales sur le secteur alimentaire et les politiques nationales mises en oeuvre.

9) L'analyse de la situation nutritionnelle.

Le système alimentaire national ; support des politiques alimentaires

a) L'identification des structures du système alimentaire national

L'identification des structures (agents et flux) et la quantification des flux (extrants et intrants, physiques et financiers) constituent l'objectif de cette phase du diagnostic. Plus précisément deux composantes du système doivent être étudiés :

- La situation de l'environnement écologique et de manière générale du milieu physique (analyse des tendances en matière de productivité des sols suivant les grandes zones agro-écologiques).

- Les systèmes et les structures de production qui décrivent des modes de fonctionnement des agents, des techniques de production sur une terre donnée, des modes d'exploitation (unités de production).

Au sein du secteur agricole, le secteur alimentaire (ou complexe agro-alimentaire) représente l'ensemble des agents et activités qui concourent à la fonction alimentaire dans l'économie, c'est-à-dire à la production et l'approvisionnement en denrées alimentaires d'une population.

La chaîne alimentaire comprend l'ensemble des éléments qui décrivent le processus qui va de la formation des ressources alimentaires (production et importation des biens) à leur utilisation finale (consommation) en passant par la transformation et la commercialisation (ou selon l'expression "de la terre à la table").

Les différentes phases d'un diagnostic de la situation nationale de sécurité alimentaire

PHASE 1
IDENTIFICATION DES STRUCTURES DU SYSTÈME ALIMENTAIRE NATIONAL
SECTEURS D'ACTIVITÉ SYSTÈME DE PRODUCTION FILIÈRES ZONES AGRO-ECOLOGIQUES

PHASE 2
ANALYSE DE LA SITUATION DEMOGRAPHIQUE

PHASE 3
IDENTIFICATION DES PROBLEMES DE SÉCURITÉ ALIMENTAIRE
DISPONIBILITÉS STABILITÉ ACCES

PHASE 4
IDENTIFICATION DES POLITIQUES SUIVIES DANS LE SECTEUR

PHASE 5
EVALUATION DE L'IMPACT DES POLITIQUES MACRO-ÉCONOMIQUES

PHASE 6
EVALUATION DES CONTRAINTES RÉSULTANT DE L'APPLICATION DES POLITIQUES

PHASE 7
IDENTIFICATION DES GROUPES DE POPULATION CONCERNES

PHASE 8
EVALUATION DE L'ENVIRONNEMENT REGIONAL EN MATIÈRE DE POLITIQUES

PHASE 9
EVALUATION DE LA SITUATION NUTRITIONNELLE

DIAGNOSTIC GLOBAL

Un système alimentaire national peut être décrit selon les différentes approches complémentaires décrites ci-après :

b) L'analyse fonctionnelle des secteurs d'activité

Les fonctions qui concourent à la satisfaction des besoins alimentaires peuvent être identifiées. Des secteurs d'activité peuvent être dégagés à partir des instruments de la comptabilité nationale :

- activités alimentaires du secteur primaire ;
- activités de fabrication des produits alimentaires et de boissons ;
- mais aussi activités de commerce de gros et de détail ;
- industries et services liés rassemblent les secteurs pr-duisant des biens et services intervenant comme consommations intermédiaires dans la production des secteurs précédents.

Dans la comptabilité nationale, les activités suivantes concourent à la production et à la distribution des produits alimentaires. Rappelons qu'une activité est définie comme un processus de production de biens caractérisé par :

- des intrants (les consommations intermédiaires) ;
- des outputs, (la production) ;
- des facteurs (le travail, le capital).

Agriculture, chasse sylviculture et pêche (branche 1)	Industries manufacturières (branche 3)	Commerce de gros et de détail restaurants et hôtels (branche 6)	Industries et services liés (provenant des autres branches)
1-1 Agriculture et chasse 1-2 Sylviculture et Exploitation forestière 1-3 Pêche	3-1 Fabrications de produits alimentaires et de boissons et tabacs — industries alimentaires — industries de boissons	6-1 Commerce de gros 6-21 Commerce de détail 6-3 Restaurants et hôtels	— Chimie — Mécanique — Biens d'équipement — Électricité, gaz, eau — Bâtiment — Transports, entrepôts et Communication — Banque, assurances...

Un produit peut être fabriqué par des processus différents, c'est-à-dire des combinaisons différentes des éléments précédents. Chaque activité est caractérisée par les produits qu'elle réalise et une branche regroupe l'ensemble des activités qui produisent un groupe donné de biens à partir des autres biens de la nomenclature.

Cette nomenclature générale des grandes branches définies par la CITI* doit nécessairement être adaptée aux différentes situations nationales afin que les branches retenues dans l'analyse du système agro-alimentaire soient représentatives des activités économiques et de l'appareil de production du pays.

Par l'analyse des tableaux des tableaux d'entrées/sorties, il est possible de situer la place et le rôle du secteur alimentaire dans l'économie nationale d'un pays. Un tableau d'entrées/sorties (TES) permet de mesurer les flux à l'intérieur du système alimentaire national et les échanges entre les branches du secteur alimentaire et les autres branches de l'économie.

---

* Classification internationale type par industrie, de toutes les branches activité économique. Nations Unies, Série M, No 4, Rev. 2, 1969.

c) L'analyse des filières

Un découpage vertical du système alimentaire constitue une approche complémentaire de la précédente. La notion de filière peut être définie comme "une succession d'opérations de transformation dissociables, séparables et liées entre elles par des enchaînements de technologies" ou aussi comme "un ensemble de relations commerciales et financières qui s'établissent entre tous les stades de la transformation".

Cette approche permet de décrire et d'analyser l'ensemble des opérations qui constituent la chaîne allant de la production à l'utilisation finale d'un produit donné et les relations d'échange intervenant entre les agents dans cette chaîne. L'analyse du système n'est plus menée en termes de produits déterminés (riz, maïs, blé, manioc, mil-sorgho, ou viande bovine...).

Cette méthode d'analyse du système alimentaire national apparaît particulièrement bien adaptée aux économies en développement caractérisées par une faible diversification et donc par un faible niveau des échanges inter-branches. Cette méthode d'analyse présente les caractéristiques suivantes et révèle les différents stades d'un processus de production.

- En amont, la production de semences, la recherche, le machinisme agricole, la production d'engrais, les aménagements et l'alimentation du bétail.
- les industries de transformation, le commerce, les transports, la distribution.

Elle décrit le rôle de chacun des agents économiques intervenant dans la filière (exploitants individuels, sociétés industrielles et commerciales, commerçants, transporteurs, État, banques...).

Elle permet de dresser les comptes économiques (production-exploitation) des différents agents et le compte consolidé de la filière.

L'intérêt d'un tel compte consolidé est de permettre l'analyse économique de la filière. Elle met en évidence son "équilibre général" et les interdépendances entre le revenu des paysans, celui des autres intervenants dans la filière, le bilan pour l'État, les contraintes extérieures et les transferts réalisés par le biais de la fixation des prix.

On peut distinguer différents niveaux au sein d'une filière agricole :

- le secteur amont : les approvisionnements en intrants ;
- les diverses unités de production ;
- les structures d'encadrement ;
- les structures de commercialisation ;
- le transport ;
- la transformation ;
- la consommation.

Lorsque des analyses de filière peuvent être menées, l'information obtenue sur la formation des prix, du stade de la production aux utilisations finales présente un grand intérêt à la fois du point de vue technique et économique.

Du point de vue technique, la description des étapes de transformation d'un produit permet l'identification des acteurs, les techniques mises en oeuvre et l'évaluation de la productivité.

Du point de vue économique, l'élaboration d'un compte de production à chaque stade fait apparaître les consommations intermédiaires, la valeur ajoutée dégagée et sa répartition. La répartition de la valeur ajoutée et ses modifications dans le temps permettent de mesurer la participation des agents au processus de création des biens et d'analyser leurs comportements. L'agrégation des valeurs ajoutées donne une information sur le poids d'une filière dans l'économie.

Cette approche permet de décrire le système alimentaire sous forme de "tranches fines" verticales. Le repérage des flux physiques et de leurs contreparties monétaires dans une tranche de l'économie alimentaire constitue un instrument intéressant d'analyse des dysfonctionnements pouvant survenir à la suite de la modification d'une ou plusieurs variables du contexte économique général.

Du point de vue de l'élaboration d'une stratégie, la filière constitue donc un outil de mise en oeuvre et d'évaluation des politiques.

d) L'analyse des systèmes de production

L'identification des systèmes de production et des unités de production constitue un moment important de l'analyse des structures du système alimentaire. Cette étape permet de connaître les différents modes de fonctionnement des unités de production et le comportement des producteurs.

Un système de production constitue la combinaison de systèmes de culture et d'élevage qu'une exploitation agricole peut mener dans la limite de son appareil de production (la force de travail, la terre, les moyens de production et les techniques employées caractérisent cet appareil de production).

Il s'avère utile de compléter l'analyse en termes de systèmes de production par la prise en compte de la nature des unités de production. Ces unités sont en général définies par leur caractère familial ou industriel et par leur taille.

L'identification des systèmes de production comme celle des unités de production fournit un instrument d'analyse utile pour vérifier la pertinence des mesures de politique économique, des actions et des programmes envisagés dans le cadre d'une stratégie.

Cette phase du diagnostic, permet par la connaissance des structures de production, des filières, des unités de production, la modélisation de l'ensemble du système alimentaire national. Un ensemble de représentations schématiques du système peut contribuer à éclairer le diagnostic global comme indiqué dans le schéma suivant.

Schéma simplifié d'un système alimentaire

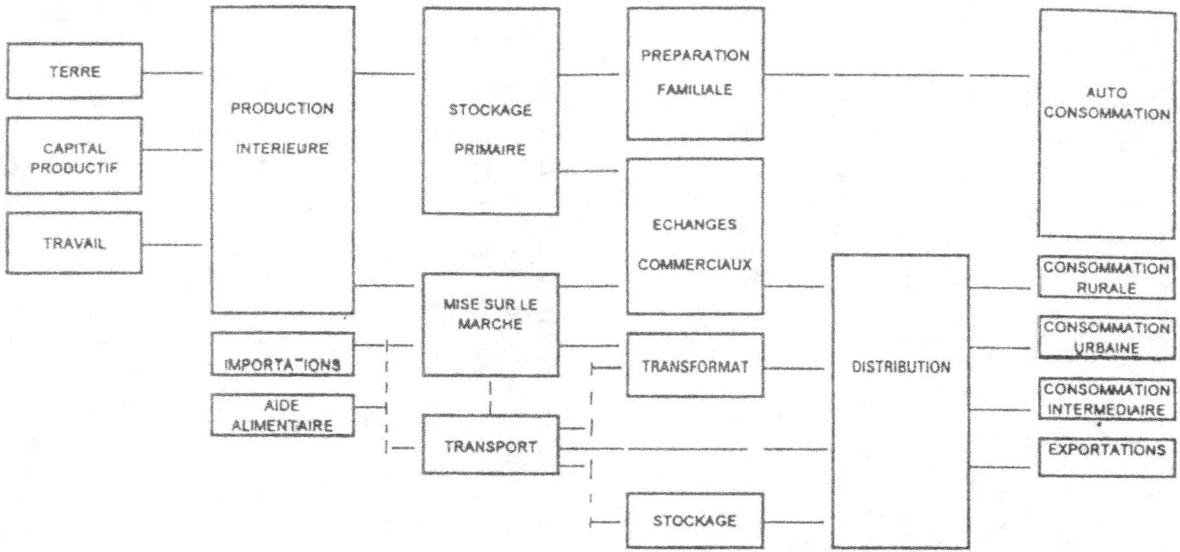

L'identification des problèmes de sécurité alimentaire

a) La classification des problèmes

L'objectif de cette étape du diagnostic est d'identifier les disfonctionnements du système alimentaire qui limitent le degré de satisfaction des besoins alimentaires des différents groupes de population.

L'identification des problèmes de sécurité alimentaire doit être effectuée du point de vue des trois composantes : disponibilités, stabilité et accès.

Les facteurs à prendre en considération dans l'identification de ces problèmes sont présentés dans le prochain tableau.

Les problèmes de sécurité alimentaire sont étudiés à tous les niveaux, national, régional, ménages. Pour chacun de ces niveaux, chacun des problèmes identifiés doit pouvoir être examiné afin de déterminer l'ensemble de ses causes directes et indirectes.

L'utilisation de cette grille d'analyse, permet l'identification des problèmes.

b) Le cas d'Haïti

Le diagnostic de la situation alimentaire en Haïti a été décrit en grande partie dans la section 2.1. (bilan de situation). En résumé, il fait apparaître les problèmes de sécurité alimentaire suivants :

1. Disponibilités alimentaires

On observe une inadéquation des disponibilités aux besoins.

- les productions agricoles à l'exception du riz diminuent continuellement. Le manioc, l'igname, la banane et le plantain sont les récoltes les plus importantes en terme de volume.

La structure de la production céréalière s'est modifiée au fil des ans. La production de riz s'est accrue, offrant dans les années 90 plus de 20 % de la production céréalière locale contre 40 % au début des années 60.

La production de maïs qui avait baissé dans les années 70, a commencé à croître de nouveau en 1990-91.

- une faible productivité dans les zones à forte et faible pluviosité et l'absence de soutien aux productions traditionnelles de subsistance.
- la faiblesse de la contribution de l'agriculture d'exportation à l'obtention de devises.
- une faible performance des activités de l'élevage et de la pêche.
- la mauvaise gestion de l'environnement conduisant à la détérioration des conditions physiques de la production se traduisant notamment par une surexploitation des ressources forestières, par l'abattage d'arbres pour le bois de feu et le bois d'oeuvre et l'expansion des cultures vivrières sur les collines entraînant une très forte érosion du sol.
- la sous-utilisation des potentialités d'irrigation.

2. Stabilité des approvisionnements

- les dysfonctionnements du marché, c'est à dire des processus de commercialisation (stockage, transfert, transformation)
- l'environnement peu favorable au secteur privé en matière de commercialisation.

Dans le contexte général de libéralisation du système de commercialisation, un certain nombre d'interventions de l'état étaient jusqu'à très récemment maintenues.

- la faiblesse du système de crédit agricole.

Les contraintes des programmes d'ajustement en matière de restriction de l'offre de monnaie rendent inexistantes toutes formes de liquidité, dans le système.
- un système de stockage défaillant
- la quasi inexistence d'un système de transport en zone rurale.

- l'insuffisance des infrastructures rurales (routes secondaires et ponts) liée à l'absence d'une flotte de véhicules de transport léger contribue fortement à la faiblesse globale du système de commercialisation.

- politique de prix inadapté.

3. L'accès des populations aux denrées.

La grande majorité de la population haïtienne est concernée par le problème de l'accès aux denrées, en raison de la faiblesse de leur revenu et des fluctuations de la production nationale.

L'indice global de sécurité alimentaire des ménages haïtiens est estimé par la FAO comme étant l'un des plus faibles au monde (28,6 en 1993 sur une échelle de 0 à 100). On considère que 85 % environ des ménages haïtiens dépensent annuellement et en moyenne 320 dollars en biens de consommation et consomment moins de 75 % du niveau calorique minimum requis par la FAO et l'OMS. Notons enfin l'absence d'un système de secours d'urgence (en cas de sécheresse, inondations et autres catastrophes) pour atteindre ceux qui sont effectivement touchés par les sinistres naturels.

Facteurs à prendre en compte dans l'identification des problèmes nationaux de sécurité alimentaire.

Insuffisance structurelle de l'offre	Instabilité de l'offre	Accès déficient des ménages aux approvisionnements disponibles
a) Absence matérielle de disponibilités adéquates - Faible production - des ménages - d'une zone géographique - du pays dans son ensemble - Causes de la faiblesse de la production - superficie cultivable limitée difficultés d'accès, manque de capitaux, concurrence entre cultures vivrières et cultures d'exportations - faibles rendements, nature du sol, manque d'engrais précipitations insuffisantes, absence de pesticides, manque de moyens pour intensifier la production, techniques culturales. - défaillances des infrastructures et des institutions (recherche, vulgarisation, information) b) Contraintes économiques limitant l'offre - manque d'incitations à la production, coûts de production non couverts par les prix, aide alimentaire déstabilisante. - manque de débouchés commerciaux - manque de biens de consommation - capacité de transformation insuffisante - absence de revenus - manque de devises pour le financement des importations commerciales de denrées et d'intrants. - incitations plus fortes à l'exportation.	a) Instabilité matérielle - de la production - absence de stocks de sécurité - absence de capacités de stockage - pertes de denrées - instabilité des importations b) Instabilité économique, fluctuations - des prix des produits sur le marché - des prix des intrants sur le marché - des prix des denrées alimentaires - des taux de salaire - du volume de l'emploi c) Efficacité du système de commercialisation - canaux d'approvisionnement - rôle des structures publiques et privées - structure des coûts de commercialisation des différents agents - efficacité du système d'information - rôle des échanges avec les pays voisins.	a) stocks primaires, insuffisants, faible volume de la production, pertes après récolte, ventes pour couvrir d'autres besoins essentiels. b) fonctionnement imparfait des marchés, manque d'infrastructures de transport, manque d'agents de commercialisation. c) manque de revenu et de pouvoir d'achat. d) rôle des habitudes alimentaires par rapport aux disponibilités. e) manque de connaissances nutritionnelles et alimentaires. f) contraintes liées à l'emploi du temps des femmes. g) problèmes de santé empêchant de tirer profit des approvisionnements alimentaires disponibles.

L'identification des politiques macro-économiques et de leur traduction sur le secteur alimentaire.

a) L'orientation stratégique globale du pays

Un diagnostic global de la situation de sécurité alimentaire d'un pays doit nécessairement intégrer une analyse de l'orientation stratégique globale du pays. Cette notion "d'orientation stratégique globale" tend à exprimer les fondements politiques des interventions, leur ampleur dans l'activité économique sont en général la résultante du choix, par une société, d'un type ou mode de développement, c'est-à-dire de la vision qu'un pays a de son avenir.

L'orientation stratégique détermine le mode de formation des prix et le type d'organisation des marchés, c'est-à-dire la manière dont le gouvernement entend ou n'entend pas protéger les agents nationaux, producteurs et consommateurs contre les fluctuations et les instabilités économiques ; la manière dont il entend garantir la sécurité alimentaire par le soutien à la production et par une action en matière de commercialisation et de consommation ou bien par le libre jeu du marché.

Un cadre général d'analyse de cette orientation stratégique globale est nécessaire. Le cadre d'analyse présenté dans cet ouvrage répond à deux objectifs complémentaires qui correspondent à deux moments de l'approche méthodologique :

- la détermination de l'orientation stratégique globale du pays et de ses conséquences sur le secteur alimentaire constitue un moment important du diagnostic global de la situation de sécurité alimentaire du pays.
- la construction des stratégies alternatives ne peut être engagée sans référence directe au mode de développement explicitement ou implicitement mis en oeuvre.

Les stratégies sectorielles s'inscrivent dans un mode de développement, lui-même traduit par une politique macro-économique.

Dans la gamme des politiques qui composent une stratégie sectorielle, et en particulier une stratégie de sécurité alimentaire, les politiques qui agissent sur tous les niveaux du fonctionnement du secteur ont le poids stratégique le plus important.

Dans la gamme des politiques qui composent une stratégie sectorielle, et en particulier une stratégie de sécurité alimentaire, les politiques qui agissent sur tous les niveaux du fonctionnement du secteur ont le poids stratégique le plus important.

Ces politiques expriment ainsi la liaison essentielle avec un mode de développement.

Le régime des prix et le mode de régulation des échanges avec l'extérieur jouent ce rôle stratégique et constituent le noyau de ces politiques. Ce noyau stratégique n'a pas, par lui-même, des effets décisifs sur la sécurité alimentaire, mais joue un rôle décisif dans la conception de la politique de production, commercialisation et consommation.

Le cadre d'analyse proposé repose sur un système de scénarios. Ce système est articulé autour de six modèles de référence qui ont pour ambition chacun de représenter une situation actuellement constatée ou une situation éventuellement applicable sans pour autant épuiser la réalité.

Chaque modèle décrit une certaine orientation à l'égard du secteur alimentaire. Chaque modèle est la traduction d'une vision du développement et donc l'expression du choix d'un certain nombre d'objectifs spécifiques qu'un État peut souhaiter mettre en oeuvre.

Ces six modèles constituent un cadre de référence pour l'analyse de l'orientation stratégique globale d'un État et de ses modes d'intervention sur l'économie et plus particulièrement sur le secteur alimentaire. Ces modèles permettent de cadrer le diagnostic du point de vue d'une gestion à court terme.

Le diagnostic permet de déterminer dans quelle mesure le pays se rattache à l'un ou l'autre de ces modèles. Les divergences par rapport à l'un ou l'autre de ces modèles de référence permettent aussi d'évaluer les modifications susceptibles de renforcer la cohérence du modèle réel et la plus grande efficacité des stratégies de sécurité alimentaire.

Ces six modèles énoncés brièvement ci-dessous sont analysés dans le détail dans la section suivante.

- Modèle 1: la déconnexion : déconnexion des prix domestiques par rapport aux prix mondiaux ; prix à la production garantis et marchés intérieurs stables ; fortes protections aux frontières.

- Modèle 1: la déconnexion : déconnexion des prix domestiques par rapport aux prix mondiaux ; prix à la production garantis et marchés intérieurs stables ; fortes protections aux frontières.

-Modèle 2 : le marché régional : déconnexion des prix domestiques par rapport aux prix mondiaux ; marché régional protégé ; prix intérieurs libéralisés.

- Modèle 3 : la stabilisation des prix : lien entre les prix domestiques et les prix mondiaux : protection faible ou négative; forte intervention publique en vue d'une stabilisation des prix.

- Modèle 4 : la priorité à la consommation : lien entre les prix domestiques et les prix mondiaux ; protection faible et négative ; fortes subventions à la consommation.

- Modèle 5 : l'intégration au marché mondial : lien entre les prix domestiques et les prix mondiaux ; protection faible ou négative : intervention publique limitée à la promotion du commerce privé, à des opérations ponctuelles sur les marchés et au soutien à certains groupes vulnérables.

- Modèle 6 : l'intégration totale au marché et retrait total de l'État : lien total entre les prix domestiques et les prix mondiaux ; aucune protection ; intervention publique minimale.

Données nécessaires à l'analyse du contexte macro-économique et du système alimentaire national.

Indicateurs alimentaires et agricoles	Indicateurs macro économiques
Indicateurs de production - volumes et tendances - pertes après récoltes - valeur ajoutée - taux de croissance des rendements et superficies - coefficient de variabilité du produit - coefficient de variabilité du rendement Indicateurs de prix - prix à la production - prix à la consommation - cours mondiaux - termes de l'échange Prix des facteurs de production - main d'oeuvre - terre - engrais et pesticides - matériel agricole Indicateurs d'utilisation des intrants - pesticides - engrais - semences - fourrages Qualité et innocuité des intrants - engrais et pesticides - matériel agricole Indicateurs liés au commerce: volume et tendance des: - importations alimentaires - aide alimentaire - exportations alimentaires - exportations des autres produits agricoles - importations de facteurs de production	PNB - par habitant - taux de croissance Part de l'agriculture dans le PNB - produits alimentaires / non alimentaires Indicateurs monétaires - volume du crédit - taux moyen d'intérêt - taux d'inflation - taux de change - balance des paiements - ratio du service de la dette Indicateurs budgétaires - part de l'agriculture dans les dépenses totales - part de l'agriculture dans les recettes Indicateurs liés à la répartition du revenu - pourcentage du revenu revenant à chaque décile de la population - répartition du revenu entre secteur rural / urbain et entre zones géographiques

Données nécessaires à l'analyse du contexte macro-économique et du système alimentaire national. (suite)

Indicateurs démographiques et structurels	Indicateurs liés à la nutrition et à la consommation
Population - nombre d'habitants - taux de croissance - age et profession répartition de la population - urbaine / rurale - taux de migration Structures de l'emploi - agricole / non agricole - secteur alimentaire / non alimentaire - temps plein / partiel / chômage Structures familiales - types de ménages - systèmes de culture / subsistance Structures de production - type technologique - type organisationnel Structures de commercialisation - part commercialisée de la production de biens alimentaires de base - part du secteur public dans la commercialisation - stocks - transformation - transport - mode de distribution des intrants - marges de commercialisation Régimes de propriété - régime foncier - avoirs sous forme de liquidités - avoirs sous forme de terres - biens d'investissement	Modes de consommation alimentaires Consommation de certains types d'aliments Consommation de services publics (enquête budget consommation) - santé - éducation - logement - eau Poids de naissance Pourcentage d'allaitement maternel Indicateurs anthropomorphiques chez l'enfant de 1 à 5 ans Indices de masse corporelle chez l'adulte Disponibilités énergétiques alimentaires par habitant

b) La nature des informations à prendre en considération

Le tableau précédent (1 et 2) fournit la liste des indicateurs à prendre en considération dans l'analyse du contexte macro-économique et du système alimentaire national dans quatre domaines : le secteur agricole et alimentaire, le domaine macro-économique, le domaine démographique, le domaine nutritionnel.

L'évaluation des politiques de production, commercialisation et consommation et des contraintes résultant de leur application.

a) Évaluer les politiques en fonction des composantes de la sécurité alimentaire.

L'identification de l'orientation stratégique générale cerne la nature du régime des prix et des échanges avec l'extérieur. Ce régime traduit les orientations globales du développement mis en oeuvre dans le pays.

Au-delà de cette étape fondamentale, l'évaluation des politiques de production, commercialisation et consommation effectivement mises en oeuvre pour atteindre la sécurité alimentaire prolonge la démarche du diagnostic.

Les objectifs fixés et les moyens mis en oeuvre doivent être identifiés suivant les composantes de la sécurité alimentaire.

Évaluation des politiques selon les composantes de la sécurité alimentaire

Disponibilités des approvisionnements	Stabilité des approvisionnements	Accès aux denrées
- Volume de la production - Réduction des pertes après récoltes - Volume des importations - Volume des exportations	- Stabilité de la production - Stabilité des prix entre les zones du pays - Stabilité des prix dans le le temps	- Adéquation de la consommation dans les zones d'insécurité - Adéquation du revenu par rapport aux prix des denrées alimentaires - Accès à l'emploi

Les impacts de tous les éléments de politique de production, commercialisation et consommation sur les composantes de la sécurité alimentaire doivent être examinés par la comparaison des effets escomptés et des effets constatés.

Les groupes de population particulièrement concernés par ces mesures sont identifiés de même que les contraintes nées de l'application de ces politiques.

b) La nature des informations à prendre en considération

Le tableau suivant rassemble l'ensemble des éléments à prendre en considération dans l'évaluation des politiques de production, commercialisation et consommation.

Au terme de cette phase, un ensemble de domaines précis relatifs à la production (extrants, intrants, technologies, structures de production...), à la commercialisation (stockage, gestion des marchés, transport, transformation, crédit) et à la consommation (revenu, nutrition, santé), domaines susceptibles d'être modifiés ou transformés, seront connus et analysés.

Questions à prendre en considération dans l'analyse des politiques de production, commercialisation et consommation ayant une incidence sur la sécurité alimentaire

Politiques de production	Politiques de commercialisation	Politiques de consommation
1) Produits agricoles, animaux, halieutiques et forestiers 1-1 composition de la production 1-2 répartition de la production 1-3 fluctuation dans le temps 1-4 prix 2) Facteurs de production 2-1 structure de production des intrants 2-2 importations d'intrants 2-3 structure de commercialisation 2-4 prix 3) Techniques de production 3-1 niveau technologique 3-2 mise au point de nouvelles techniques 3-3 diffusion 3-4 irrigation 3-5 énergie 3-6 contrôle de qualité et d'innocuité 3-7 protection de l'environnement 4) Structures sociales de la production 4-1 taille des exploitations 4-2 régimes fonciers 4-3 division du travail 4-4 accès à d'autres facteurs 4-5 répartition de la production par catégories de revenu et taille de l'exploitation	5) Stocks 5-1 nature des stocks, urgence, régulation 5-2 propriété, accès, gestion 5-3 taille 5-4 infrastructure physique 5-5 coûts 5-6 pertes 5-7 évolution technologique 6) Système de gestion des marchés 6-1 rôle du secteur public dans la formation des prix 6-2 propriété et gestion des unités commerciales (degré de monopole/concurrence) 6-3 réglementation concernant la qualité des produits 6-4 système d'information 6-5 marges commerciales 7) Transformation 7-1 structures, propriété et gestion 7-2 taille 7-3 infrastructures physiques 7-4 marge 7-5 pertes 7-6 évolution technologique 7-7 réglementation des pratiques de transformation 8) Transport 8-1 type et localisation des infrastructures 8-2 propriété et gestion des services de transport 8-3 stocks, combustibles et pièces détachées 8-4 prix et marges	9 Système financier 9-1 système de crédit accessible aux producteurs 9-2 système de crédit accessible aux commerçants et industriels de transformation 9-3 système de crédit accessible aux consommateurs 9-4 développement des institutions 9-5 taux d'intérêt 9-7 taux de change 10) Revenu 10-1 transfert direct de revenu lié à la distribution des produits alimentaires 10-2 programmes d'emploi ciblés 10-3 allègements fiscaux 11) Consommation et nutrition 11-1 programmes nutritionnels 11-2 promotion des cultures vivrières traditionnelles 11-3 approvisionnement en combustibles de cuisson 11-4 éducation en matière nutritionnelle 11-5 interventions directes, aide alimentaire 12) Santé 12-1 interventions directes 12-2 eau potable 12-3 hygiène et logement 12-4 innocuité des produits alimentaires 13) Gestion des situations de crise 13- 1 alerte rapide et surveillance nutritionnelle 13-2 encouragement des stratégies traditionnelles de crise 13-3 secours en cas de catastrophe 13-4 remise en état après la situation d'urgence

L'évaluation de l'environnement régional.

L'État-Nation a été considéré jusquà ce point comme le cadre de référence de l'analyse.

La construction d'une stratégie nationale de sécurité alimentaire constitue l'objet de la réflexion et de l'exercice de planification sectorielle. La question de la validité de cette approche purement nationale est naturellement déterminante. Elle renvoit au débat sur l'intégration économique régionale, débat ancien et sans doute plus que jamais pertinent.

Les modes de régulation économique conçus sur le plan strictement national deviennent de moins en moins efficaces.

Cette interdépendance se situe à deux niveaux qui définissent les différentes catégories de flux qui parcourent ce pays :

- les flux avec le marché mondial ;
- les flux régionaux et frontaliers.

Ces deux niveaux d'interdépendance doivent être pris en compte dans la mise en oeuvre d'une stratégie nationale.

Il y a nécessité d'une mise en oeuvre d'une stratégie nationale tant que des stratégies régionales ne peuvent l'être. Il faut donc que ces stratégies régionales apparaissent comme souhaitables par les États et elles ne peuvent être que le résultat de réelles volontés politiques.

L'évaluation de la situation nutritionnelle.

Pour formuler des politiques de nutrition ou choisir l'intervention la plus appropriée, le planificateur, l'économiste et bien entendu le nutritionniste qui les conseille ont besoin de connaître de façon précise l'état nutritionnel de la population.

- Définition de l'état nutritionnel

L'état nutritionnel d'un individu résulte de l'interaction de tous les facteurs fondamentaux : la consommation, les dépenses énergétiques c'est-à-dire l'activité physique, et les besoins physiologiques de l'individu.

L'État nutritionnel est, par ailleurs, influencé par plusieurs facteurs, les uns exogènes, les autres endogènes auxquels l'individu doit s'adapter en permanence. Les facteur exogènes sont l'environnement (climat, hygiène, disponibilités alimentaires) et le milieu familial (niveau socioéconomique, socioculturel, habitudes alimentaires...). Les facteurs endogènes sont le capital génétique, la physiologie digestive, l'appétit, l'équilibre hormonal de l'individu.

- But des enquêtes nutritionnelles

La connaissance de l'état nutritionnel d'un individu permet de détecter précocément tout désordre avant que les signes cliniques de malnutrition n'apparaissent, de donner des conseils de régime et de programmer des actions éducatives adaptées aux besoins de l'individu.

Par contre, la connaissance de l'état nutritionnel d'une population obtenue par le suivi de certains indicateurs de l'état nutritionnel du groupe permet d'identifier les groupes humains les plus atteints et ainsi d'optimiser la distribution de ressources (toujours limitées) en les ciblant de manière précise ; en outre, ces enquêtes fournissent les données indispensables à l'évaluation de l'impact de programmes de distribution d'aliments.

Que ce soit au niveau individuel ou collectif, il est nécessaire d'interpréter les résultats de façon dynamique, et non pas ponctuelle ou seulement descriptive : l'équilibre nutritionnel est sans cesse remis en question sous l'influence des facteurs alimentaires, infectieux, familiaux et environnementaux mentionés ci-dessus.

- Les différents types d'enquêtes nutritionnelles

Les enquêtes exhaustives, couvrant l'ensemble de la population donnent une image précise et non biaisée de l'état nutritionnel ; elles sont cependant coûteuses et longues à réaliser, et ne sont pas de pratique courante.

Plus facilement réalisables sont les enquêtes sur échantillons représentatifs, qu'elles soient basées sur la population recensée ou limitées à un groupe ou une région que l'on suspecte d'être la plus affectée.

Ces enquêtes sont la méthode de choix recommandée par l'OMS, car elles ne nécessitent pas un investissement important ni en temps ni en ressources. Elles ont l'avantage de donner sans délai une image fidèle de l'état nutritionnel : elles requièrent cependant des données de recensement pour établir la base de sondage.

Les enquêtes rapides sont pratiquées sur un échantillon de la population auquel on peut accéder aisément. Par exemple, on profite d'un déplacement en voiture pour examiner les enfants rencontrés sur le bord des routes, ou en se plaçant sur la place d'un village choisi par les autorités locales. En général, ces enquêtes permettent la mise en évidence rapide de l'existence d'un problème grave. L'échantillon n'étant pas représentatif, des résultats en apparence rassurants devront être interpétrés avec la plus grande prudence : parfois, seuls les enfants en bonne santé seront vus, les autres étants trop affaiblis pour sortir de chez eux. La possibilité de biais doit être sérieusement envisagée : des situations graves risquent de passer inaperçues.

Les enquêtes sur échantillon non représentatifs sont pratiquées sur la population fréquentant les dispensaires, ou dans le cadre de programmes de distribution alimentaire. Ces enquêtes faciles et bon marché ont l'inconvénient de fournir une estimation biaisée de l'état nutritionnel (biais de sélection) dans la mesure où la fréquentation du dispensaire dépend souvent de facteurs eux-mêmes liés à l'état nutritionnel (accessibilité, motivation de la mère, état de santé de l'enfant, etc...).

- *Méthodologie des enquêtes représentatives*

Les enquêtes sur échantillons aléatoires portent sur un échantillon représentatif de la population ; nous ne discuterons pas ici des avantages de l'échantillonnage en grappe et de la manière de calculer le nombre d'individus qu'il est nécessaire d'inclure dans l'échantillon.

- *Enquêtes anthropométriques.*

A l'heure actuelle, le moyen le plus simple pour évaluer l'état nutritionnel des populations consiste à enregistrer les données anthropométriques chez les enfants jeunes : poids, taille, périmètre brachial, etc. On sait en effet que la croissance de l'enfant suivi par anthropométrie est le reflet de sa nutrition. Toutefois, les données brutes telles que le poids d'un individu ou le poids moyen d'un groupe de population ne veulent rien dire en eux-mêmes, ils doivent être interprétés en fonction de l'âge, du sexe ou de la taille : les indices anthropométriques les plus souvent utilisés sont le poids par rapport à la taille, le périmètre brachial et le poids par rapport à l'âge.

Le poids par rapport à la taille est le meilleur témoin de l'existence d'un problème de malnutrition aiguë, (émaciation ou "wasting") dans les situations de famine et d'urgence. C'est un indicateur sensible aux changements rapides de l'approvisionnement alimentaire. Le fait que l'âge n'a pas à être connu facilite le recueil des données. Le poids par rapport à la taille est bien correlé avec la mortalité mais il a l'inconvénient d'être sensible à la morbidité concomitante (diarrhée par exemple).

Le périmètre brachial est facile et rapide à mesurer. Lui non plus ne requiert pas la connaissance de l'âge mais de larges variations d'un observateur à l'autre sont souvent notées.

Le poids par rapport à l'âge reflète à la fois l'état nutritionnel présent et passé et l'existence de malnutrition aiguë et chronique. Il implique de connaître l'âge, ce qui, en pratique, n'est pas toujours facile. C'est l'indicateur anthropométrique le plus couramment utilisé. Il a l'avantage d'avoir une bonne sensibilité à diverses anomalies nutritionnelles chroniques et aiguës mais il manque de spécificité et, en particulier, il ne permet pas d'identifier la dénutrition aiguë dans un contexte de dénutrition chronique.

- *Interprétations des données anthropométriques.* Afin de tirer le maximum d'informations des données, une analyse rigoureuse est nécessaire. L'informatique facilite les traitements complexes des mesures (mise en relation de plusieurs variables, tests, statistiques...).

Les indices poids par rapport à la taille et poids par rapport à l'âge sont construits à partir de la base de données du National Center of Health Statistics/Center for disease Control (NCHS.CDC) recommandée par l'OMS. Les résultats individuels sont exprimés en pourcentage de la valeur de la médiane; (poids observé x 100/poids médian des enfants de même taille), en nombre d'écarts types ("standard deviation" et "DS" dans la littérature en français) ou de percentiles au-dessus ou au-dessous de la médiane de la population de référence.

L'utilisation d'une référence commune, sans définir une norme, permet de faire des comparaisons internationales. Le poids par rapport à la taille et le poids par rapport à l'âge étant des variables continues, l'ensemble de la population peut être décrite par sa moyenne et son écart-type. Une autre manière de décrire l'état nutritionnel de la population consiste à déterminer le pourcentage d'individus en dessous de certains seuils. Par exemple, le seuil de 80 % de la médiane du poids par rapport à la taille correspond à moins 2 DS et au 3e percentile.

Comparés au poids par rapport à l'âge, le périmètre brachial; bien qu'identifiant un plus grand nombre d'enfants malnutris, est moins sensible et moins spécifique que le poids par rapport à la taille? Ces deux indicateurs identifient donc des populations à risque différent. Ils sont complèmentaires et il est souhaitable de les utiliser tous les deux. Le périmètre brachial a l'avantage de pouvoir être facilement utilisé en continu pour établir un système de surveillance.

On considère que la malnutrition aiguë correspond à un indice poids par rapport à la taille inférieur à 80 % de la médiane, ou un poids par rapport à l'âge inférieur à 60 % de la médiane ou enfin un périmètre brachial à moins de 12,5 cm. La malnutrition grave est définie par un rapport poids par rapport à la taille à moins de 70 % de la médiane.

Des taux de malnutrition entre 8 et 10 % sont très préoccupants et, lorsqu'ils dépassent 10 %, témoignent d'une situation de famine. Il faut cependant tenir compte d'autres facteurs et en particulier de la saison à laquelle l'enquête est réalisée ; un taux de 8 % juste après une récolte est aussi préoccupant qu'un taux de 12 % juste avant. Enfin, il est indispensable de présenter les résultats accompagnés de leurs intervalles de confiance.

- *Enquêtes sur les carences en micronutriments.* Les carences en iode, en fer et en vitamine A peuvent être évaluées et surveillées en se fondant sur la présence de ces éléments dans le régime alimentaire, les signes cliniques de carence et les tests biochimiques. Pour obtenir des informations on peut également combiner les résultats d'enquête et les données fournies par les systèmes sanitaires ou les programmes de lutte mis en place contre les carences spécifiques.

En ce qui concerne l'iode, les zones vulnérables peuvent être identifiées grâce à la mesure de la teneur en iode des denrées alimentaires et des sols, surtout dans les zones montagneuses et les régions sujettes aux inondations, où le sol est lessivé : des cartes peuvent être établies. Lorsque le sel est iodé, il faut contrôler les approvisionnements en sel. Les carences en iode peuvent être évaluées cliniquement d'après la prévalence des goitres, ainsi que de manifestations plus graves comme le crétinisme du jeune enfant. Ces données peuvent être obtenues grâce à des enquêtes ou aux rapports des centres de santé.

La présence de fer dans le régime alimentaire peut être évaluée à partir des résultats d'enquête de consommation et d'une évaluation clinique et biochimique axée sur les groupes les plus vulnérables (femmes et jeunes enfants). L'anémie est la manifestation de la carence en fer la plus souvent détectée.

Les apports en vitamine A varient considérablement selon la disponibilité de fruits et de légumes verts et de leur prix ; les évaluations de la consommation doivent prendre donc en compte ces considérations. L'évaluation clinique, à partir d'enquêtes ou de rapports cliniques, se fonde essentiellement sur l'observation des manifestations oculaires d'après des critères de diagnostic bien établis.

En résumé, l'évaluation de l'état nutritionnel d'une population nécessite l'utilisation d'indicateurs qui, correctement analysés et interprétés, permettront de décider de la mise en place de stratégies ou d'activités destinées à améliorer l'état nutritionnel. La prévalence d'une insuffisance pondérale chez les enfants d'âge préscolaire est l'indicateur le plus fréquemment utilisé pour déterminer la sous-alimentation.

Les informations recueillies permettent d'identifier les progrès ou l'aggravation d'un problème, mais n'en donnent pas la solution. Les informations permettant de définir la politique à adopter, la solution qui s'impose nécessitent fréquemment une analyse extrêmement poussée, souvent faite sur la base d'études de cas. En général, la capacité de mener ces recherches relève davantage des instituts de recherche que des services administratifs locaux ou centraux.

2.3.2. Le contenu politique des stratégies alternatives.

2.3.2.1. La détermination des stratégies alter natives et le choix d'une orientation stratégique.

La phase de diagnostic est indispensable à l'élaboration d'une stratégie de sécurité alimentaire. L'ensemble des mesures de politique économique à mettre en oeuvre et des moyens financiers et humains à mobiliser ne peuvent être élaborés qu'à partir des données collectées et des analyses menées dans la phase de diagnostic.

L'élaboration des stratégies alternatives et le choix final d'une stratégie constituent la seconde phase de cette approche méthodologique globale est l'objet spécifique de cette section.

a) Les stratégies alternatives

Avant de décrire le contenu de cette seconde phase, il est nécessaire de revenir sur les fondements théoriques de cette approche méthodologique, car ils sont à l'origine des choix techniques qui la composent.

Les impératifs du changement économique et social de long terme ne peuvent être sacrifiés durablement aux exigences des rééquilibrages financiers et à ceux d'une plus grande intégration des économies du tiers monde à l'économie mondiale. Cette proposition fonde la démarche retenue. La réhabilitation d'une telle approche implique un renouveau des méthodes de planification.

L'évaluation des stratégies alternatives et le choix d'une stratégie

Les stratégies de sécurité alimentaire peuvent contribuer à ce renouveau de la réflexion en termes de projet national global de développement.

L'idée même de planification est entrée en crise à la fin des années 1970* en même temps que les impératifs de gestion à court terme des déséquilibres financiers prenaient le pas sur une vision à long terme de l'avenir des économies en développement. Les causes du désenchantement à l'égard de la planification relèvent à la fois de la constatation des échecs passés de la planification dans le tiers monde, de la crise des pratiques, des procédures et de la remise en cause du principe même de la planification (notamment du rôle de l'État dans la gestion du développement).

Les pratiques et les procédures de planification se sont très éloignées des schémas types.

Cette planification idéale doit logiquement traduire de manière cohérente les grandes orientations politiques dans un horizon donné. Grâce à certains moyens, comme la présence de procédures permanentes d'identification de programmes et de projets, de cadrage macroéconomique et de protection, trois objectifs sont assignés à une procédure normale de planification :

- L'optimisation, l'allocation optimale des ressources.
- La cohérence entre les objectifs et les moyens mis en oeuvre.
- La régulation permanente du système socio-économique et son pilotage vers une direction donnée.

Un processus de planification est la traduction de choix politiques. Il exprime ces choix sur un horizon donné sous forme d'objectifs articulés entre eux, de manière cohérente. Compte tenu d'un ensemble de contraintes, il met en oeuvre un ensemble de moyens financiers et humains et d'instruments de politique économique pour atteindre les objectifs fixés.

Beaucoup de pays en développement ne disposent pas des institutions et des procédures qui assurent de manière permanente l'orientation du système économique et social dans son ensemble ou d'un secteur économique donné, c'est-à-dire la coordination des instruments de gestion de court terme (budget,

---

* Louis DUPONT "La Planification du développement à l'épreuve des faits Éditions Publisud. 1995, Paris.

crédit, prix) avec les activités d'investissement matériel et humain à moyen et long terme.

Le plan est le plus souvent devenu un catalogue de projets mal coordonnés et mal intégrés dnas des programmes sectoriels ou régionaux conçus sans réelles priorités ni hiérarchies dans la définition de leurs objectifs. L'optimisation et la cohérence ne sont pas assurés, les projets ne cadrent pas avec une cohérence macro-économique. La régulation du système n'est pas assurée, du fait des changements de cap de toute nature (notamment politiques) qui remettent en cause de manière brutale le cours du processus.

Le plan, en l'absence d'un financement national significatif, repose sur la recherche de financements extérieurs (65 à 80 %) et cela réduit la cohérence interne du processus de planification qui est mis à mal par le fait que les différents bailleurs de fonds orientent leurs projets vers les secteurs et les priorités qu'ils jugent essentiels.

Les processus d'élaboration des stratégies sectorielles ou globales ne prennent pas en compte les préférences individuelles ou collectives des populations et ne peuvent donc ensuite les mobiliser dans la mise en oeuvre des moyens nécessaires à la recherche d'objectifs qui ne sont pas inspirés et partagés par les citoyens.

Le concept et les stratégies de sécurité alimentaire peuvent constituer un principe directeur, un principe unificateur de l'action planificatrice par l'intégration et la mise en cohérence de l'ensemble des actions autour de l'objectif premier de satisfaction des besoins alimentaires et nutritionnels, (l'existence de disponibilités adéquates, la stabilité des approvisionnements et la capacité physique et économique de tous les individus d'accéder aux denrées disponibles).

Dans ce contexte précis, le concept de sécurité alimentaire (en fixant ces trois objectifs) constitue une approche du développement agricole et plus généralement du développement économique et social qui peut permettre d'aboutir à un renouvellement des formes de l'action publique par un retour de la prédominance du long terme dans la réflexion. Il peut contribuer, dans la décennie à venir, à offrir une forme d'alternative pratique à des approches politiques exclusivement fondées sur les équilibres financiers et macro-économiques. Le concept peut jouer ce rôle d'alternative politique globale parce qu'il constitue aujourd'hui un instrument fondamental permettant l'élaboration de stratégies.

Une méthodologie de planification sectorielle doit prendre en compte l'ensemble des problèmes décrits précédemment et des contraintes spécifiques qui s'opposent à la mise en oeuvre d'une planification véritable.

La nécessité de pouvoir disposer de véritables leviers d'action suffisamment puissants pour orienter de manière permanente et durable le système économique ou le secteur vers les objectifs visés constitue une véritable contrainte dans la construction d'une stratégie.

Les instruments de politique macro-économique (budget, prix, crédit) constituent-ils des leviers efficaces pour orienter l'activité vers une direction donnée en Haïti ? Le débat a été posé dans le contexte du rétablissement des équilibres économiques et financiers (ajustement structurel). Il est aussi posé dans celui de la planification à long terme et de la construction de stratégies de développement. Une stratégie sectorielle s'appuyant sur une planification suppose des changements quantitatifs et qualificatifs (comportements, structures...) qui ne peuvent reposer exclusivement sur les instruments classiques de politique économique. Les comportements des différents groupes sociaux, leur adhésion à un projet commun, que ce soit global et national ou plus simplement sectoriel et régional ou local, constituent un facteur décisif de la réussite ou de l'échec d'une stratégie comme celle de la sécurité alimentaire.

L'extraversion et la dépendance réduisent la capacité du processus de planification sectorielle à influer durablement sur l'activité par la sensibilité aux fluctuations de l'environnement extérieur (cours mondiaux, demande mondiale, taux d'intérêt, taux de change, modification des politiques commerciales des partenaires...), mais aussi par la sensibilité aux facteurs naturels et climatiques. Plus l'influence des facteurs exogènes est importante, plus la maîtrise des évolutions économiques est délicate.

Aussi, la conception d'une stratégie de sécuritré alimentaire ne peut reposer exclusivement sur des critères de rationalité économique immédiates. La rationalité économique est à rechercher à l'intérieur d'un cadre général, qui est constitué par le mode de développement dans lequel souhaite s'inscrire le pays.

Un mode de développement repose sur un certain nombre de principes économiques, de règles d'organisation sociale et d'un ensemble de structures et de pratiques politiques. L'économique, le social, le politique, le culturel constituent les éléments d'une vision à long terme du devenir d'une société.

Du point de vue strictement économique, cette vision du devenir d'une société soulève des questions cruciales telles que le degré d'intégration (ou de déconnexion) vis-à-vis du marché mondial, le degré de développement des inégalités sociales ou de stabilisation de ces différenciations, ou bien encore le type de développement technologique.

Dans nombre de pays, l'absence de cohérence des choix économiques traduit la prédominance d'une gestion à court terme et l'absence de référence à un mode de développement.

La philosophie de l'ajustement structurel imposé aux pays ne traduit pas nécessairement les aspirations autonomes des sociétés en matière de développement.

La sécurité alimentaire et nutritionnelle est considérée, dans le cadre de cette problématique, comme l'élément clé d'un processus réel global de développement économique et social.

A un mode de développement doit correspondre une ou plusieurs stratégies de sécurité alimentaire qui s'inscrivent dans ce mode. Cela signifie que :

- la conception d'une stratégie de sécurité aliemntaire implique d'inscrire cette stratégie dans un mode de développement donné ;
- un petit nombre de stratégies alternatives sont susceptibles d'être concçues à l'intérieur des orientations de ce mode de développement.

Ainsi apparaissent deux niveaux essentiels dans la description des stratégies alternatives de sécurité alimentaire.

A un premier niveau, nous utilisons le terme "d'orientation stratégique globale" pour décrire la référence à un mode de développement. Dans la gamrne des politiques qui composent une stratégie, il s'agit d'identifier celles qui décrivent et agissent sur tous les niveaux de fonctionnement du système alimentaire et peuvent exprimer cette relation fondamentale avec un mode de développement. Ainsi sont mises en évidence les politiques qui ont le poids stratégique le plus important, celles dont la nature exprime de manière déterminante un mode de développement.

Ce noyau de politiques, qui répond aux deux conditions précédentes, est formé des politiques de prix et de régulation des échanges avec l'extérieur. Ce régime des prix et du commerce extérieur constitue et détermine cette orientation stratégique.

Le rôle de variable clé dans cette orientation stratégique doit être conféré à la politique de régulation des échanges avec l'extérieur. Cette politique exprime un élément fondamental du mode de développement choisi. Elle ne détermnie pas l'ensemble des autres politiques mais certains choix fondamentaux. En particulier, la politique de prix est directement liée au système de régulation du commerce extérieur. Elle constitue une variable liée car elle est une conséquence logique de la politique de commerce extérieur. D'un régime d'importation découle un système de prix ; le degré de protection aux frontières.

Ce noyau de politiques caractérise l'orientation stratégique, non pas parce que commerce extérieur et prix ont par eux-mêmes des effets décisifs sur la sécurité alimentaire, mais parce que cet ensemble joue un rôle décisif dans la spécification des stratégies alternatives, c'est-à-dire la formulation de l'ensemble des autres composantes politiques (production, commercialisation et consommation) d'une stratégie.

Sur la base de cette approche, six orientations stratégiques alternatives majeures peuvent être identifiées. Ces orientations se réfèrent à des modes d'organisation et de fonctionnement des économies, parfaitement identifiables dans les pays ou envisageables à court terme. Ces orientations stratégiques expriment des points de référence précis, utiles dans le travail d'élaboration d'une stratégie de sécurité alimentaire.

La construction d'une stratégie ne se limite pas à cette étape fondamentale du choix de l'orientation stratégique, c'est-à-dire à une articulation spécifique entre le régime de commerce extérieur et celui des prix. Au sein d'une même orientation stratégique, différentes stratégies globales peuvent être établies, chacune mettant l'accent sur des objectifs spécifiques (relevant des disponibilités des approvisionnements, de leur stabilité ou de l'accès des populations aux disponibilités).

Le choix des politiques de production, commercialisation et consommation, ayant un impact sur la sécurité alimentaire, complète la construction d'une alternative. Chaque stratégie vise le même objectif, mais peut le faire avec des moyens différents traduisant des priorités différentes.

L'élaboration de ces stratégies alternatives précède le choix final de la stratégie qui répond le mieux aux contraintes économiques, politiques et sociales du pays. La stratégie finale sera choisie parmi le petit nombre de stratégies alternatives possibles qui ont toutes pour objectif ultime la sécurité alimentaire.

b) L'orientation stratégique globale : six modèles de référence[2]

L'élaboration d'une stratégie s'effectue autour d'un noyau central de politiques. Ce noyau est constitué par le régime des prix et du commerce extérieur. Ces deux ensembles de politiques traduisent la nature de l'intervention que l'État envisage de mettre en oeuvre dans le secteur alimentaire (et dans les autres secteurs). La nature et l'ampleur du rôle de l'État traduisent la nécessité d'une adéquation aux options générales du mode de développement mis en oeuvre par le pays. Ces options concernent notamment le degré d'intégration au marché mondial, le degré de développement des inégalités sociales ; l'importance de l'objectif de satisfaction des besoins fondamentaux, le type de développement technologique ou encore le type de répartition du pouvoir politique.

Les politiques de prix et d'échanges déterminent le degré de soutien et la nature de l'intervention de l'État sur les marchés, les institutions, les investissements. Ce degré de soutien dépend d'un ensemble de facteurs ; le type de développement retenu par le pays, le rôle que doit jouer l'agriculture dans ce développement, son rôle dans la production, l'emploi, le revenu...

Une stratégie subit les contraintes des politiques macro-économiques mises en oeuvre. Ces contraintes relèvent

(2) - La plupart des pays en développement se trouvent soumis à des contraintes d'ajustement structurel qui orientent les régimes de prix et de commerce extérieur vers une libéralisation plus ou moins poussée. Les pays se trouvent donc dans des situations évolutives comprises le plus souvent en tre les modèles 3 et 5 qui vont être décrits.

aujourd'hui dans la plupart des pays des impératifs de gestion à court terme des déséquilibres économiques et financiers qui, dans la décennie 1980, sont devenus dominants et ont relégué au second plan l'optique de développement économique et social à long terme. Mais ce contexte macro-économique ne saurait être le seul à être envisagé.

Dans cette optique, les politiques qui composent le noyau d'une stratégie évoluent entre deux pôles de référence extrêmes.

- Le premier de ces deux pôles est caractérisé par des prix intérieurs garantis et non liés aux cours mondiaux et une protection assurée par des diverses mesures aux frontières.

- Le second pôle extrême est défini par des prix intérieurs totalement alignés sur les cours mondiaux et l'absence de protection et de toute intervention de l'État dans le secteur.

Entre ces deux pôles extrêmes existe toute une gamme de régimes de prix et de commerce extérieur. Six de ces régimes constituent des schémas de référence réalistes qui reflètent un mode de développement et une orientation globale de politique économique au niveau sectoriel.

Ces schémas alternatifs seront schématiquement présentés du triple point de vue de leurs caractéristiques essentielles, de leurs objectifs principaux et des conditions économiques de leur mise en oeuvre.

Option stratégique 1 : déconnexion des prix domestiques par rapport aux prix mondiaux ; prix à la production garantis et marchés intérieurs stables ; fortes protections aux frontières

Caractérisques de l'option

- Cette option se caratérise par une déconnexion des prix intérieurs par rapport aux prix mondiaux, ce qui implique une forte protection (tarifaire et non tarifaire) aux frontières permettant des prix garantis à la production et une stabilité des marchés intérieurs.

- Les prix sont garantis à la production et s'établissent à un niveau supérieur aux cours mondiaux sans qu'un lien entre les deux prix ne soit établi. Ce niveau des prix inférieurs est fixé par rapport à des objectifs quantitatifs de production et à des objectifs de revenu pour les producteurs.

- Ce système implique une régulation des prix tout au long de la chaîne alimentaire.

Objectifs de l'option

- L'objectif premier est de rétablir l'équilibre production / besoins au niveau national afin d'atteindre une autosuffisance alimentaire pour les productions de base.
- La modification des structures du secteur alimentaire et agricole par l'accroissement du coefficient de capital est recherchée.
- La réduction du chômage urbain et le ralentissement de l'exode rural constituent des objectifs économiques et sociaux essentiels de cette stratégie.

Conditions économiques de mise en oeuvre

- Cette option implique l'existence d'excédents de ressources dans les autres secteurs et leurs transferts vers le secteur alimentaire. Les taux d'épargne et d'investissement doivent être élevés.
- L'élasticité-prix de l'offre doit être importante dans le secteur alimentaire.
- La transformation des techniques de production ne doit pas peser sur la balance commerciale mais "noircir" la matrice des échanges intersectoriels.
- Les dépenses publiques et les ressources humaines nécessitées par ce modèle sont importantes.

Option stratégique 2 : déconnexion des prix domestiques par rapport aux prix mondiaux ; marché régional protégé ; prix intérieurs libéralisés

Caractéristiques de l'option

- La protection est assurée à l'échelon régional par un tarif extérieur commun établi à un niveau tel qu'il assure la compétitivité des céréales locales en limitant la concurrence des importations et stimule la production régionale de produits de base en permettant la croissance de la productivité locale.

- A l'intérieur de la zone géographique concernée, d'importantes mesures de libéralisation intérieure sont instaurées.

- La stabilisation des marchés intérieurs est recherchée au travers de la dynamisation du secteur privé.

Objectifs de l'option

-L'objectif premier de cette option concerne la réduction de la dépendance alimentaire et de la désarticulation entre l'économie rurale et l'économie urbaine par l'établissement d'un marché régional.

- Le développement de la sécurité alimentaire par le renforcement des échanges privés intérieurs et intrarégionaux.

- La stabilisation intrarégionale des marchés, fondée sur une libéralisation poussée.

Conditions économiques de mise en oeuvre

- Les investissements publics d'infrastructures sont importants et nécessitent un apport de ressources d'origine public et privé.

- Les dépenses publiques doivent assurer la protection aux frontières régionales et la mise en oeuvre de politiques de consommation destinées aux couches les plus défavorisées touchées par un niveau des prix à la consommation plus élevé (en l'absence d'importations commerciales significatives).

- La libre circulation des produits à l'intérieur de la zone protégée suppose une harmonisation et une coordination régionale ou bien des politiques économiques communes.

- L'élasticité-prix de la demande doit être inférieure à l'élasticité-prix de l'offre pour éviter un déséquilibre commercial.

Option stratégique 3 : lien entre les prix domestiques et les prix mondiaux ; protection faible ou négative ; forte intervention publique en vue d'une stabilisation des prix.

Caractéristiques de l'option

- La stabilisation intérieure est assurée par des prix

planchers à la production et des prix plafonds à la consommation fixés sur la base des tendances mondiales à moyen terme.

- Les interventions publiques sur les marchés prennent la forme d'achats quand les prix sont inférieurs ou égaux aux prix planchers et de ventes quand les prix sont supérieurs aux plafonds.

- Un contrôle des prix à la frontière et des mesures non tarifaires sont mises en oeuvre pour réduire les importations et les exportations non contrôlées qui déstabilisent les marchés.

- Des subventions à la consommation peuvent être mises en place à destination de certains groupes cibles.

Objectifs de l'option

-La stabilité des approvisionnements et des prix des produits alimentaires est un objectif prioritaire de l'option.

- Une modernisation des structures de production vivrière par la croissance de la part commercialisée de celle-ci est recherchée.

Conditions économiques de mise en oeuvre

- L'impact du modèle de stabilisation sur les dépenses publiques peut être important (infrastructures de stockage, de transport, d'irrigation et dépenses de personnel).

- Les excédents de ressources des autres secteurs de l'économie doivent pouvoir être transférés vers le secteur alimentaire.

- L'infrastructure de commercialisation existante doit garantir une élasticité de l'offre suffisante dans le processus de stabilisation des prix.

- Les importations d'intrants dues à la modernisation du secteur ne doivent pas excéder les gains obtenus par la substitution des importations alimentaires.

Option stratégique 4 : lien entre les prix domestiques et les prix mondiaux ; protection faible ou négative ; forte subvention à la consommation.

Caractéristiques de l'option

- Les prix à la consommation sont fixés à un niveau inférieur aux cours mondiaux.
- Les prix à la production sont taxés et les prix à la consommation sont subventionnés.
- L'approvisionnement en denrées alimentaires recourt de manière importante aux importations commerciales et à l'aide alimentaire.
- Certains groupes de population peuvent bénéficier de subventions spécifiques.

Objectifs de l'option

- L'objectif principal est de garantir à tous les consommateurs un accès satisfaisant aux biens alimentaires.
- Dans l'économie nationale, la priorité est donnée à l'industrialisation par le transfert de ressources du secteur agricole, transfert assuré par la taxation des productions agricoles.
- Les salaires urbains sont maintenus à un bas niveau, dans le but d'atteindre l'objectif précédent. Dans le même sens, le transfert de main-d'oeuvre rurale vers les zones urbaines est encouragé.

Conditions économiques de mise en oeuvre

- De fortes potentialités de développement du secteur industriel doivent être reconnues.
- Les revenus tirés de l'exportation de produits primaires sont destinés à financer les importations alimentaires et les subventions à la consommation.

Option stratégique 5 : lien étroit entre les prix domestiques et les prix mondiaux ; protection faible ou négative ; intervention publique limitée à la promotion du commerce privé, à des opérations ponctuelles sur les marchés et au soutien à certains groupes vulnérables.

Caractéristiques de l'option

- Les prix à la production ne font pas l'objet de fixation officielle ; ils fluctuent avec le marché ; les produits importés peuvent faire l'objet de contrôle.
- La protection aux frontières est minimale.
- L'intervention publique est limitée à la stabilisation des prix de certains produits de base.
- L'aide alimentaire est utilisée pour améliorer le solde commercial et maintenir le niveau des prix alimentaires au niveau des cours mondiaux.
- Des programmes de soutien à la consommation de groupes cibles peuvent être mis en place.

Objectifs de l'option

- Le rétablissement des grands équilibres macro-économiques (budgétaires et commerciaux) constitue l'objectif principal de l'option.
- Le développement du secteur privé est favorisé afin de rétablir à moyen terme le dynamisme du secteur alimentaire.

Conditions économiques de mise en oeuvre

- La promotion des producteurs et des commerçants privés est une caractéristique du modèle. Mais les effets des investissements privés sont incertains et dépendent de la capacité du secteur privé à assurer les fonctions laissées vacantes par le secteur public (approvisionnement en intrants, par exemple).
- Des ressources financières extérieures importantes doivent pouvoir être mobilisées.

Option stratégique 6 : lien total entre les prix domestiques et les prix mondiaux ; aucune protection ; intervention publique minimale.

Caractéristiques de l'option

- La libération totale des prix sur les marchés est instaurée.
- Les mesures de protection aux frontières sont supprimées (mesures tarifaires et non tarifaires) de telle façon que les importations et les exportations puissent jouer un rôle de régulation des marchés.
- Des programmes limités de subventions destinés à des groupes vulnérables sont mis en place.

Objectifs

- Le rétablissement des grands équilibres macro-économiques (budgétaires et commerciaux) est recherché.
- Une plus grande insertion de l'économie nationale dans le marché mondial par la spécialisation internationale et le développement des exportations constitue le mode de développement retenu.

Conditions de mise en oeuvre du modèle

- Les évolutions des prix mondiaux déterminent les recettes d'exportation, donc la situation de la balance des paiements. Les exportations doivent donc être diversifiées et provenir du secteur industriel pour pallier les fluctuations des prix des matières premières agricoles.
- La répartition des ressources nationales entre cultures d'exportation et cultures vivrières est dictée par les prix mondiaux. L'élasticité de l'offre doit être élevée pour permettre les ajustements de la production aux cours mondiaux.
- Le secteur privé doit être en mesure de se réorienter pour faire face aux changements des avantages comparatifs.
- La capacité d'assurer une sécurité alimentaire nationale dépend notamment d'importations privées non contrôlées et de la tendance à la baisse des prix mondiaux de biens alimentaires.

Les six régimes qui ont été présentés sommairement constituent des schémas de référence qui reflètent un mode de développement et une orientation globale de politique économique au niveau sectoriel.

Plusieurs ont fait l'objet de mise en oeuvre par de nombreux États dans la décennie 70 ; ce sont les modèles 1, 3 et 4. Les modèles 5 et 6 correspondent aux tendances constatées dans la décennie 80 et s'insèrent dans le cadre des doctrines proposées par la Banque mondiale et le Fonds monétaire international.

Le modèle 2 constitue l'approche la plus novatrice et la plus prometteuse en termes de potentialités d'amélioration de la situation alimentaire des États et de la situation nutritionnelle des individus dans la décennie à venir. Aussi, Haïti pourrait, après sa période d'ajustement, s'inspirer de ce schéma de référence afin d'améliorer sa situation alimentaire et nutritionnelle, cela d'autant que sur le plan régional, il est devenu en 1997 le 15e membre du marché commun de la Caraïbe (CARICOM).

*

* *

2.3.2.2. Les politiques de production, commercialisation et consommation.

a) Une planification par objectifs

Dans la seconde phase de la construction d'une stratégie de sécurité alimentaire, (qui succède au diagnostic approfondi de la situation alimentaire et des multiples composantes de son environnement), nous avons défini deux moments principaux (que cette stratégie constitue une remise en cause, une mise en cohérence, un approfondissement de l'existant, ou bien une création complète).

- La détermination de l'orientation stratégique qui guide de manière décisive la construction de la stratégie globale alternative.
- La détermination de l'ensemble des mesures de politique de production, commercialisation et de consommation qui, autour de l'orientation stratégique, constituent une stratégie globale alternative. Cet ensemble de mesures et de programmes est articulé de façon cohérente (non contradictoire) en vue d'atteindre les trois objectifs de sécurité alimentaire.

Il convient d'analyser précisément, du point de vue méthodologique, le contenu de ce second moment de la seconde phase:

- Cette seconde étape s'appuie sur une méthodologie de planification par objectifs. La phase de diagnostic a révélé les problèmes de sécurité alimentaire qui ont été reconnus comme objectifs prioritaires et évalués selon les trois composantes de la sécurité alimentaire (disponibilités, stabilité, accès). Le recensement des problèmes laisse ouvert les choix en termes de priorité, les choix des instruments de politique et des programmes à mettre en oeuvre pour résoudre ces problèmes.

Contenu des politiques de production commercialisation et consommation

Production	Commercialisation	Consommation
Infrastructure	Transport	Revenu
Intrants	Public/Privé	Nutrition
Recherche		État sanitaire
Vulgarisation	Transformation	Alerte rapide
Crédit	Crédit	
Structures	Stockage	

Ces différentes catégories de mesures reposent sur des choix de politique dont il convient de cerner les dimensions essentielles. Mais la discussion de ces ensembles de mesures suppose, au préalable, une approche prospective des évolutions tendancielles et des ruptures prévisibles.

b) Une vision prospective des évolutions tendancielles ou des ruptures probables.

L'analyse prospective est une composante indispensable des deux étapes de cette phase de l'élaboration d'une stratégie, pour deux raisons essentielles.

- L'approche stratégique est par définition, opposée à la gestion de court terme du secteur agricole et alimentaire. Toute approche stratégique est une vision de moyen terme ou long terme ; la construction de la stratégie elle-même s'étale sur 2 ou 3 années.

Les rythmes d'évolution des variables économiques, financières et commerciales sont plus rapides que celles des variables démographiques et nutritionnelles.

- L'analyse prospective est indissociable de la notion de sécurité. La prévention des risques, la réduction de l'incertitude est la base d'une approche prospective. L'élaboration de stratégies en matière de sécurité alimentaire repose donc nécessairement sur une approche prospective des variables essentielles de ce modèle.

L'analyse prospective reprend l'essentiel des facteurs révélés dans le diagnostic. Ces différentes variables concernent :

- la situation de l'environnement écologique et de manière générale du milieu physique (analyse des tendances en matière de productivité des sols suivant les grandes zones agro-écologiques définies dans le diagnostic ;
- les systèmes et les structures de production qui décrivent des modes de fonctionnement des agents, des techniques de production sur une terre donnée, des modes d'exploitation (unités de production)... ;
- la situation démographique ;
- la place et le rôle du secteur agricole et alimentaire dans l'économie nationale, c'est-à-dire l'analyse de l'évolution de la répartition sectorielle de l'activité, de la valeur ajoutée, de

l'emploi ; mais aussi des taux de croissance escomptés dans les différents secteurs ;

- l'environnement de politique macro-économique du secteur agricole et alimentaire (politiques de prix et de commerce extérieur) ;

- l'analyse de l'offre et de la demande nationale de biens alimentaires compte tenu des éléments précédents, des modifications prévisibles des modes de consommation et de la situation des marchés mondiaux ;

- l'évolution de la situation alimentaire régionale et des résultats possibles des processus d'intégration régionale ou des processus d'harmonisation et de coordination des politiques macro ou sectorielles.

Que produit ce travail prospectif à ce stade de la construction méthodologique ?

La détermination des orientations stratégiques alternatives supposait, elle aussi, une analyse prospective ; mais de nature différente car le choix d'une orientation stratégique relève de choix fondamentaux de société. Le contexte macro-économique dominant aujourd'hui est celui de l'intégration des États du tiers monde au marché mondial et de leur participation à la compétition internationale sur la base de leurs avantages comparatifs. Le degré réel de choix des pays en développement dans une situation de déséquilibres économiques, financiers, commerciaux et d'endettement important est très limité. Mais il n'est certes pas exclu que ce contexte économique perde du poids écrasant qui était et est encore le sien.

Du point de vue de la sélection des mesures de politique de production, de commercialisation et de consommation, l'analyse prospective révèle essentiellement les tendances lourdes d'évolution des principales variables définies plus haut et les ruptures prévisibles de certains équilibres ayant des influences sur la sécurité alimentaire.

La connaissance de ces tendances, de ces continuités et des ruptures prévisibles oriente de manière décisive le choix des mesures de politique à mettre en oeuvre. Ces choix sont dictés par un ensemble complexe de paramètres.

Dans chaque composante de la sécurité alimentaire (disponibilités, stabilité, accès) sont identifiés l'ensemble des problèmes de sécurité alimentaire. Ces problèmes d'insécurité sont hiérarchisés. La constitution de cette hiérarchie, l'examen de ces priorités supposent l'intervention de l'analyse prospective dans la mesure ou elle éclaire, à moyen terme, le poids respectif des problèmes.

Cette hiérarchie d'objectifs établie à moyen terme ne peut cependant être considérée comme définitivement établie pour plusieurs raisons :

- toute analyse prospective est incertaine,
- des scénarios d'évolution des principales variables peuvent être établis.

Ces scénarios ont alors deux fonctions :

- contribuer à l'examen de la validité des stratégies globales, c'est-à-dire des ensembles alternatifs de mesures de politique qui seront évalués avant le choix final d'une stratégie.
- Participer surtout dans le cadre d'un diagnostic permanent à ce processus d'inflexion, d'ajustement permanent des paquets de mesures de politique en fonction des résultats obtenus et des contraintes rencontrées.

c) Les choix en matière de production

Les groupes qui ne satisfont pas leurs besoins alimentaires constituent à l'évidence la cible prioritaire des stratégies de sécurité alimentaire. Ces groupes sont identifiables (même si les techniques de repérage et les indicateurs nécessaires à cette fin sont divers), car ce sont avant tout les plus pauvres, qu'ils soient urbains ou ruraux.

Les groupes les plus pauvres en milieu rural (comme d'ailleurs en milieu urbain informel) sont ceux qui traditionnellement font un usage extrêmement productif des ressources et des moyens dont ils disposent (terre, capital,...). Les gains de productivité des petites exploitations familiales tiennent à l'utilisation d'une main-d'oeuvre familiale alors que les grandes exploitations doivent rémunérer leur demande marginale de travail.

Les politiques de production, commercialisation et consommation doivent être centrées sur l'objectif d'amélioration des conditions de production et de revenu de ces couches les plus pauvres (dotés d'un rapport capital / production ou d'un rapport moyens engagés / productivité obtenue élevé).

Une stratégie trouve une part de son efficience dans ce phénomène de forte productivité.

Par ailleurs, toute mesure visant à promouvoir la production alimentaire ne va pas nécessairement dans le sens de l'élimination de l'insécurité. Les mesures destinées à accroître la production alimentaire totale seront favorables à l'éradication de l'insécurité seulement si elles permettent d'augmenter les revenus et la consommation des populations pauvres (ce qui s'exprime par la composante "accès" du concept de sécurité alimentaire).

Les producteurs qui pratiquent une agriculture de subsistance ne sont pas concernés par les variations de prix des biens qu'ils ne livrent pas sur les marchés. Leur sécurité alimentaire s'améliore avec la croissance de leur production en volume. Les mesures de politique qui tendent à favoriser la croissance de la production de ce type de biens peuvent provoquer l'amélioration de la situation de sécurité alimentaire des populations en position de subsistance (représentant souvent une part importante de la population rurale). Ces mesures peuvent aussi inciter à la croissance des échanges, à la livraison sur le marché d'éventuels surplus dégagés.

L'augmentation de la production locale d'un bien alimentaire, dont le prix se fixe par la confrontation de l'offre et de la demande locale (bien non échangeable), entraîne une baisse des prix favorables aux urbains pauvres acheteurs de ces biens et aux ruraux non producteurs. Les producteurs bénéficient de cette croissance de la production si l'augmentation de leur production ou leurs gains de productivité compensent la baisse des prix.

L'accroissement de la production domestique d'un bien alimentaire (bien échangeable) dont le prix est aligné sur le cours mondial (scénario 3 à 6) est théoriquement sans conséquence sur les prix domestiques, en l'absence de contrôle aux frontières ; le surplus est exporté ou sert à réduire les importations. Les prix n'étant pas modifiés, les producteurs bénéficient de la croissance en volume de la production si elle est écoulée et voient leurs revenus augmenter. Le plus souvent, les paysans pauvres sujets à l'insécurité alimentaire ne sont pas concernés par ce cas de figure. De leur côté, les acheteurs nets urbains et ruraux ne voient pas leurs situations de sécurité alimentaire s'améliorer.

En présence de contrôles aux frontières, une augmentation de l'offre des produits alimentaires, obtenus par un accroissement des importations ou une réduction des exportations (permis par exemple par la politique tarifaire), entraîne une baisse des prix sur le marché national et une diminution de la production nationale, favorables le plus souvent aux consommateurs urbains.

Chaque pays présente un ensemble de caractères spécifiques quant à la situation de sécurité alimentaire de ses groupes de population. Les mesures de politique de production à mettre en oeuvre, le degré d'autosuffisance dans chaque production alimentaire se fondent sur les caractéristiques spécifiques de la situtation des plus pauvres, producteurs ou consommateurs, ruraux et urbains.

L'augmentation de la production alimentaire domestique contribue à deux objectifs de sécurité alimentaire des groupes les plus pauvres (ceux en position de subsistance ou vendeurs nets) : l'accroissement de leurs disponibilités alimentaires et la croissance de leurs revenus.

La satisfaction des besoins des petits producteurs, de leurs associations et coopératives correspond à celle des plus pauvres en milieu rural. La lutte contre la pauvreté en milieu rural passe donc par la mise en oeuvre de mesures de politique qui ciblent leurs effets en matière de sécurité alimentaire sur ces groupes. Le diagnostic identifie les groupes, les zones géographiques, les problèmes de sécurité alimentaire que rencontrent ces groupes dans ces zones. Le classement par ordre prioritaire des objectifs à atteindre tient compte de l'ensemble de ces paramètres.

Une stratégie nationale a aussi pour objectif de mettre en cohérence les mesures de politique de production, commercialisation et consommation qui, prises individuellement, peuvent présenter des aspects contradictoires de par leurs objectifs spécifiques et les groupes visés.

Le choix fondamental retenu ici est donc la recherche des mesures qui, au sein d'une stratégie de sécurité alimentaire, visent prioritairement à satisfaire les besoins des groupes pauvres afin d'exploiter au maximum les potentialités productives de ces groupes. Dans cette perspective, trois éléments essentiels interviennent au sein de telles stratégies.

- Le développement des services de base (éducation, santé, habitat...) par l'investissement public (qui suppose la définition de priorités budgétaires vers la satisfaction des besoins des plus pauvres en ces domaines).

- L'amélioration des perspectives de l'emploi et des possibilités de revenus des plus pauvres.

Les deux premières catégories de mesures relèvent à la fois d'une stratégie de sécurité alimentaire et de mesures de politique macro-économique (prix, budget, crédit...). Elles illustrent clairement le fait, déjà évoqué dans la discussion mé thodologique qu'une stratégie de sécurité alimentaire n'est qu'un élément d'une stratégie globale de développement et ne peut être élaborée en dehors de ses contraintes et en cohérence avec les options macro-économiques.

La troisième catégorie relève plus spécifiquement de la stratégie alimentaire. Elle implique de mettre en oeuvre un ensemble d'incitations non liées au prix, c'est-à-dire :

- Développer les infrastructures

Les composantes d'une politique de production sont basées sur des programmes d'investissement orientés vers les objectifs traditionnellement recherchés : le développement des cultures irriguées, la diversification des produits cultivés, l'intensification des systèmes de production.

Mais ces programmes doivent être compatibles avec le maintien du capital foncier et des équilibres écologiques.

Le développement des infrastructures n'est plus concevable en dehors de la prise en compte de l'évolution à moyen et long terme de la fertilité des sols, de la disponibilité en eau et du maintien du patrimoine forestier .

Le développement de la maîtrise de l'eau villageoise et pastorale constitue un facteur extrêmement puissant d'accroissement de la productivité et donc de la sécurité alimentaire.

Une large part des gains de productivité et de la croissance des revenus dus à l'utilisation de variétés céréalières nouvelles sont imputables au développement de l'irrigation. L'ensemble des facteurs intervenant dans les décisions d'aménagement hydroagricole (coûts, superficies, ressources en eau, choix des cultures, productivité et situation des marchés) doit faire l'objet d'évaluations précises, mais le choix des grands barrages du type de ceux effectués dans les années 60 et 70 peut être remis en cause. Les petits et moyens projets d'irrigation présentent de nombreux avantages en termes d'impacts économiques et écologiques, de coûts initiaux et récurrents et surtout en termes de gestion par les populations des infrastructures mises en place.

Le choix de ces infrastructures est en particulier indissociable d'une mobilisation de long terme contre la désertification et la lutte contre l'érosion des sols. La situation démographique dans chacune des zones de production considérées et la nature des politiques énergétiques constituent deux éléments fondamentaux d'une politique de gestion des ressources renouvelables. La gestion de ces ressources constitue une des priorités d'une politique de production axée sur l'amélioration de la situation alimentaire des plus pauvres.

- *Favoriser la fourniture des intrants*

Les politiques d'ajustement structurel se sont traduites souvent par des dépréciations des taux de change et la disparition des subventions : ces deux types de mesures ont eu des conséquences très importantes sur l'utilisation des intrants dans la production. L'augmentation des prix des engrais, par exemple, s'est traduite par la réduction des quantités employées dans la production vivrière.

La lutte contre l'insécurité alimentaire en milieu rural pauvre passe par la possibilité offerte aux paysans de pouvoir disposer des engrais, semences sélectionnées et matériel agricole nécessaires à leur exploitation. Or, on sait que l'accès aux intrants est un facteur décisif de l'accroissement de la productivité des plus pauvres, ce facteur peut être plus efficace encore que les incitations par les prix des produits.

- Développer la recherche, vulgariser ses résultats et former les paysans aux techniques et intrants les plus efficients

Pour favoriser la production agricole de petites unités d'exploitation, sur la base d'un développement économique et écologique durable, la recherche doit se réorienter dans les différents domaines suivants : la gestion de la terre et de l'eau, des espèces végétales, de la période après-récoltes, des ressources énergétiques et des systèmes d'exploitation.

Les gouvernements sont seuls à pouvoir intervenir pour développer la recherche agricole dans ces différents domaines et particulièrement en matière d'espèces végétales à haut rendement. Ce développement de la recherche vise à l'accroissement de la productivité des cultures vivrières et à la mise à disposition des producteurs d'un matériel végétal amélioré.

De la même façon, les producteurs doivent pouvoir disposer des moyens matériels et des techniques de culture renouvelées et plus efficientes.

L'intensification de la production et des rendements devrait bénéficier du potentiel qu'offrent les biotechnologies et la génétique. Le développement de la coopération internationale dans ces domaines est essentielle pour atteindre ces buts.

La formation des producteurs, la diffusion des techniques nouvelles ou traditionnelles améliorées constitue un élément central d'une politique de production visant la sécurité alimentaire.

- Mettre en place un système de crédit aux paysans pauvres

L'expérience des systèmes locaux d'épargne et de crédit rural aux petits paysans a produit de bons résultats dans les pays qui l'ont instaurée.

Par ailleurs, la formule du crédit à des groupes, plutôt qu'à des individus, facilite l'accès au crédit et permet aussi un recouvrement plus facile, par la pression qu'exerce le groupe sur l'individu. L'utilisation de ces crédits pour l'achat des engrais et du matériel agricole produit un impact très important sur la productivité des exploitations, sur les revenus et donc sur la sécurité alimentaire des paysans pauvres.

Les processus de privatisation du secteur bancaire ont, dans la décennie 1980, fortement réduit l'octroi de crédits à la production ; nombre de pays, ont connu cette situation.

La possibilité de financer le stockage villageois sur un système de crédit rural est un élément essentiel de lutte contre les manifestations de la faim, en évitant notamment la vente des produits alimentaires immédiatement après les récoltes, à bas prix.

- Modifier les structures de la production

De manière plus générale, la dynamique des systèmes agraires doit être stimulée. Le développement des organisations agricoles et villageoises constitue, dans le contexte de désorganisation consécutif au désengagement de l'État des fonctions qui lui étaient assignées, un moyen indispensable d'amélioration des conditions de la production et de la commercialisation des biens alimentaires.

d) Les choix en matière de commercialisation

Les mesures de commercialisation ont pour objectif d'assurer la collecte des excédents à destination des marchés et la mise à disposition des consommateurs des biens disponibles. Ces mesures doivent compenser par ailleurs les variations des disponibilités dans le temps et dans l'espace. Le transport et le stockage contribuent à assurer la stabilité des approvisionnements.

- La question du stockage

Le problème central est celui de l'arbitrage entre un stockage au niveau national / régional et un stockage au niveau des exploitations et des villages. Le coût du stockage national, le problème du transport, les pertes après récoltes au niveau villageois constituent les contraintes rencontrées dans la recherche d'un nouvel équilibre entre ces deux formes de stockage.

a) La tendance à la réduction de l'intervention de l'État est très inégale en matière de stockage. L'une des contraintes rencontrées par les politiques d'ajustement structurel tient à l'incapacité du secteur privé à prendre en charge un certain nombre de fonctions laissées vacantes par les organismes publics ou semi-publics de commercialisation et notamment dans le domaine du stockage (insuffisance des capacités de stockage des négociants).

b) Le système des banques de vivres lie le problème du stockage à celui du crédit. Ce système, tel qu'il est mis en oeuvre dans plusieurs pays du tiers monde, se base sur la construction de greniers améliorés. ces unités de stockage sont très proches des constructions traditionnelles de manière à être totalement réalisables et entretenues par les villageois eux-mêmes.

Ces silos d'une capacité de 5 à 10 tonnes sont surélevés, présentent des ouvertures et sont divisés en 2 ou 3 cellules susceptibles de recevoir des produits différents. Les résultats constatés sur certains de ces projets en matière de pertes sont bons (4 à 5 %) grâce à la mise en oeuvre de techniques de séchage et l'utilisation de quantités adéquates d'insecticides.

- *La question du crédit*

Ce type d'unité de stockage primaire est d'un coût faible qui peut être financé totalement par les groupements villageois . La gestion du stockage est assurée à l'origine par des contributions des adhérents, ou par un emprunt, ou par de l'aide alimentaire. La perspective pour le groupement de bénéficier de prêts destinés à financer la gestion des stocks est une incitation importante à la mise en oeuvre de ce type de stockage. Les banques de vivres disposant en temps voulu de ce financement initial diversifiant leurs achats auprès des producteurs, octroient des prêts remboursables en nature ou bien vendent les produits aux prix du marché. Le taux de recouvrement des prêts est en général très élevé dans un tel mode de fonctionnement.

Les contraintes concernent la permanence d'un fonds de roulement nécessaire à l'achat au moment opportun des denrées et à la capacité de faire face à des pertes éventuelles.

L'aspect sécurité alimentaire peut être lié à un aspect purement commercial que certains comités de gestion des groupements peuvent privilégier en dégageant des profits investis dans des puits, des activités sportives ou des placements d'épargne. Mais le système permet de localiser de manière permanente au village des stocks de produits. Les membres des groupements peuvent ainsi assurer leurs besoins pendant la période de soudure.

Un tel mécanisme permet de répondre à trois problèmes de sécurité alimentaire :

- L'amélioration de l'offre par la réduction des pertes après récolte dans des conditions satisfaisantes de stockage.
- La facilité d'accès aux denrées que représente la constitution d'une ou de plusieurs banques de vivres dans le village.
- Enfin, si le système représente un volume significatif de l'offre locale, il peut avoir un impact sur les fluctuations saisonnières des prix.

- Le rapport public / privé dans les structures de commercialisation

L'ensemble des problèmes créés par l'application des politiques d'ajustement conduit, dans le domaine des politiques de commercialisation, à préconiser des formes d'organisation où les secteurs publics et privés assumeraient conjointement les rôles qu'ils sont capables de remplir efficacement.

La sécurité alimentaire au niveau national et au niveau des mécanismes ne peut reposer exclusivement sur le secteur privé. Le secteur privé n'a pas d'intérêt direct à la sécurité alimentaire. Il ne peut y contribuer qu'indirectement, lorsque son intérêt à court et moyen terme coïncide avec les objectifs de la stratégie nationale. L'État peu inciter certains secteurs de l'activité privée dans les domaines où l'intérêt personnel des entreprises coïncide avec les objectifs de la sécurité alimentaire nationale.

Il est essentiel que les marchés agricoles fonctionnent efficacement de façon à assurer un approvisionnement stable, régulier des ménages. Il n'est pas rare de voir subsister des poches de malnutrition dans des régions globalement excédentaires en raison de l'isolement ; de leur pouvoir d'achat ou du manque de concurrence dans les circuits de commercialisation.

Des circuits de commercialisation efficaces, publics ou privés, sont donc une condition indispensable à une bonne circulation de l'offre alimentaire.

En situation de crise, les pouvoirs publics doivent pouvoir acheminer les vivres à l'endroit et au moment voulu. La réduction des délais d'intervention à l'intérieur du territoire soulève la question des infrastructures de transport et de stockage. La localisation des points de stockage de la réserve de sécurité est un aspect important qui peut pallier l'inexistence ou l'insuffisance des capacités de stockage paysan.

La constitution de ces réserves de sécurité apparaît indispensable. De même, des réserves de régulation, dans le cas où les organismes publics chargés de la régulation des marchés, sont effectivement en mesure d'effectuer cette mission, apparaissent souhaitables.

Mais au delà, un troisième niveau d'intervention apparaît hautement souhaitable.

La mise en oeuvre d'un mécanisme de régulation régionale des excédents et des crédits alimentaires s'avère une nécessité, dans l'hypothèse d'un scénario d'intégration régionale ou de forte coordination des politiques (mais même en dehors de ce schéma).

L'idée de réserves alimentaires régionales lancée au début des années 1980 n'a pas progressé de manière notable dans la décennie. Les problèmes rencontrés sont à la fois techniques et politiques : taille, emplacement, composition, modalités de prélèvement et de reconstitution, prise en charge et répartition du coût de fonctionnement, et surtout modalités de gestion commune par une autorité régionale.

e) Les choix en matière de consommation et d'accès aux denrées

- Un individu ou un ménage se trouve en situation de sécurité alimentaire lorsqu'il peut avoir accès matériellement et économiquement, et de manière stable et durable, à des denrées alimentaires en quantité et qualité adéquates pour satisfaire ses besoins nutritionnels.

Lorsque l'on se situe à l'intérieur d'un cadre de réflexion du type de celui de la théorie des besoins fondamentaux ou de la théorie du développement humain, on considère que l'objectif central d'une stratégie globale de développement économique et social est de parvenir à satisfaire les besoins minima en matière d'alimentation, d'habitat, de vêtements, de santé, d'éducation pour tous les individus d'une population.

Il est difficile d'éliminer la malnutrition exclusivement par des politiques ayant pour objectif de favoriser l'accès des individus aux denrées disponibles.

La raison en est la suivante : un ménage pauvre se trouve confronté à des besoins fondamentaux divers incompressibles qu'il ne peut par définition satisfaire par la faiblesse de son revenu ou de son pouvoir d'achat. Le revenu (réel ou monétaire) dont il dispose lui permet seulement d'arbitrer entre ces différents besoins afin que, dans la hiérarchie que chaque ménage établit entre ses besoins, des seuils minima de consommation puissent être atteints dans chacun des domaines où ces seuils ont été établis.

Cela a des implications importantes en matière de politique de consommation au sein d'une stratégie de sécurité alimentaire.

Il peut apparaître illusoire d'escompter une satisfaction des besoins nutritionnels par la mise en oeuvre de politiques favorisant l'accès aux denrées par des groupes jugés prioritaires tant que les seuils minima de satisfaction des autres besoins jugés prioritaires par le ménage ne sont pas atteints. En effet, il est vraisemblable qu'un ménage se fixe en un seuil minima de consommation alimentaire (seuil, qui n'est malheureusement pas synonyme de satisfaction des besoins nutritionnels).

Ce ménage peut parfaitement ne pas consacrer à l'alimentation, une fois le seuil de consommation alimentaire minima atteint, le surcroît de ressources provenant de différentes mesures de politique comme les subventions à la consommation (en remplacant par exemple les produits consommés habituellement par des produits subventionnés ou en réduisant sa consommation domestique par la prise d'un repas dans le cadre d'un programme "vivres contre travail" ou encore en revendant des produits alimentaires qui lui ont été fournis).

Dès lors, la satisfaction des besoins minima dans les quelques domaines fondamentaux conditionnent l'élévation du niveau de consommation alimentaire qui pourrait résulter de la croissance du revenu. On retrouve ici l'hypothèse centrale du lien entre malnutrition et pauvreté. L'élimination de la malnutrition passe par la réduction de la pauvreté. Dès lors, la stratégie de sécurité alimentaire ne peut, pour atteindre une quelconque efficacité, être dissociée de la stratégie globale de développement (lutte contre la pauvreté) dont elle est une composante. Elle peut seulement dans ce cas, en élevant l'ensemble des seuils de consommation minima, permettre l'élimination de la malnutrition.

- L'accès aux denrées peut prendre les deux formes suivantes :

l'autoconsommation,

la consommation sur les marchés (forme de la demande solvable).

Il convient de rappeler que besoin alimentaire et demande alimentaire ne sont pas synonymes. Les besoins sont d'ordre physiologique (déterminés par le poids, l'âge, le sexe et l'activité physique et culturelle). La demande esst une variable économique ; elle représente la quantité prélevée sur le marché à un prix déterminé pour être consommée, transformée ou exportée. La demande de consommation est une demande exprimée sur un marché, c'est-à-dire une demande solvable qui est différente de la demande de subsistance.

L'accès aux denrées par autoconsommation ne suppose aucun problème économique (aucune transaction) mais des problèmes physiques d'accès en cas de stockage déficient. L'accès se réfère donc plus spécifiquement à la partie des besoins qui est satisfaite par le recours au marché. Cette demande sur un marché dépend donc du niveau des disponibilités alimentaires et du pouvoir d'achat des individus et des ménages.

Les politiques ayant un impact sur les disponibilités (production et importation) ont été examinées précédemment. Les politiques ayant un impact sur le pouvoir d'achat des individus et les ménages les plus pauvres portent donc fondamentalement sur le niveau des prix des produits et le niveau des revenus de ces individus et ménages.

a) De nombreux gouvernements ont relevé les prix des produits alimentaires dans le but de stimuler la production agricole. Cette mesure peut se réveler bénéfique à long terme, mais, à court terme, elle a certainement des effets négatifs importants sur les groupes vulnérables, tout spécialement les petits agriculteurs et les populations urbains pauvres.

Cette tendance générale à la hausse des prix à la consommation a été très largement observée. Elle est aussi la conséquence des mesures tendant à réduire les subventions à la consommation alimentaire. Ces mesures s'inscrivent dans deux optiques :

- La réduction des dépenses publiques (stabilisation de la demande).
- Le soutien à la production et le transfert aux consommateurs de la hausse des prix à la production.

Mais la hausse des prix peut aussi résulter des politiques de dévaluation des monnaies nationales.

Pour atténuer ces effets négatifs, certains pays ont recours à des subventions des prix des denrées alimentaires ciblées sur une zone géographique, une saison, une catégorie de ménages ou un produit alimentaire donné. La difficulté consiste à trouver un compromis entre un système de ciblage efficace mais qui comporte des frais de gestion élevés et un système plus simple, moins coûteux et facile à gérer mais qui ne limite pas suffisamment les avantages aux seuls groupes qui en ont le plus besoin.

Le système de subvention globale à la consommation d'un produit, souvent appliqué dans le passé, est généralement considéré comme coûteux pour les finances publiques et donc d'un rapport coût / efficacité relativement faible. Une subvention généralisée sur la consommation d'un produit améliore le pouvoir d'achat de l'ensemble de la population, toutes catégories sociales confondues.

En général, il est préférable, et plus rentable, de mettre en place un système de subventions ciblé, à condition que celui-ci soit bien conçu. Les facteurs qui interviennent dans le choix d'un système sont le coût budgétaire, les problèmes logistiques de mise en oeuvre du programme, l'amélioration à court terme de la consommation alimentaire et de la situation nutritionnelle du groupe, les effets à long terme sur les pauvres.

Pour atteindre les plus pauvres et les plus mal nourris, les gouvernements ont donc recours à des programmes sélectifs : ces programmes peuvent prendre la forme de distribution de rations, d'attribution de bons d'aliment, de systèmes d'alimentation d'appoint, de mise en place de magasins à bas prix ou encore le transfert direct de revenus...

Les revenus réels des ménages pauvres peuvent ainsi être relevés au moyen de subventions ciblées des prix alimentaires, par la mise en place de systèmes publics de distribution ou par le transfert direct de ressources.

Le débat sur les avantages comparés des systèmes de bons d'alimentation (apparemment, selon la théorie classique de la consommation, les plus efficaces en termes d'accroissement de la consommation) et les transferts de revenus n'aboutit pas à des conclusions définitives. Les études révèlent des accroissements de la propension marginale à consommer très divergentes selon les systèmes et les situations concrètes.

Ces différentes mesures se sont montrées efficaces dans certaines situations mais peuvent s'avérer difficiles à gérer (vérification réelle des ressources des groupes ciblés, importance du coût administratif de gestion du système, corruption et détournement des denrées...). Il est souvent plus difficile de mettre en oeuvre ces systèmes dans les régions rurales où les groupes ciblés sont des paysans pauvres pratiquant une agriculture de subsistance.

Des programmes d'aide alimentaire (programmes de vivres contre travail, s'ils sont bien conçus, ciblés et exécutés, sont également susceptibles d'améliorer l'accès des ménages démunis aux produits.

b) La hausse des prix à la production concerne les consommateurs urbains de plusieurs manières.

Dans un premier cas, les ménages urbains consacrent une part plus importante de leurs revenus à satisfaire les mêmes besoins alimentaires et réduisent en conséquence la part de leur consommation affectée aux biens manufacturés et aux services du secteur formel ; ces ménages peuvent avoir recours plus largement au secteur informel dnas la mesure où les biens et services que ce secteur procure sont moins chers.

Un second cas, plus fréquent parce qu'il concerne un pourcentage plus important de la population urbaine, se traduit par la réduction de la consommation alimentaire des ménages. Ceux-ci tentent alors de produire eux-mêmes les biens alimentaires dont ils ont besoin autour des villes, et retournent donc à l'autoconsomation.

Enfin un certain nombre de familles ou de membres de la famille peuvent retourner au village pour produire les biens alimentaires dont ils ont besoin (ou dont les membres de la famille restés en ville ont besoin).

- L'augmentation du revenu autoconsommé ou / et monétaire et la réduction de prix réel des aliments constituent les objectifs prioritaires des interventions relevant des politiques de consommation.

Le développement de la production, la croissance des activités agricoles et non agricoles sont synonymes de création de revenus. La lutte contre la pauvreté passe par l'élévation des revenus qui constitue le moyen essentiel d'un meilleur accès aux produits alimentaires.

La création d'emplois et la sécurité de l'emploi constituent les impératifs les plus évidents de cette stratégie. Suivant les situations concrètes, les politiques génératrices de revenus et d'emplois consisteront à :

- améliorer la productivité des ménages ruraux les plus démunis et des petits paysans ;
- optimiser les techniques agricoles à fort coefficient de main d'oeuvre ;
- promouvoir les moyens de conservation des denrées agricoles dans les zones de production ;
- développer les formes d'emploi hors-saison pour les travailleurs agricoles ;
- améliorer la gestion et la commercialisation au profit des petits éleveurs ;
- réaliser des programmes de petite irrigation ;
- améliorer le niveau d'éducation des populations pauvres ;
- favoriser le développement des petites entreprises formelles et informelles en ville et en zone rurale pour leur apport à la création d'emplois et de revenus non agricoles, etc.

- Les effets des politiques de consommation axées sur l'importation de grandes quantités de denrées alimentaires à bas prix doivent être soulignées. Cette politique tend souvent à réduire la demande pour les produits locaux. D'abord parce que les produits importés peuvent être vendus sur les marchés des villes à des prix inférieurs aux coûts résultant du transport des produits locaux des zones rurales vers les villes.

Les conséquences de ces importations sur l'offre de produits domestiques sont importantes ; mais d'autres facteurs non moins décisifs sur le plan de la consommation interviennent.

2.3.2.3. L'évaluation d'une stratégie globale et le diagnostic permanent.

La seconde phase du processus de construction d'une stratégie nationale globale de sécurité alimentaire (qui a succédé au diagnostic) repose sur les étapes suivantes :

1. Le choix d'une orientation stratégique exprimée par les politiques de prix et de régulation des échanges avec l'extérieur (politiques dont le rôle déterminant sur la sécurité alimentaire a été souligné).

2. Les choix possibles en matière de politiques de production, commercialisation et consommation (accès), éclairés par une analyse prospective des éléments du diagnostic.

3. L'évaluation des impacts de différentes stratégies alternatives et le choix final d'une stratégie par un processus récurrent.

Cette troisième et dernière étape intervient donc, après que des ensembles de mesures et des paquets d'actions aient été conçus et articulés de manière cohérente au sein d'une stratégie alternative. Ces mesures et ces actions s'inscrivent au sein d'une orientation stratégique, découlent de ce choix fondamental et se présentent, ensuite, articulées autour de chacun des trois objectifs de la sécurité alimentaire (disponibilité, stabilité, accès).

Les ensembles d'actions et de mesures correspondant aux objectifs fixés dans le cadre des composantes de la sécurité alimentaire peuvent être illustrées par l'exemple du tableau suivant :

Exemples de stratégies alternatives

Stratégie	Disponibilité	Stabilité	Accès
Stratégie n° 1	Priorité absolue au développement des exportations	Désengagement de l'État du contrôle du marché et développement de la commercialisation par le secteur privé	Concentration des investissements dans les zones et sur les projets à haute potentialité économique et transferts sociaux directs
Stratégie n° 2	Priorité absolue aux exportations	Maintien de l'intervention de l'État sur le contrôle des marchés aux fonctions essentielles et développement de la commercialisation par le secteur privé	Concentration des investissements dans les zones et sur les projets à haute potentialité économique et transferts sociaux directs
Stratégie n° 3	Priorité absolue à l'autosuffisance	Renforcement du rôle de l'État sur le contrôle du marché des céréales	Investissements pour l'amélioration de la productivité et le revenu des populations pauvres et transferts sociaux indirects
Stratégie n° 4	Priorité absolue à l'autosuffisance	Maintien de l'intervention de l'État sur le contrôle des marchés aux fonctions essentielles et développement de la commercialisation par le secteur privé	Investissements pour l'amélioration de la productivité et le revenu des populations pauvres et transferts sociaux indirects
Stratégie n° 5	Priorité donnée à l'autosuffisance associé à quelques investissements dans des projets à haut potentiel	Désengagement de l'État du contrôle du marché et développement de la commercialisation par le secteur privé	Investissements pour améliorer la productivité et le revenu des populations pauvres des zones marginales associés à des investissements dans des projets à haut potentiel
Stratégie n° 6	Priorité donnée à l'autosuffisance associé à quelques investissements dans des projets à haut potentiel	Maintien de l'intervention de l'État sur le contrôle des marchés aux fonctions essentielles et développement de la commercialisation par le secteur privé	Investissements pour améliorer la productivité et le revenu des populations pauvres des zones marginales associés à des investissements dans des projets à haut potentiel

Source : Formulation du programme national complet de sécurité alimentaire du Tchad, FAO, décembre 1991.

Cette troisième étape suppose plusieurs moments :

- l'évaluation des impacts de la stratégie sur les composantes de la sécurité alimentaire ;
- l'évaluation des coûts financiers et des ressources humaines à mettre en oeuvre ;
- l'évaluation des impacts macro-économiques, sociaux et écologiques globaux de la stratégie.

a) Évaluer les différents impacts d'une stratégie globale et ses coûts

Une solution unique (conçue comme un ensemble articulé et cohérent de mesures de politique économique et de programmes d'investissement) ne s'impose pas d'emblée dans le processus de construction d'une stratégie de sécurité alimentaire. Plusieurs choix alternatifs, plusieurs solutions possibles aux problèmes et contraintes rencontrées aux différents niveaux d'analyse sont envisageables, notamment dans le seconde étape, celle du choix des politiques de production, commercialisation et consommation qui s'intègrent dans une orientation stratégique.

Ces différentes alternatives ne peuvent être distinguées que par leurs impacts et leurs coûts :

L'impact des différentes stratégies alternatives sur les trois composantes de la sécurité alimentaire doit être estimé. Les résultats escomptés devront être quantifiés, par exemple sur les points essentiels suivants :

Disponibilités

- Volume de la production par produit.
- Volume des importations par produit.
- Volume des exportations par produit.

Exemples de programmes et projets liés aux objectifs d'une composante de la sécurité alimentaire

Composante : Accès	Objectif principal : Augmentation du pouvoir d'achat par amélioration des termes de l'échange des ménages Objectifs immédiats :	Programmes d'actions
	1) Valorisation du travail informel	— Formation des opérateurs du secteur informel — Promotion des coopératives — Amélioration des outils de travail
	2) Offre d'emploi pendant la saison sèche	— Promotion de l'artisanat — Promotion du tourisme — Entretien des infrastructures — Développement des cultures de contre-saison
	3) Fixation des jeunes dans les campagnes	— Appui au développement des petites entreprises — Décentralisation de l'industrialisation — Développement des activités de loisirs — Expansion des services sociaux

Stabilité

- Coefficient de variation de la production
  - interannuel ;
  - par zone géographique.
- Coefficient de variation des prix entre les différentes zones du pays.
- Coefficient de variation inter-annuel et saisonnière des prix.

Accès

- Disponibilités énergétiques minimales (denrées de base) par région et par catégorie de revenu.
- Proportion maximum des dépenses alimentaires de base sur le salaire moyen d'un travailleur et le revenu moyen d'un paysan.
- Taux de chômage.

L'efficacité du programme sur les groupes ciblés, sur les populations pauvres dans leur ensemble, est estimée par les impacts sur les trois composantes de la sécurité alimentaire.

Au-delà, les coûts en ressources financières et humaines des différentes stratégies doivent être évalués de même que leur impact macro-économique, social et écologique.

Chacun des programmes, mesures et projets fera l'objet d'une estimation de ses coûts, ventilés en coûts initiaux et coûts récurrents (coûts récurrents dont la possibilité d'absorption dans les budgets futurs fera l'objet d'une attention particulière), dépenses en monnaie locale et dépenses en devises.

Une analyse des modes de financement (public / privé, domestique / extérieur) de chaque programme est une contrainte décisive du choix final.

Avec ces coûts financiers, les besoins en ressources humaines de chacun des programmes globaux constituent un critère important d'évaluation de ces programmes et du choix final.

Au-delà des contraintes de coûts, l'évaluation des effets des stratégies alternatives sur la situation macro-économique globale, la situation sociale et la situation écologique du pays participent au choix final. Aux différents niveaux de l'élaboration des stratégies alternatives, ces effets ont été analysés et la cohérence globale est assurée en fin de parcours.

La cohérence globale du programme résulte de l'agrégation des différents niveaux de cohérence assurés à chaque étape de l'élaboration de la stratégie.

Le choix final par un gouvernement d'une stratégie globale de sécurité alimentaire peut être l'objet d'un processus récurrent. L'arbitrage entre programmes dont les différents effets estimés apparaissent souhaitables, compte tenu de contraintes financières et humaines divergentes, peut entraîner un processus de modification, d'ajustement des contenus d'un programme aux objectifs et contraintes exprimées par l'État.

b) Le diagnostic permanent et le système d'alerte rapide

Le choix final, par l'autorité publique, d'une stratégie de sécurité alimentaire, met un terme à la phase d'élaboration qui précède la phase finale de mise en oeuvre, d'exécution de la stratégie.

La phase d'exécution de la stratégie suppose l'existence d'un processus de diagnostic permanent. Ce processus a pour objectif de fournir, de manière permanente et aussi complète que possible, l'ensemble des données nécessaires au suivi et à la bonne exécution des décisions prises.

Ce processus s'inscrit dans le cadre de la programmation des mesures de politique et des programmes d'investissement composant la stratégie de sécurité alimentaire. Cette programmation bénéficie grandement de l'existence d'un processus de "feed-back" ayant pour objectif de permettre les inflexions nécessaires dans la mise en oeuvre des instruments de politique et des programmes en fonction des effets constatés des mesures déjà entrées en application et des évolutions et modifications des contextes économiques, démographiques, sociaux, sanitaires et nutritionnels.

Ce processus permanent (à intervalles courts et réguliers) de collecte et d'analyse d'une large gamme de données (système élargi d'information) précède un processus de vérification des impacts constatés par rapport aux impacts escomptés. La constatation de l'existence d'écarts, de déviations par rapport aux objectifs en matière de disponibilités, d'accès, de stabilité, mais aussi par rapport aux impacts escomptés sur les plans macro-économiques, social et écologique, entraîne un processus d'inflexion de l'exécution de la stratégie. La remise en cause de certaines mesures de politique et de programmes d'investissement suppose alors la remise en cohérence des différentes actions à engager et la poursuite d'un processus d'exécution en boucle.

Ce processus de "feed-back" est au coeur du diagnostic permanent. Il est alimenté par de multiples sources de données d'origine différentes :

- les systèmes d'information nationale publique ;
- les systèmes d'information internationale ;
- les informations fournies par les Organisations non gouvernementales ;
- les systèmes d'alerte rapide.

Un système d'alerte est essentiel dans le processus de diagnostic permanent.

Il convient donc de revenir sur la conception d'un système d'alerte rapide et analyser son extension en un système élargi d'information et de gestion de la sécurité alimentaire.

Un système d'alerte rapide est un instrument d'investigation conjoncturelle des situations alimentaires. L'objet de ce dispositif est de déterminer de manière permanente l'état de la situation en matière de production et de disponibilités en biens alimentaires.

Les gouvernements ont un besoin impératif d'un dispositif capable de fournir l'ensemble des informations relatives à l'état de l'offre de produits alimentaires, aux fluctuations des disponibilités et à la situation de la demande. Ce dispositif doit par définition être en mesure de donner l'alerte en temps voulu lorsque des déséquilibres interviennent sur l'une des variables observées[3]

De façon générale, les objectifs du système sont les suivants :

- Évaluer les perspectives d'évolution des disponibilités alimentaires par la surveillance des cultures et la prévision des récoltes, le suivi des fluctuations des stocks et des prix.
- Évaluer les déficits et les excédents de production de biens vivriers susceptibles d'intervenir durant la campagne en cours et donc les zones excédentaires et déficitaires.
- Évaluer l'ampleur des surplus et les modalités de transfert vers les zones déficitaires en vivres nécessaires dans le pays et les modalités d'importation ou d'aide alimentaire à mettre en oeuvre.

La constitution d'une unité d'alerte rapide avait pour objectif l'analyse et la publication des informations collectées.

Les moyens mis en oeuvre pour déceler de manière rapide, dès leur apparition, les problèmes d'approvisionnement sont progressivement étendus. Un tel système d'information n'est en mesure de fournir un signal d'alerte que s'il dispose d'un ensemble d'indicateurs portant sur des éléments agricoles et socio-économiques.

Les principaux types d'indicateurs nécessaires sont les suivants :

(3) - La FAO a mis en place un Système mondial d'informations et d'alerte rapide sur l'alimentation et l'agriculture (SMIAR) destiné à fournir aux gourvernements, aux ONG et autres institutions engagées dans des opérations de secours les analyses et les informations les plus récentes sur la situation alimentaire.

- les indicateurs agro-climatiques (pluviométrie, bilan hydrique...) notamment grâce aux moyens de détection par satellite (Artémis) ;

- les indicateurs de suivi et la prévision des récoltes (semis, levée, germination, épiaison, état phytosanitaire...) ;

- les indicateurs de production (volumes et tendances, pertes après récoltes, valeur ajoutée, taux de croissance des rendements et superficies, coefficient de variabilité du produit, coefficient de variabilité des rendements) ;

- les déficits et les excédents par zone géographique et au niveau national, les importations et les exportations ;

- le volume des stocks ;

- les indicateurs de prix (prix à la production, prix à la consommation, cours mondiaux, termes de l'échange, prix des facteurs de production (main d'oeuvre, terre, engrais et pesticides, matériel agricole) ;

- les indicateurs d'utilisation des intrants (pesticides, engrais, semences, fourrages, matériel agricole) ;

- les indicateurs liés au commerce (volume et tendance des importations alimentaires, aide alimentaire, exportations alimentaires, exportations des autres produits agricoles, importations de facteurs de production).

Au-delà de cette approche traditionnelle du rôle d'un système d'alerte rapide, il est possible de concevoir une extension de ce rôle et des fonctions assurées par le système, pour en faire un véritable instrument de gestion des politiques de sécurité alimentaire. Ce nouvel objectif éloigne considérablement le système de ses objectifs premiers : le suivi de la situation alimentaire et la prévention des crises, et élargit considérablement son champ d'investigation.

Le processus de diagnostic permanent pourrait même se nourrir exclusivement des données d'un système d'alerte rapide, si certaines conditions étaient remplies :

- l'extension de la gamme des informations que le système est en charge de produire ;

- la constitution institutionnelle du système en une structure fonctionnelle permanente de gestion de la stratégie nationale de sécurité alimentaire.

Le nouveau système doit alors disposer d'une gamme d'indicateurs beaucoup plus vaste (permettant notamment de traiter de la question de l'accès des individus et des ménages aux disponibilités alimentaires). Cette gamme d'instruments doit alors comprendre :

- Les indicateurs macro-économiques

PNB (par habitant, taux de croissance).

Part de l'agriculture dans le PNB (produits alimentaires / non alimentaires).

Indicateurs monétaires (crédit, taux d'intérêt, taux d'inflation, taux de change, balance des paiements, ratio du service de la dette).

Indicateurs budgétaires (part de l'agriculture dans les dépenses et dans les recettes).

Indicateurs liés à la répartition du revenu.

Structures de commercialisation (part commercialisée de la production de biens alimentaires de base, part du secteur public dans la commercialisation, stocks, transformation, transport, mode de distribution des intrants, marges de commercialisation).

- Les indicateurs démographiques et sanitaires

Population (nombre d'habitants, taux de croissance, âge et profession).

Répartition de la population (urbaine / rurale, taux de migration).

Structures familiales (types de ménage, systèmes de culture / subsistance).

Structures de production (type technologique, type organisationnel).

Régimes de propriété (régime foncier, avoirs sous forme de liquidités, avoirs sous forme de terre, biens d'investissement).

- Les indicateurs nutritionnels et sanitaires

Mode de consommation alimentaires.

Consommation de certains types d'aliment.

Consommation de services publics
(enquête budget consommation) : santé, éducation, logement, eau.
Poids de naissance.
Pourcentage d'allaitement maternel.
Indicateurs anthropomorphiques chez l'enfant de 1 à 5 ans.
Indices de masse corporelle chez l'adulte.
Disponibilités énergétiques alimentaires par habitant.
(L'aspect surveillance nutritionnelle du diagnostic permanent est abordé de manière plus précise au point c).

Les gouvernements disposant de manière rapide et permanente des informations nécessaires, à partir de ces bases de données, sont à même de prendre les décisions nécessaires au traitement des crises alimentaires et des situations d'urgence.

De ce premier point de vue, la connaissance des groupes de population concernés et des zones dans lesquelles ils se situent, constitue une importante contribution des systèmes à cette fonction première de l'urgence.

Au-delà de cette première approche, un Système d'information et de gestion de la sécurité alimentaire nationale constitue un élément important du dispositif de diagnostic permanent. Il permet de dépasser le stade du traitement des situations d'urgence pour intégrer le domaine du développement à moyen et long terme, dont il représente un instrument de planification.

c) La surveillance nutritionnelle

Dans la plupart des pays, l'équilibre entre nutrition adéquate et malnutrition est précaire. Des modifications relativement mineures de la situation économique peuvent rompre cet équilibre et très vite déclencher une vague de cas de malnutrition en particulier chez les sujets les plus vulnérables : les enfants des groupes les plus pauvres. Il est donc nécessaire de surveiller en permanence l'état nutritionnel des plus vulnérables; signaler à temps les risques de pénurie alimentaire et prendre les mesures nécessaires pour éviter ces crises ou du moins en atténuer les effets. Au-delà de ce premier aspect, la surveillance nutritionnelle constitue un élément central du processus de diagnostic permanent, lui-même décisif du succès à moyen terme d'une stratégie de sécurité alimentaire.

Pour l'OMS, le terme "surveillance nutritionnelle" désigne "un système de recueil et d'interprétation de données nutritionnelles qui permet de prendre des décisions en vue d'améliorer la situation d'une population.

A la différence des enquêtes nutritionnelles qui, à partir d'un échantillon représentatif de la population, fournissent une idée exacte de la situation d'un pays à un moment donné, mais qui sont coûteuses et dont les données ne sont pas connues avant un an et parfois plus, la surveillance nutritionnelle permet de fournir aux décideurs de façon continue (diagnostic permanent) des indicateurs leur permettant de suivre l'évolution de la situation nutritionnelle de la population.

Le principe consiste à recueillir à intervalles rapprochés (tous les mois par exemple) un nombre limité d'indicateurs collectés dans un nombre limité de sites dits sites sentinelles, à centraliser ces données et à les transmettre dans les meilleurs délais aux échelons de décision. Il s'agit donc d'une surveillance continue, souple, mettant en jeu un minimum de moyens (par rapport à la lourdeur des enquêtes).

Les sites sentinelles sont choisis dans les régions connues comme étant les plus vulnérables, là où la malnutrition est endémique. Ce sont en général des dispensaires qui assurent le suivi d'enfants de milieux défavorisés. Plutôt que d'augmenter le nombre des sites, on préfère insister sur la qualité des données collectées. Le meilleur indicateur est l'indice poids / taille, à la rigueur l'indice poids / âge. Les résultats sont exprimés en terme de prévalence en dessous d'un seuil donné : en général 2 écarts-types en dessous de la médiane de référence.

Mais la qualité d'un système de surveillance dépend, plus encore que de la qualité des renseignements recueillis, de la rapidité avec laquelle ces données sont transmises aux décideurs ; par ailleurs un tel système est sans intérêt s'il n'est pas couplé à un mécanisme permettant de réagir rapidement et de prendre à temps les mesures adéquates...

2.3.2.4. Mesures politiques et programmes d'action spécifiques destinés à l'amélioration de la sécurité alimentaire en Haïti.

Comme il a été souligné antérieurement, Haïti demeure un pays à haut risque alimentaire, où l'équilibre démographique/production n'est pas réalisé. Les causes de cette situation sont complexes : on peut noter entre autres, la montée de la pression démographique, l'abattage des forêts pour le bois de feu et le bois d'oeuvre et l'expansion des cultures vivrières sur les collines provoquant une très forte érosion du sol. À cela, il convient d'ajouter les phénomènes traditionnels hors marché, la politique des prix agricoles et la politique commerciale du gouvernement. Pour les petits paysans, l'omniprésence d'une administration et d'une fiscalité non officielle et souvent de type féodal, l'insécurité de jouissance et l'absence de véritable appui technique de la part du gouvernement sont autant de désincitations à produire et donc à nourrir. Pour les grandes exploitations, l'absentéisme est de règle.

Depuis de nombreuses années, la politique des prix agricoles et la politique commerciale tiennent de moins en moins compte de l'avantage comparatif dont jouit le pays, notamment pour la production de café et de cacao par rapport à celle du maïs, du sorgho et du riz. Les prix intérieurs de ces denrées de base ont été maintenus au-dessus du niveau de parité par le contingentement des importations. En outre, du fait de la détérioration de la valeur réelle de la gourde haïtienne par rapport au dollar des États-Unis, les produits de base sont moins protégés et le café taxé plus fortement qu'il ne parait.

La taxation du café et d'autres cultures commerciales a eu des conséquences préjudiciables sur la croissance du revenu et sa répartition, sur la nutrition et sur la conservation des ressources non renouvelables. Une vaste gamme de mesures sociales et économiques devront être prises si l'on veut réduire les effets néfastes de ces différentes contraintes à la fois sur l'alimentation et la nutrition. Il ne s'agit pas de choisir entre le capital humain et de bonnes politiques économiques : les deux sont nécessaires. Comme l'a dit récemment le prix Nobel d'économie, Gary Becker "on ne peut pas obtenir de bons résultats en investissant uniquement dans le capital humain si le système économique est mauvais. Si le système est bon, mais que l'on néglige le capital humain les résultats seront également décevants. En revanche, si on investit à la fois dans le capital humain et le capital matériel, on obtiendra de meilleurs résultats qu'en investissant uniquement dans l'une ou l'autre composante".

Par conséquent, le problème de l'alimentation et de la nutrition doit être abordé de manière globale : c'est-à-dire, économiquement et socialement. D'une part, économiquement par la formulation de recommandations qui soient de nature à stimuler les investissements, la production et la conservation des ressources dans les zones rurales en y incluant une réforme de la politique des prix agricoles et la politique commerciale pour qu'une croissance à long terme du secteur agricole soit possible. (L'approche économique de ces recommandations est abordée dans la deuxième partie de l'ouvrage) D'autre part, socialement, l'investissement dans l'éducation, la santé, la nutrition et le planning familial est l'une des clés de la croissance économique et du progrès social. Il construit le savoir, élargit les compétences et améliore la santé, formant ainsi le capital humain indispensable pour soutenir la croissance économique, relever le niveau de vie et enrichir la vie de chacun.

Aussi, face à l'urgence, il est nécessaire d'engager dès à présent un programme d'action comportant des mesures de court, moyen et long terme qui soit susceptible d'améliorer la sécurité alimentaire des couches les plus défavorisées de la population.

Ce programme devrait renfermer cinq volets :

. importations de denrées pour faire face au déficit alimentaire croissant,

. réformes politiques visant à *(a)* réduire les prix des denrées alimentaires par une réduction des tarifs et des coûts de transaction ; *(b)* encourager les investissements dans les secteurs publics et privés, spécialement dans les zones économiques stratégiques situées en dehors de Port au Prince par une collaboration et un dialogue entre actionnaires publics et privés *(c)* encourager à faire reconnaître l'importance et l'impact de taux démographique élevé sur la sécurité alimentaire, de développer et mettre en place des stratégies pour affronter ce problème ; *(d)* élargir le dialogue à la sécurité alimentaire, en s'assurant que l'autorité en charge de la sécurité alimentaire devienne pleinement opérationnelle ; et *(e)* promouvoir une programmation et une gestion plus efficaces des ressources générées par les programmes d'aide alimentaire monétisée.

. utilisation de la monnaie pour *(a)* des activités destinées à réduire la pauvreté, notamment par la fourniture de crédit aux unités d'agrobusiness et de coopératives agricoles, par l'utilisation de programmes à intensité de main d'oeuvre temporaire pour améliorer les infrastructures, (routes, ports), par la relance de la production agricole et de sa commercialisation ; et *(b)* une planification familiale, nationale et des efforts sanitaires accrus pour réduire la croissance démographique.

- Lutte contre la malnutrition en micronutriments.
- Autres mesures

1. Importations de denrées alimentaires.

Pour éviter que ces importations ne réduisent par trop ses maigres réserves de devises ou qu'elles n'aggravent d'avantage ses problèmes d'endettement, Haïti devra encore négocier et compter sur des programmes tels que : le programme américain PL-480 (titre I, II, section 206 et III). Pour satisfaire notamment ses importations de farine de blé dont les besoins s'élèvent en moyenne, à 250 000 tonnes par an.

Depuis que le pays ne produit plus de farine à partir de blé importé, la minoterie d'Haïti ayant cessé ses activités en 1992, Haïti devra continuer à importer de la farine de blé pour satisfaire la demande de consommation de sa population. Les importations au titre de ce programme devraient aider à stabiliser les prix de la farine de blé en Haïti, et faciliter ainsi l'accès d'un certain nombre de ménages pauvres à cette denrée.

2. Réformes politiques.

Mesure 1 : politique de réduction des prix des denrées alimentaires. Il s'agit ici d'encourager le gouvernement haïtien à contribuer à faire réduire le prix des denrées alimentaires. Cela constitue l'une des mesures les plus importantes qui peut être prise à court terme pour améliorer la sécurité alimentaire en Haïti. Des prix trop élevés peuvent avoir un effet particulièrement négatif sur la sécurité alimentaire dans un pays comme Haïti, où la majorité des pauvres, même dans les zones rurales sont des demandeurs nets de denrées. En Haïti, seules 12 % des denrées consommées par les ménages sont produites par ces derniers. De plus, même les ménages les plus pauvres, notamment ceux vivant dans les zones rurales dépendent à près de 60 % du marché pour leurs approvisionnements en denrées de base. En conséquence, il est clair qu'une réduction du prix des produits de base aura un effet immédiat sur le pouvoir d'achat du pauvre en Haïti. Cette mesure contribue à en faire une intervention attractive. L'effet sera relativement important en raison du fait que le ménage haïtien pauvre consacre une part relativement élevée de son faible revenu à l'alimentation.
Dès lors qu'une grande partie des biens consommés en Haïti est importée, la réduction des tarifs, celle des services liés à ces importations, ainsi que celle des autres coûts, notamment les coûts de transaction relatifs aux importations alimentaires en font un domaine d'intervention important. D'autres facteurs influencent également les prix des denrées alimentaires, il s'agit notamment des fluctuations du taux de change et les coûts élevés du transport dûs à la faiblesse des infrastructures routières du pays.

a. réformes tarifaires.

La politique tarifaire en Haïti fut historiquement basée sur une protection importante des produits de substitution aux importations et sur une politique inverse à l'égard des exportations. Les incitations relatives au secteur agricole furent spécialement biaisées lors du processus de libéralisation commerciale de 1986. Les tarifs dans les autres secteurs d'activité sont passés d'une moyenne de 40 % à 20 %.

Cependant, le secteur agricole fut écarté de ce processus, et les tarifs sur les denrées de base importées étaient de l'ordre de 50 %. Les licences étaient accordées exclusivement pour les importations de vivres qui ont donné lieu à du favoritisme et à une importante corrruption. Ces politiques ont eu pour effet, d'accroître le prix des biens de consommation puisque les besoins alimentaires haïtiens sont assurés en très grande partie par les importations.

Après le retour en Haïti du Président Aristide en 1994, le gouvernement s'est engagé à procéder à une réduction des niveaux tarifaires ainsi qu'à la répartition et la conversion des barrières non tarifaires en protection tarifaire. En Mars 1995, le gouvernement engagea une politique tarifaire importante portant sur une réduction des taux frappant tous les biens notamment les produits agricoles et alimentaires et ce, dans une fourchette de 5 à 15 %. Par cette réforme, le gouvernement a rempli les conditions du titre III de l'accord de 1995 - 1996 qui prévoit (1) "une élimination des restrictions quantitatives aux importations de tous produits agricoles" et (2) "noter une loi visant à réduire les droits de douane sur les produits importés à un taux maximum de 15 % ad Valorem, et à 10 % maximum pour les produits agricoles" une autre loi déposée au parlement envisage d'élargir ce régime commercial. Elle fait partie des conditionnalités du deuxième programme de relance de la banque mondiale à Haïti qui prévoit trois bandes tarifaires (0-5-10 pour cent) destinées à réduire le taux maximum appliqué aux importations de 15 à 10 % et à réduire également le niveau de dispersion du système.

Une autre conditionnalité liée à ces réformes réside en l'établissement d'un taux plafond de 6 % sur les services et charges perçus sur les importations.

La loi de 1995 porte déjà sur une réduction importante du niveau tarifaire appliqué aux produits alimentaires et, si elle est entièrement appliquée, pourrait avoir un impact significatif sur le coût des denrées alimentaires aux ménages. L'application de cette loi aidera également à réduire les distorsions de prix affectant le secteur agricole.

b. Réformes dans les procédures douanières

Les procédures administratives et douanières sont actuellement paralysantes tant pour les importations que pour les exportations. Elles accroissent par la même le coût des biens importés et exportés. Le nouveau gouvernement a fourni quelques efforts pour rationaliser le processus. Il conviendrait d'accroître encore ces efforts pour rendre plus efficace et moins coûteuse les procédures douanières liées au commerce international.

c. Réformes liées aux infrastructures portuaires.

L'inefficacité constatée dans l'organisation et le fonctionnement actuels des ports haïtiens est telle qu'elle réduit la compétitivité des exportations et accroît le coût des importations des biens intermédiaires et des biens de consommation, notamment celui des denrées alimentaires de base. Une récente étude conduite par l'USAID indique que les charges portuaires en Haïti sont considérablement plus importantes pour les importations que pour les exportations, ce qui n'est pas sans conséquence sur la sécurité alimentaire du pays. Aussi, il conviendrait d'engager l'économie haïtienne vers une gestion plus décentralisée de ses ports qu'elle ne l'est aujourd'hui. La décision du régime Duvaliériste de fermer les ports régionaux au profit de Port au Prince a entraîné des coûts de transport supplémentaires qui se sont ajoutés à ceux des importations et qui, réduisent en même temps la compétitivité des exportations. Dans ces conditions, le port de Port au Prince se trouve souvent congestionné. De plus, ses opérations sont entravées par des équipement inadéquats, un personnel pléthorique et un cadre institutionnel mal adapté à une gestion efficiente. L'ensemble de ces éléments font de ce port, l'un des plus coûteux de la région pour la consommation des ménages.

Une procédure légale a été initiée le 10 octobre 1996 pour la privatisation des entreprises publiques. Le 24 février 1997, le Président PRÉVAL a créé la commission de modernisation des entreprises publiques (CMEP) afin de privatiser les neufs premières entreprises nationales pour la fin mars 1998.

À cet égard, le port de Port au Prince est prévu pour fonctionner en décembre 1997 sous la forme d'un contrat de gestion. Ces neuf privatisations constituent une des conditionnalités de la banque mondiale, de la banque inter-américaine de développement et de l'USAID.

Il y a nécessité d'aborder également le problème de la libérisation des ports nationaux, ceci, afin de permettre au secteur privé de jouer plus amplement son rôle dans le développement des infrastructures nationales. Le gouvernement ne dispose pas de ressources suffisantes pour réhabiliter les infrastructures portuaires du pays. Le secteur privé a, en outre formulé des propositions pour le financement de ces ports, mais leur développement est considéré comme un secteur relevant du monopole de l'état.

Mesure 2 : Politique visant à encourager les investissements publics et privés dans les régions provinciales. Une croissance économique soutenue et durable est essentielle pour combattre la pauvreté et l'insécurité alimentaire. Pour ce faire, l'économie haïtienne doit pouvoir croître sur un certain nombre d'années à un rythme annuel de l'ordre de 8 à 10 %.
Cela nécessitera une augmentation substantielle des investissements dans le secteur privé. Au niveau national, une amélioration du climat d'investissement général est également nécessaire, tant au niveau de la sécurité des droits de la propriété que du fonctionnement de l'électricité, des télécommunications et des services portuaires.

Les taux de croissance requis ne donneront leur pleine mesure qu'à condition que les investissements se fixent sur une grande partie du pays et non pas seulement dans l'unique zone de Port au Prince. Le potentiel de création d'emplois et de croissance économique en dehors de Port au Prince varie d'une région à l'autre. Hormis Port au Prince, chacune de ces zones de croissance économique potentielle doit représenter une ville secondaire. Il s'agit de déterminer quelles sont celles qui offrent de meilleures perspectives en termes de croissance, d'infrastructure qui possèdent les classes d'entrepreneurs et les secteurs financiers les plus dynamiques etc...

Ce concept de décentralisation pour une croissance économique durable n'est pas nouveau mais il représente dans le cas d'Haïti une recommandation stratégique importante dans le cadre d'une stratégie de sécurité alimentaire.

Mesure 3 . Combattre la croissance démographique élevée : l'impact et la force d'une croissance démographique importante ne doivent être négligés. On estime qu'au taux démographique courant (2,3 % par an) et que dans l'hypothèse d'un taux de croissance économique de 10 % par an sur 15 ans, la proportion d'haïtiens vivant dans la pauvreté passerait de 65 à 50 %. Dans une telle hypothèse, le nombre absolu d'haïtiens pauvres resterait constant autour de 4,3 millions.

Le gouvernement haïtien n'a pas, accordé une attention suffisante au problème démographique et à sa planification. Toutefois, il convient de noter que, philosophiquement, il n'est pas opposé à des programmes de planification. La faiblesse de son engagement résulte sans aucun doute de la modicité de ses ressources financières et humaines pour faire face aux dimensions multiples de ce problème. Il convient malgré cette contrainte de susciter et encourager un dialogue intersectoriel par l'intermédiaire d'un groupe interministériel dont la mission serait de favoriser la prise de conscience de la population à ce problème, de diffuser l'information relative à ce sujet et d'engager les diverses parties à rendre crédible un vaste programme de planification au niveau national.

Mesure 4 : Politique destinée à relancer le dialogue et développer un consensus national sur les problèmes de sécurité alimentaire.

Le gouvernement, par l'intermédiaire du premier ministre, a mis en place un conseil interministériel chargé des problèmes de sécurité alimentaire, conseil qui reçoit une aide technique des services du coordonnateur national pour la sécurité alimentaire.

Coordonnateur qui à son tour reçoit une aide dans le cadre d'un projet d'information sur la sécurité alimentaire financé conjointement par l'USAID et l'union européenne. Enfin les services de coordonnateur sont supposés bénéficiés de l'appui d'une unité technique et de personnel en provenance de divers ministères. Malheureusement, cette structure ainsi que l'unité technique qui lui est associée n'a jamais pu fonctionner de manière formelle, en raison de l'absence du décret ministériel matérialisant institutionnellement son existence. Aussi, il est nécessaire :

(1) que le gouvernement s'assure du fonctionnement intégral du bureau de sécurité alimentaire ; *(2)* d'élargir le dialogue national consacré à la sécurité alimentaire ; *(3)* dynamiser les ministères techniques afin de rendre efficace la coordination interministérielle ; *(4)* encourager le gouvernement à fournir les ressources nécessaires à la collecte et à l'analyse des données liées à la sécurité alimentaire. Deux étapes sont au préalable indispensables au fonctionnement de ce bureau : *(1)* un décret interministériel doit créer et décrire les positions et fonctions du bureau de coordination nationale pour la sécurité alimentaire ainsi que celles de l'unité technique associée et *(2)* engagement du gouvernement à fournir l'aide nécessaire en personnel et le budget à cet effet.

Mesure 5 : Politique visant à rationnaliser la gestion des programmes d'aide alimentaire monétisée.
La première réforme consiste à proposer au gouvernement de faire appel plus largement au bureau de gestion de son programme PL 480, titre III pour la gestion de ses programmes d'aide alimentaire monétisée émanant des divers donateurs, ceci, en vue de coordonner et de rationaliser le choix des denrées ainsi que la programmation des ressources monétaires locales que ces programmes génèrent.

La seconde réforme à préconiser serait la suppression des aspects légaux empêchant la production d'intérêt bancaire de fonds issus de recettes réalisées par le gouvernement à partir des programmes d'aide alimentaire.
La réglementation relative au programme PL 480, stipule que partout où il n'existe pas d'interdiction, que les produits de la vente de denrées soient déposés sur un compte bancaire portant intérêt.

Cependant, la législation en cours réclame que les fonds de l'état, tels que ceux, issus du titre III du programme PL 480 soient déposés sur un compte ouvert à la banque centrale, compte ne portant pas intérêt.
Il y a eu toutefois dans le passé quelques exceptions à cette exigence.

3. Utilisation de la monnaie locale.

Il s'agit par des allocations budgétaires rationnelles d'atteindre les deux objectifs que sont (a) la réduction de la pauvreté, et (b) la réduction de la croissance démographique. Les principes devant guider ces allocations étant :

. une concentration géographique des activités dans trois ou quatre zones de croissance économique potentielle à l'exclusion de Port au Prince (villes secondaires) conduisant à une plus grande synergie dans les interventions.
. un impact maximum à court terme sur l'amélioration de la sécurité alimentaire en Haïti.
. déboursement rapide des fonds.
. un haut niveau d'engagement du gouvernement.
. bonne expérience affichée, si possible.
. complémentarité maximale entre les différents programmes d'aide.

4. Lutte contre la malnutrition en micronutriments

La valorisation du capital humain des pauvres, dont les atouts sont limités, est souvent la meilleure manière de leur donner les moyens de devenir plus productifs et par la même de se nourrir. En outre, pour lutter efficacement contre la malnutrition, les politiques alimentaires et agricoles doivent surveiller non seulement la quantité des aliments mais, aussi leur qualité nutritionnelle et encourager la production, la vente et la consommation d'aliments riches en micronutriments. De même, des programmes de filet de sécurité doivent être mis en place afin d'atténuer les effets pervers des programmes d'ajustement et de stabilisation économique (Haïti est en cours d'ajustement). Ces filets de sécurité doivent répondre à la totalité des besoins nutritionnels des groupes-ciblés, sans se borner aux seuls besoins en calories et en protéines.

Une amélioration générale de la gestion du système de santé fera beaucoup pour remédier à la malnutrition due à une carence en micronutriments si des programmes permettent de former et de suivre un personnel médical chargé de la chargé de la prévention et de la gestion des carences en micronutriments, d'atteindre les groupes qui n'ont pas recours au système de soins de santé et, par l'enseignement et la persuasion, de gagner les consommateurs à un régime alimentaire sain.

Trois sortes d'approches doivent être envisagées. Même en présence du meilleur plan de développement économique, Haïti doit néanmoins s'attaquer directement à la malnutrition en micronutriments par le biais de l'éducation des consommateurs, d'une campagne dynamique de distribution de suppléments pharmaceutiques et de l'enrichissement des aliments ordinaires et de l'eau. Selon les nutritionnistes, ces options sont peu coûteuses et sont efficaces par rapport aux coûts.

- **Mobilisation sociale**

Les décideurs doivent être motivés pour prendre des mesures contre la malnutrition en micronutriments. Ils ont besoin d'avoir des informations convaincantes sur les coûts économiques et sociaux de la malnutrition en micronutriments et sur le rapport coût-efficacité des programmes qui visent à y remédier.

Durant l'application de ces mesures, de bons systèmes d'information, de gestion et de solides programmes d'éducation du public conçus dans le cadre de l'initiative d'ensemble peuvent faire prendre conscience au public des améliorations à attendre des programmes de micronutriments et l'amener à appeler sur ce point l'attention des directeurs de programmes et décideurs responsables. On peut ainsi rallier le public à l'initiative des dirigeants politiques et en recueillir les fruits.

Au-delà des réactions politiques qu'ils suscitent, les programmes visant à éduquer et persuader les consommateurs, et à modifier leur comportement sont essentiels, si l'on veut éliminer à long terme, les carences en micronutriments. La demande plus ou moins consciente de micronutriments doit devenir, chez le consommateur, une demande délibérée d'aliments et produits pharmaceutiques appropriés. Cette demande servira à "attirer" les groupes-cibles vers les points de distribution des suppléments et à surmonter leur résistance.

- **Suppléments pharmaceutiques**

Les suppléments pharmaceutiques posent deux grands problèmes : couverture insuffisante des groupes à risque et gestion inadéquate de l'offre. Pour surmonter le problème de la couverture, il faut renoncer à passer par les seuls dispensaires pour assurer la fourniture d'écoles, programmes sur les lieux de travail et programmes de filet de sécurité nutritionnelle.

La gestion de l'offre a pour but de fournir des suppléments efficace et d'aspect agréable, sous bon conditionnement, avec étiquetage correspondant, selon les doses voulues et à des prix modiques; de les entreposer et de les transporter dans des conditions maximales de qualité et de préservation, et d'en livrer un nombre suffisant de doses à des points de distribution judicieusement choisis et selon une périodicité appropriée. Pour atteindre ces buts, il faut des directeurs de programmes engagés, d'agents motivés et qualifiés, d'un suivi et d'une surveillance de qualité.

- **Enrichissement des aliments ordinaires et de l'eau**

Une législation générale assortie de réglements techniques doit rendre obligatoire l'enrichissement des aliments de base en micronutriments et soutenir un système de réglementation équitable et honnête qui contrôle l'exécution et punit les délinquants. Cette législation doit être assortie d'incitations financières et politiques du bénéfice de l'industrie alimentaire du pays. Certains programmes efficaces d'enrichissement pourraient bénéficier par exemple, de dégrèvements fiscaux, de permis d'importation, de prêts pour l'achat de matériel, de subventions aux fortifiants et d'une bonne campagne de presse.

D'autres mesures doivent compléter cette stratégie de lutte contre l'insécurité alimentaire. Elles supposent pour être appliquées efficacement, un changement profond tant dans la politique poursuivie jusqu'ici en matière de sécurité alimentaire que dans le choix des différentes priorités relatives au pays.

En effet, des taux de croissance, suffisamment élevés doivent pouvoir être atteints afin de permettre à un nombre substantiel d'habitants de s'éloigner du spectre de la pauvreté et de la malnutrition car, le modèle de croissance qui a prévalu jusqu'ici en Haïti, n'est ni économiquement durable ni socialement souhaitable.

La contrainte majeure à la croissance de l'agriculture haïtienne est liée essentiellement à l'insuffisance de la demande effective. Aussi, les villes secondaires évoquées précédemment, devraient jouer désormais un rôle prépondérant dans la formation de cette demande, non seulement par les effets multiplicateurs émanant de revenus plus élevés de ménages vivant en zone urbaine, mais aussi, plus directement par les unités de l'agro-industrie qui transformeraient les produits de base de l'agriculture pour les orienter ensuite vers le marché local et le marché d'exportation.

5. Autres mesures

Les autres mesures sont les suivantes :

- rationaliser et uniformiser les incitations à l'investissement;

Le régime d'investissement actuel est en Haïti un amalgame de mesures ad hoc, comprenant un certain nombre d'avantages qui étaient accordés aux entreprises durant les gouvernements précédents. L'introduction d'un code d'investissement unifié comportant des avantages fiscaux limités dans le temps est nécessaire. Malheureusement, le récent gouvernement tente de développer un code d'investissement qui ne remplit pas ces conditions. Il est nécessaire que le gouvernement cultive une image propice au développement des affaires.

- Institutionnaliser les procédures de résolutions des conflits

Une contrainte majeure à l'investissement en Haïti, tant pour les haïtiens que pour les étrangers, est l'absence de protection de la propriété privée et l'inexistence de recours légal dans l'éventualité de conflits liés aux contrats. L'institutionnalisation de procédures transparentes, rapides et exécutoires pour résoudre les conflits mérite une grande priorité de la part du gouvernement.

- Élargir l'assiette fiscale et en réaliser une meilleure application.

En prenant des mesures d'ajustement structurel difficiles, le gouvernement s'est mis, bon gré malgré dans une situation fiscalement compliquée. À court terme, il est improbable de rechercher de nouvelles sources fiscales importantes, mais des progrès substantiels peuvent être réalisés dans l'élimination de certaines dépenses et dans l'amélioration du système en place. À long terme, c'est-à-dire, à la fin de la stratégie proposée, il est souhaitable d'étendre l'autorité fiscale et par conséquent, budgétaire aux villes scondaires, leur permettant ainsi d'accroître leur capacité d'action.

- Privatiser l'électricité, les télécommunications et les ports.

Il est irréaliste d'attendre du gouvernement une efficacité dans la fourniture de ces services. En conséquence, un transfert de responsabilité opérationnelle doit s'opérer de l'état au secteur privé -- soit par vente directe par "capitalisation", ou par tout autre moyen. La privatisation demeure un élément important du dialogue instauré entre les institutions de Bretton Woods et le gouvernement haïtien.

- Adopter une politique tarifaire uniforme.

Le gouvernement a accompli durant les récentes années d'importants progrès dans sa politique commerciale, bien que cette dernière se soit réalisée de manière irrégulière. Les niveaux tarifaires ont été réduits, de même que les marges qui existaient entre eux. Il est improbable d'attendre une plus grande uniformité de ces tarifs durant les cinq prochaines années.

- Rendre l'aide à l'agriculture transparente.

Face à la stagnation de l'agriculture et son désir de satisfaire les besoins alimentaires du pays par la production interne, le gouvernement est souvent tenté d'administrer les prix-- notamment les tarifs-- et ce, pour favoriser certains produits sur d'autres. De telles politiques peuvent comporter un risque. Par la distorsion des prix relatifs aux producteurs, le gouvernement peut provoquer une attirance artificielle et temporaire à l'égard de certains biens, éliminant par la même, les avantages comparatifs dont pourrait jouir la production nationale. On ne trouve personne pour dire que le gouvernement n'a pas le droit de promouvoir des récoltes comme le riz pour des raisons stratégiques.

Toute chose étant égale par ailleurs, la meilleure manière de promouvoir la production d'un bien donné de façon directe et transparente est de faciliter et accroître l'irrigation des sols aptes à la production de ces biens et d'investir dans la recherche appliquée ainsi que dans les transferts de technologie. Aussi, les biens assurant la plus grande compétitivité doivent alors être encouragés.

- Faire de la planification familiale une priorité nationale.

L'aide du gouvernement à l'égard de la planification familiale a été jusqu'à ce jour faible. Étant donné l'importance du problème, il est nécessaire que le gouvernement en fasse une priorité nationale.

- Engager la responsabilité du gouvernement à l'égard des orphelinats, des maisons de vieillesse etc.

Le gouvernement se repose presque entièrement sur les donateurs et les organisations non gouvernementales pour financer toute la gamme de programmes sociaux du pays. En clair, il s'agit d'une responsabilité qu'il doit commencer à assumer. Compte tenu de l'insuffisance notoire des recettes publiques, il ne semble pas envisageable que le gouvernement puisse prendre la responsabilité du financement de beaucoup plus d'orphelinats, de maisons de vieillesse et d'institutions similaires dans les cinq prochaines années. Toutefois, il est recommandé qu'entre 2001 et 2010, le gouvernement commence à couvrir une partie du coût du fonds d'investissement économique et social du pays, aussi bien qu'une partie du coût du programme minimum des services sanitaires.

- Régulariser les droits de propriété, de l'eau et la politique financière.

Il faut noter à ce sujet que l'institut pour la liberté et la démocratie propose un programme destiné à aider les haïtiens pauvres à formaliser leur patrimoine. Ce programme s'appliquerait pour commencer à un nombre limité de villes secondaires.

- Institutionnaliser la programmation gouvernement-donateur dans le domaine de l'aide alimentaire.

Les programmes d'aide alimentaire de chaque donateur se sont effectués jusqu'à ce jour de manière indépendante. Le résultat est qu'on assiste à des incompatibilités entre divers programmes aussi bien qu'à des chevauchements et des lacunes qui pourraient être évités. La solution réside en une programmation conjointe de ces programmes d'aide alimentaire, ceci, entre le gouvernement et les différents donateurs. Bien que chaque donateur reste maître de son propre programme, la programmation conjointe a pour avantage d'assurer un suivi de ces opérations.

- Réhabiliter et entretenir les routes à grande circulation.

La réhabilitation du réseau routier d'Haïti doit constituer une grande priorité. Avant tout, les routes à grande circulation relient dans les deux sens les villes secondaires à Port-au-Prince Une seconde priorité serait pour les autres routes d'accès aux villes secondaires.

- Développer des centres de promotion d'affaires dans les villes secondaires.

Trois conditions semblent nécessaires pour favoriser les investissements générateurs de revenus et d'emplois dans les villes secondaires. D'abord et avant tout, inculquer un climat favorable à l'investissement qui, va au-delà des incitations fiscales pour inclure de manière fondamentale, des garanties de sécurité et de propriété ainsi que la protection de contrats, ensuite la présence d'équipements -- telles les routes, l'électricité et les télécommunications qui permettraient de diminuer les coûts d'exploitation des entreprises, enfin, la disponibilité d'un savoir faire, à un coût raisonnable de manière à identifier les opportunités d'investissement de même que les obstacles à leur réalisation. Les centres de promotion d'affaires peuvent jouer un rôle pivot à cet égard.

- Accroître les activités du secteur social dans les villes secondaires.

- Mettre l'accent sur les micro-entreprises pour la promotion d'affaires.

Durant les récentes années, de nombreux donateurs ont fourni une aide au développement des micro-entreprises en Haïti. Le développement de la micro-entreprise a montré la preuve de son efficacité dans l'élévation du revenu des micro-entrepreneurs, en revanche, l'impact sur la création d'emplois reste limité.

- Améliorer la qualité de l'enseignement, spécialement l'enseignement primaire.

- Accroître la couverture du système de santé communale.

- Objectif plus: étendre l'orientation commerciale du projet.

Ce projet a été semble t-il un succès, par ses aspects commerciaux ainsi que par l'accroissement des revenus qu'il a engendré au sein de la population rurale, de même que par la conservation des ressources naturelles qu'il a opéré. En dépit de son succès, sa couverture géographique est faible et nécessite d'être accrue.

L'ensemble de ces priorités est présenté ci-dessous à l'aide de 2 tableaux synthétiques. L'un relatif aux mesures politiques destinées à améliorer la sécurité alimentaire en Haïti et l'autre sur les programmes d'action à réaliser pour atteindre le même but.

Tableau 12. Haïti - Mesures politiques pour l'obtention d'une meilleure sécurité alimentaire

1996-2000	2001-2010
Rationaliser et uniformiser les incitations à l'investissement	Affiner et maintenir ces incitations
Institutionnaliser les procédures de résolution des conflits	Affiner et maintenir ces procédures
Réduire les exemptions fiscales et en obtenir une meilleure application	Étendre l'assiette fiscale, en réaliser une meilleure application
Privatiser l'électricité, les télécommunications et les ports	
Rendre effective la politique tarifaire courante	Adopter une politique tarifaire uniforme
Rendre l'aide à l'agriculture transparente	Poursuivre cette politique de transparence
Faire de la planification familiale une priorité nationale	Poursuivre cette priorité
Engager la responsabilité du gouvernement à l'égard des orphelinats, maisons de vieillesse, etc.	Poursuivre cette responsabilité. Obtenir un financement plus important au profit du FIESA et réaliser un programme minimum de services sanitaires
Explorer des options pour régulariser les droits de propriété, de l'eau et de la politique financière	Régulariser et affiner les droits de propriété, de l'eau et la politique financière
Institutionaliser la programmation gourvernement-donateur dans le domaine de l'aide alimentaire	Poursuivre cette programmation conjointe.

Tableau 12. Haïti - Programmes d'action pour l'obtention d'une meilleure sécurité alimentaire

1996-2000	2001-2010
Programme de réduction des prix alimentaires. importations de denrées alimentaires	
Réhabiliter et entretenir les routes à grande circulation	Réaliser la réhabilitation des routes à grande circulation, réhabiliter les principales routes d'accès, entretenir toutes les routes réhabilités.
Développer des centres de promotion d'affaires dans les quatre principales villes secondaires	Étendre les centres de promotion d'affaires à d'autres villes secondaires
Accroître les activités du secteur social dans les villes secondaires	Poursuivre ces activités dans les villes secondaires
Mettre l'accent sur les micro-entreprises pour promouvoir l'activité dans la région	Poursuivre dans cette voie
Mettre en place un programme de supplémentation nutritionnelle	Poursuivre dans cette voie
Améliorer la qualité de l'enseignement primaire	Accroître l'efficacité de l'enseignement primaire, améliorer la quantité de l'enseignement secondaire et technique
Porter la couverture du système de santé communale à 60 %	Porter graduellement la couverture de cette unité à 95 %
Objectif plus, étendre l'orientation commerciale du projet	Pousuivre cet objectif
Utilisations de la monnaie locale	Pousuivre cette politique

En conclusion, on peut affirmer que la pauvreté constatée en Haïti est à la racine du problème de la malnutrition qui affecte un grand nombre d'habitants de ce pays. L'éradiction de la malnutrition découle de celle de la pauvreté elle-même. Cependant, la pauvreté est directement liée aux inégalités constatées dans la répartition des revenus, ainsi que dans les opportunités d'emplois. Par conséquent, dans le choix des mesures permettant l'accès d'un plus grand nombre à la nourriture, la préférence devrait être accordée à celles qui aident à redresser ces inégalités mais également, à celles qui posent les bases d'un développement économique élargi et durable. L'aspect nutritionnel ne doit pas non plus être perdu de vue, car il comporte un impact majeur sur la santé et, par conséquent, sur la capacité des pauvres à renouveler leur force de travail afin de pouvoir acquérir un revenu.

Politique macroéconomique et développement économique en Haïti

II. POLITIQUE MACROÉCONOMIQUE ET DÉVELOPPEMENT ÉCONOMIQUE EN HAÏTI

Après avoir décrit les caractéristiques principales de l'économie haïtienne, ce chapitre abordera l'analyse des sources de l'insécurité alimentaire en Haïti. Les effets des politiques d'ajustement structurel sur la sécurité alimentaire et sur la situation nutritionnelle des populations seront également examinés et ce, pour deux raisons :
- la sécurité alimentaire des pays dépend prioritairement des politiques macro-économiques mises en oeuvre et le contexte dominant aujourd'hui est celui de l'ajustement structurel,
- toute réflexion sur une stratégie de sécurité alimentaire ne peut faire l'économie des enseignements tirés de la mise en oeuvre de ces politiques durant la décennie 1980.

On analysera ensuite, le rôle dans le développement de l'économie haïtienne du transfert des haïtiens de l'étranger, de l'aide générale et de l'aide alimentaire. Enfin, on terminera en insistant sur les priorités à proposer afin de placer ce pays sur la voie d'un développement autoentretenu.

1. Sécurité alimentaire, développement et croissance de l'économie haïtienne.

L'économie haïtienne est marquée ajourd'hui par un profond marasme; dont l'origine relève en grande partie d'une série de crises à caractère politique.

Après un début de redressement opéré en 1986-87, la situation économique est caractérisée depuis cette période, tantôt par une stagnation du produit intérieur brut réel, tantôt par une diminution de cet indicateur. Toutefois, une reprise est observée récemment puisque le taux de croissance du PIB est passé de -3 % en 1990 (période avant embargo) à 4,5 % en 1995 (après embargo) et 2 % en 1996. Notons que durant la période de l'embargo (1991-94), le taux de croissance du PIB a diminué de 40 % et qu'un nombre important d'emplois furent perdus. (Dans l'industrie d'assemblage, on dénombrait 44.000 emplois en 1991 et seulement 8.000 en 1994). Les autres caractéristiques de l'économie haïtienne sont : un taux de chômage déclaré dangereusement élevé (70 % de la population active), une hausse des prix encore importante, malgré un léger fléchissement entre 1994 et 1995, un important déficit du budget et de la balance des paiements et une détérioration rapide des principaux services économiques et sociaux.

La dégradation de la situation économique est illustrée dans le tableau ci-après, qui montre que la production dans tous les secteurs : le commerce, les revenus, l'emploi et la consommation privée ont très nettement régressé.

Tableau 14.Haïti- Caractéristiques principales de l'économie haïtienne

	1986	1987	1988	1989	1990	1991	1992	1993	1994	1995p
Produit intérieur brut réel 1/			(Taux de croissance annuels moyens)							
PIB total	0,6	0,6	-1,5	-1,5	-3	-3	-14,8	-2,6	-4,1	4,5
Agriculture, forêt et pêche	2,4	0,3	-1,3	-1,1	-3,7	-0,1	-1,1	-2,6	-1,7	-7,2
Industrie	-2,8	-0,8	-2,6	-2,1	-7,0	-17,7	-21,5	-0,8	-33,3	-1,4
Bâtiments, travaux publics	-6,1	2,3	1,0	3,1	-9,1	3,5	-54,0	-3,5	-25,0	60,0
Secteur public non financier			(En pourcentage du PIB)							
Recettes	...	...	...	...	7,7	8,2	6,5	7,8	4,7	8,9
Dépenses	...	...	...	...	8,8	8,2	8,4	9,2	7,4	11,7
Epargne	...	...	...	...	-1,1	0,0	-1,9	-1,5	-2,7	-2,8
Dépenses d'investissement 2/	...		...	...	5,1	4,5	0,4	1,0	0,4	5,9
Solde budgétaire		...	...	...	-3,7	-1,8	-2,3	-2,5	-3,1	-3,1
Financement interne					1,6	0,7	2,0	1,8	2,6	-1,5
Monnaie et crédit 3/			(En pourcentage du PIB)							
Crédit local	...	...	...	...	31,3	30,1	37,6	42,9	41,2	29,1
Secteur public	...	...	...	...	19,4	18,2	23,8	27,0	27,2	14,3
Secteur privé	...	...	...	...	11,9	11,9	13,7	15,9	13,9	14,8
Offre de monnaie (M_1)					14,0	13,6	16,8	19,3	18,5	10,8
			(En pourcentage du PIB)							
Taux d'intérêt 4/	...		...		10,2	10,2	6,0	5,7	5,2	6,2
Prix et salaires			(Taux de croissance annuels moyens)							
Prix à la consommation	3,3	-11,5	4,1	7,9	20,4	18,2	17,9	18,9	36,1	27,1
Salaires réels 5/	-7,8	5,2	-2,7	-9,9	-17,0	-15,4	-15,2	-16,0	-26,5	197,0
			(Gourdes pour un dollar)							
Taux de change										
Taux du marché	5,0	5,6	6,0	6,6	7,5	7,7	9,1	12,4	14,7	14,5
			(Indice 1990 = 100)							
Taux effectif réel 6/	72,2	82,1	87,6	89,5	100,0	129,7	131,3	124,7	124,7	125,0
Termes de l'échange	77,5	84,2	77,2	65,1	65,2	67,9	63,8	65,7	66,7	69,2
Balance des paiements			(En millions de dollar)							
Solde des transactions courantes	-44,9	-31,1	-40,4	-62,7	-88,3	-123,3	-41,4	-77,9	4,1	-59,6
Balance commerciale	-112,5	-101,1	-103,5	-111	-176,8	-246,6	-138,5	-185	-83,8	-316,9
Exportations (FOB)	190,8	210,1	180,4	148,3	265,8	202,0	75,6	81,6	57,4	84,5
Importations (FOB)	303,2	311,2	283,9	259,3	442,6	448,6	214,1	266,6	141,2	401,4
Balance des services	-84,3	-101,1	-129,7	-126	-104,4	-110,9	-57,9	-66,3	-68,4	-200,9
Transferts	151,9	171,10	192,90	174,30	192,90	234,20	155,00	173,4	156,2	458,2
Balance des capitaux 7/	54,6	53,4	51,3	75,1	36,2	37,7	-3,0	-1,6	-4,5	247,7
Secteur non monétaire	65,0	62,4	46,3	44,5	59,3	53,9	9,6	29,0	22,1	269,6
Secteur privé	39,4	39,6	28,0	27,7	8,0	13,6	0,0	0,0	0,0	6,2
Secteur public	25,6	22,8	18,3	16,8	51,3	40,3	9,6	29,0	22,1	263,4
Secteur monétaire	-10,4	-9,0	5,0	30,6	-23,1	-16,2	-12,6	-30,6	-26,6	-22,0
Réserves (-augmentation)	-24,9	-8,8	-22,8	1,3	30,6	-22,2	-11,3	-19,1	-16,3	-188,1
Erreurs et omissions	15,2	-13,5	11,8	-13,7	21,5	107,8	55,7	98,6	29,1	.
Dettes extérieures totales			(En millions de dollars)							
Remboursement de la dette	710,4	844,1	818,2	802,5	884,0	747,1	772,8	773,0	712,1	778,0
Paiement du service de la dette	46,4	61,2	59,2	51,8	32,7	26,6	4,9	4,5	0,8	13,0
			(En pourcentage)							
Paiements d'intérêts dus										
Exportations de biens et de services										
non facteurs	5,1	6,0	8,3	9,5	7,9	7,7	11,3	10,7	17,5	

1/ Aux prix du marché.

2/ Prêts nets compris.
3/ Données semestrielles.

4/ Taux d'intérêt nominal à 6 mois.

5/ Salaire minimum réel (ce salaire est passé de 15 gourdes à 36 gourdes en 1995.
6/ Taux de change pondéré par rapport au commerce

7/ Erreurs et omissions comprises en 1995

Source : interamerican Development Bank <<Economic and Social Indicator>>.1996

Si le taux global d'investissement a été maintenu durant certaines années, une grande partie des investissements publics a servi à l'acquisition ou à la création d'entreprises publiques industrielles non rentables.

L'augmentation des dépenses d'investissement a coïncidé avec la diminution de l'épargne, un déficit global de l'État plus important, et ce, tant en valeur absolue qu'en proportion du PIB. Pour financer ce déficit, les autorités ont eu recours principalement à la création de monnaie, ce qui s'est répercuté sur la balance des paiements, engageant une forte diminution des réserves. Mais les autorités ont eu recours également aux crédits consentis par les banques privées et les fournisseurs étrangers, ce qui a contribué à l'alourdissement de la dette extérieure du pays.

Cependant, selon la Banque mondiale et comme indiqué antérieurement, la performance économique d'Haïti s'est quelque peu améliorée récemment puisqu'on dénote un taux de croissance de 2 % en 1996, un taux d'inflation de 18 % la même année et un taux de change de 14,5 gourdes pour un dollar en 1995, contre 20 gourdes pour un dollar durant la période de l'embargo.

En revanche, le déficit budgétaire a atteint 8 % du PIB en 1995 contre 3,7 % en 1990 (avant embargo), déficit financé par des subventions extérieures ou des fonds concessionnels. Les recettes publiques ont atteint en 1995 environ 6,6 % du PIB alors que les dépenses s'élevaient à environ 10,5 % du PIB la même année. Quant au déficit de la balance des transactions courantes, il s'élevait à 20 % du PIB en 1995.

Les réserves internationales nettes atteignaient en 1995, 180 millions de dollars. Sur le plan alimentaire, force est de constater l'évolution corrélative entre les principaux indicateurs économiques précédemment soulignés et ceux relatifs aux disponibilités alimentaires en Haïti. En effet, selon le tableau suivant, on dénote en Haïti une dégradation progressive des disponibilités alimentaires dans ce pays, dégradation allant de pair avec celle de la situation économique.

Tableau 15. Haïti - Disponibilités alimentaires

Haïti Aliments, total Année	k/calories Personne/jour	Protéine g/personne/jour	Lipides g/personne/jour
1976	2.052	46,7	32,5
1977	2.017	44,8	31,3
1978	2.053	47,7	33,6
1979	2.070	48,7	33,8
1980	2.067	48,7	33,7
1981	2.062	48,1	36,1
1982	2.027	47,3	35,9
1983	2.043	48,3	36,5
1984	2.013	48,6	38,1
1985	2.040	48,6	38,3
1986	1.994	47,6	39,5
1987	1.849	47,2	32,0
1988	1.800	45,4	30,4
1989	1.777	43,0	29,1
1990	1.774	41,5	27,4
1991	1.733	41,2	25,9
1992	1.706	40,3	24,5
1993	0	0,0	0,0

Source : FAOSTAT. TS AGROSTAT. 10/4/95.

De même, une corrélation identique est observée de 1970 à 1995, entre l'évolution du PIB réel par habitant en Haïti et celle de la consommation des principales denrées alimentaires.

2. Les sources de l'insécurité alimentaire

Si la source la plus visible de la malnutrition en Haïti réside dans l'extrême pauvreté de la population, en revanche, il existe des sources spécifiques expliquant l'insécurité alimentaire chronique du pays.

Dans cette analyse, l'insécurité alimentaire est définie en termes d'écart de la demande de denrées alimentaires par rapport à la consommation tendancielle. On considérera, en particulier, l'impact de la variation des principales variables exogènes sur cette insécurité. Aussi, les sources de l'insécurité alimentaire ne seront pas analysées ici uniquement sous l'angle de la variation de la production locale et de celle des prix agricoles internationaux, mais également à partir de toutes les sources de revenu du pays. En deux mots, les déterminants de l'insécurité alimentaire seront regroupés en neuf catégories. Chacun de ces déterminants est analysé en tenant compte de son écart-type par rapport à la croissance tendancielle.

Pour l'estimation de chacun d'entre eux, une série temporelle sera utilisée. Cette série ne comporte pas seulement une tendance <<usuelle>> avec un taux de croissance constant, mais renferme des variations cycliques à moyen terme (plus d'une année).

Par conséquent, seuls les écarts constatés par rapport au modèle seront considérés comme imprévus d'une année sur l'autre. Les estimations seront effectuées à l'aide de la méthode des moindres carrés ordinaires et ce, à partir des équations suivantes :

1) $Y(t)=a+b_1 T+B_2 T^2+C_1 Y(T-1)+C_2 Y(T-2)$

2) $\ln y(t)=d+e_1 T+e_2 T^2+f_1 \ln y(t-1)+f_2 \ln y(t-2)$

Y étant la variable dépendante, t la variable temps, et lny le logarithme naturel de la variable dépendante. On ajustera ces équations et on utilisera les variables indépendantes et décalées qui améliorent d'au moins 0,25 la valeur F (F - value).

Le test d'Hilltruth (h - test) renseignera sur l'autocorrélation des résidus (bruit blanc). Enfin, par l'analyse des écarts-types, on établira une comparaison entre les différentes variables dépendantes et on déterminera l'instabilité relative de chacun des déterminants. Précisons qu'une faible valeur de l'écart-type est caractéristique d'une forte accumulation des données autour de la moyenne arithmétique et inversement.

La production alimentaire

Le tableau ci-après fournit l'ensemble des données utilisées pour l'analyse tendancielle et le tableau suivant, les écarts-types exprimés en pourcentage par rapport à la tendance.

Tableau 16. Haïti - Données relatives aux principales sources de l'insécurité alimentaire, 1971-95

	Production alimentaire nationale	Indice des prix à l'importation en Haïti 1987=100	Indice des prix alimentaires mondiaux 1990=100	Exportations de café 1.000 t	Prix du café à l'exportation US cents/pound	FBCF Millions $ E.U.	Transferts des Haïtiens de l'étranger Millions $ E.U.	Aide (sauf aide alimentaire) Millions $ E.U.	Aide alimentaire Millions $ E.U.
	1.000 t	(2)	(3)	(4)	(5)	(6)	(7)	(8)	(9)
71	515	29,8	49,4	21 540	44,99	186	4,7	7,0	.
72	518	34,2	53,3	18 638	50,33	297	7,5	5,6	.
73	394	44,4	96,2	19 420	62,31	258	6,0	8,9	.
74	396	61,5	119,0	18 768	65,84	410	18,8	12,5	.
75	375	66,8	95,5	17 820	65,41	533	34,2	56,4	7,56
76	316	66,3	89,5	26 793	142,75	678	62,6	69,8	9,95
77	555	71,1	86,8	15 891	234,67	748	76,4	88	11,88
78	512	79,4	98,4	19 137	162,82	857	73,5	94,5	11,96
79	430	93,0	114,8	13 561	173,53	938	73,4	128,7	12,58
80	537	106,2	124,7	24 979	154,20	1 238	75,1	120,7	18,47
81	368	107,5	120,5	13 616	128,09	1 252	143,6	116,3	28,19
82	375	102,9	102,5	14 634	139,72	1 230	113,3	131,5	22,26
83	388	99,9	110,5	23 680	131,69	1 331	91,9	126,4	20,69
84	395	99,1	109,8	18 651	144,17	1 441	97,3	135,1	19,84
85	265	97,3	91,6	18 195	145,56	1 673	121,2	145,0	19,93
86	340	89,6	90,5	16 518	192,74	1 614	132,5	173,4	34,89
87	365	100,0	84,3	12 800	112,29	1 546	189,0	207,1	34,31
88	330	100,9	108,6	14 100	135,10	1 501	97,7	138,4	19,3
89	350	117,3	110,6	13 400	106,96	1 692	127,5	196,1	24,63
90	350	120,3	100,0	9 400	89,15	1 136	105,3	158,0	10,69
91	330	130,0	99,1	11 100	85,03	1 146	225,7	167,8	14,95
92	320	132,5	101,3	8100	63,66	776	68,2	115,6	17,64
93	340	131,9	100,0	8500	69,94	850	79,6	119,7	34,73
94	330	.	105,1	6200	148,53	884	599,0	596,5	4,13
95	345	.	113,7	9100	149,41	1905	586,8	719,0	46,15

Source : FMI : "Annuaire 1996 : Statistiques financières internationales" OCDE : "Aide des pays du CAD, 1996".

Les catégories 1 à 5 concernent celles de la production et des prix agricoles, elles soulignent l'extrême faiblesse du secteur agricole et alimentaire.

Tableau 17. Haïti - Écarts-type des principales variables liées à l'insécurité alimentaire, 1973 à 1995
(En pourcentage)

	Production alimentaire	Indice des prix à l'importation en Haïti	Indice des prix alimentaires mondiaux	Exportations de café	Prix du café à l'exportation	FBCF	Transferts des Haïtiens de l'étranger	Aide générale à l'exception de l'aide alim.	Aide alimentaire
1973	8,65	2,46	6,03	6,94	-29,61	-19,84	-104,71	-41,26	.
74	4,89	7,98	-4,7	1,72	-32,27	8,97	18,72	-46,57	.
75	9,65	8,24	-14,34	-7,6	-41,91	-1,6	16,63	82,8	.
76	25,47	8,51	0,06	29,3	30,09	2,2	39,03	-8,7	.
77	33,29	0,2	-8,65	-7,0	75,32	-6,8	22,3	15,6	-22,81
78	20,83	2,98	23,9	-10	23,46	-0,1	3,24	5,8	-32,14
79	5,06	9,09	8,66	-35	19,31	-1,2	-2,46	12,86	-51,6
80	29,89	9,42	12,87	13,3	10,21	18,40	1,64	0,06	3,95
81	8,95	1,57	11,11	-19,2	-11,23	-2,61	62,14	3,29	56,61
82	2,45	-1,18	-0,02	-33,5	-2,14	-4,76	0,01	14,9	24,73
83	1,89	-0,83	15,22	22,82	-6,02	4,57	-14,18	-1,95	-14,21
84	4,53	-1,30	2,84	24,25	1,75	6,14	-0,03	6,09	-5,23
85	34,33	-4,35	-11,90	18,16	4,21	14,83	15,08	4,10	-0,02
86	4,41	-12,15	-14,65	15,20	32,25	0,08	1,91	-10,31	41,32
87	1,65	5,06	-10,49	-5,79	-19,96	-1,74	32,43	14,67	77,68
88	7,73	-7,84	6,51	2,89	-2,97	-1,30	-58,76	-41,08	-12,14
89	0,05	8,77	-4,58	12,29	-15,21	12,97	-2,47	22,56	-3,33
90	1,39	-3,51	-4,84	-14,10	-32,22	-36,55	-39,53	-35,55	-42,51
91	2,99	5,59	0,09	0,02	-29,00	-3,42	39,94	-13,37	-48,28
92	3,97	0,17	-0,06	-11,10	-50,09	-43,86	-126,37	-63,09	31,22
93	3,96	-0,45	-3,48	-5,32	-34,14	-3,39	-56,01	-35,53	86,49
94	2,05	.	3,32	-19,68	51,89	-7,53	135,01	112,10	-112,19
95	8,46	.	7,88	21,60	58,27	66,26	16,60	1,97	22,71
Coefficient de variation autour de la tendance	14,43	6,06	8,31	17,63	32,09	19,73	51,92	46,33	41,08

Par ailleurs, lorsqu'on analyse l'insécurité alimentaire en Haïti sous l'angle des coefficients de variation de ses principaux déterminants (voir tableau 17), on observe que les facteurs contribuant le plus, par leur irrégularité et leur variabilité à cette insécurité sont dans l'ordre : les transferts des haïtiens de l'étranger (coefficient de variation de 51,92), l'aide générale (46,33), l'aide alimentaire (41,08), le prix du café à l'exportation (32,9). En revanche, on constate que le marché haïtien et le marché mondial sont les facteurs contribuant le moins à la transmission de cette insécurité dans le pays, puisque le coefficient de variation de l'indice des prix à l'importation en Haïti n'est que de 6,06 et celui des prix alimentaires mondiaux de 8,31.

Il est clair, que ce sont des facteurs externes à l'économie locale qui constituent les principales sources de l'insécurité alimentaire en Haïti, certains, plus que d'autres.

Enfin, avec un niveau relativement faible et en diminution constante depuis plusieurs années, la production alimentaire locale réalise un coefficient de variation de 14,43 contre 17,63 aux exportations de café et 19,73 pour la formation brute de capital fixe (FBCF).

L'équation tendancielle de la production alimentaire ainsi que celle des autres déterminants est estimé ensuite à l'aide du logiciel MICRO-TSP. Le graphique des résidus (résidual plot) se lit observation par observation. Le trait du milieu indique l'axe de zéro et les deux traits en pointillé délimitent un intervalle de confiance à $\pm$ un écart-type.

Plus les résidus sont proches de zéro et disséminés, meilleure est la qualité de l'ajustement. En face de chaque point figurent : le numéro de l'observation, la valeur du résidu, la valeur observée de la série brute (actual) et la valeur ajustée (fitted)

```
                LS // Dependent Variable is LNPROD
Date: 9-03-1997 / Time: 15:18
SMPL range: 1973  -  1995
Number of observations: 23
      VARIABLE       COEFFICIENT    STD. ERROR       T-STAT.    2-TAIL SIG.
         C            5.4956071     1.3880569      3.9592088       0.0008
         T           -0.0052821     0.0243525     -0.2169029       0.8306
         T2          -0.0002364     0.0008441     -0.2800412       0.7825
     LNPROD(-1)       0.0936487     0.2243052      0.4175055       0.6810

R-squared                  0.282106     Mean of dependent var       5.921084
Adjusted R-squared         0.168754     S.D. of dependent var       0.174200
S.E. of regression         0.158823     Sum of squared resid        0.479269
Log likelihood             11.88076     F-statistic                 2.488763
Durbin-Watson stat         1.891485     Prob(F-statistic)           0.091461
```

Display the Coefficient Covariance Matrix ? (P,S,ENTER)

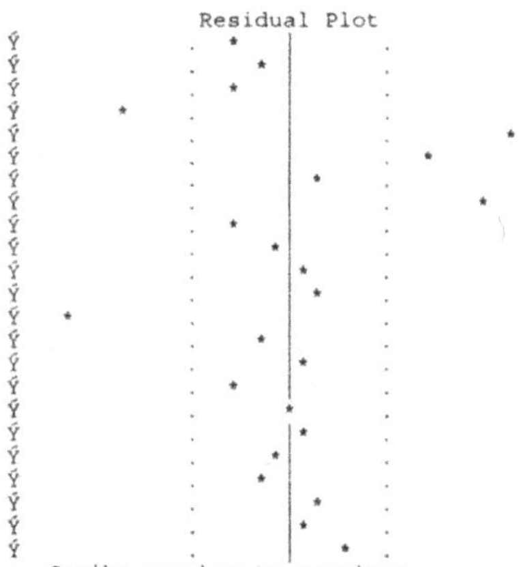

obs	RESIDUAL	ACTUAL	FITTED
1973	-0.08658	5.97635	6.06294
1974	-0.04896	5.98141	6.03037
1975	-0.09651	5.92693	6.02344
1976	-0.25471	5.75574	6.01045
1977	0.33290	6.31897	5.98607
1978	0.20834	6.23832	6.02999
1979	0.05065	6.06379	6.01313
1980	0.29898	6.28600	5.98701
1981	-0.08949	5.90808	5.99758
1982	-0.02454	5.92693	5.95147
1983	0.01896	5.96101	5.94204
1984	0.04532	5.97889	5.93357
1985	-0.34338	5.57973	5.92311
1986	-0.04417	5.82895	5.87312
1987	0.01653	5.89990	5.88337
1988	-0.07737	5.79909	5.87646
1989	0.00494	5.85793	5.85299
1990	0.01393	5.85793	5.84400
1991	-0.02994	5.79909	5.82903
1992	-0.03975	5.76832	5.80807
1993	0.03967	5.82895	5.78927
1994	0.02053	5.79909	5.77856
1995	0.08465	5.84354	5.75890

Strike any key to continue.

Ces données permettent d'apprécier sur la période 1973-1995 la tendance de la production alimentaire nationale, d'avoir une estimation du coefficient de détermination R^2, faible dans cet exemple (0,28), et d'autres indicateurs destinés à tester la validité du modèle. Par ailleurs, il faut noter un faible niveau de la production alimentaire nationale, compensée par un accroissement tendanciel des importations alimentaires.
Enfin, le coefficient de variation de la production alimentaire nationale (14,43) est l'un des moins élevés des déterminants de l'insécurité alimentaire en Haiti.

Indice des prix à l'importation en Haïti

```
                 LS // Dependent Variable is LNINDI
Date: 12-16-1997 / Time: 9:32
SMPL range: 1973  -  1993
Number of observations: 21
      VARIABLE        COEFFICIENT    STD. ERROR       T-STAT.     2-TAIL SIG.
         C             1.4522870     0.4263742      3.4061322       0.0036
         T             0.0178957     0.0254390      0.7034745       0.4919
         T2           -0.0002403     0.0007524     -0.3193119       0.7536
     LNINDI(-1)        0.9446891     0.2095006      4.5092433       0.0004
     LNINDI(-2)       -0.3012909     0.2118315     -1.4223140       0.1741

R-squared                     0.951529    Mean of dependent var      4.530455
Adjusted R-squared            0.939411    S.D. of dependent var      0.282115
S.E. of regression            0.069442    Sum of squared resid       0.077155
Log likelihood                29.07017    F-statistic                78.52379
Durbin-Watson stat            2.120543    Prob(F-statistic)          0.000000
```

```
  Display the Coefficient Covariance Matrix ? (P,S,ENTER)

               Residual Plot                       obs RESIDUAL  ACTUAL   FITTED
Ŷ           .     *  |       .                   Ð 1973 -0.02469  3.79324  3.81793
Ŷ           .        |       . *                 Ð 1974  0.07981  4.11904  4.03923
Ŷ        *  .        |       .                   Ð 1975 -0.08240  4.20170  4.28410
Ŷ        *  .        |       .                   Ð 1976 -0.08510  4.19419  4.27929
Ŷ           .        *       .                   Ð 1977  0.00203  4.26409  4.26205
Ŷ           .        |   *   .                   Ð 1978  0.02986  4.37450  4.34464
Ŷ           .        |       .  *                Ð 1979  0.09090  4.53260  4.44170
Ŷ           .        |       .  *                Ð 1980  0.09421  4.66532  4.57112
Ŷ           .        | *     .                   Ð 1981  0.01577  4.67749  4.66172
Ŷ           .      * |       .                   Ð 1982 -0.01183  4.63376  4.64559
Ŷ           .       *|       .                   Ð 1983 -0.00833  4.60417  4.61250
Ŷ           .      * |       .                   Ð 1984 -0.01301  4.59613  4.60914
Ŷ           .  *     |       .                   Ð 1985 -0.04358  4.57780  4.62138
Ŷ    *      .        |       .                   Ð 1986 -0.12158  4.49536  4.61694
Ŷ           .        |     * .                   Ð 1987  0.05063  4.60517  4.55454
Ŷ          *.        |       .                   Ð 1988 -0.07848  4.61413  4.69261
Ŷ           .        |       .  *                Ð 1989  0.08774  4.76473  4.67699
Ŷ           .   *    |       .                   Ð 1990 -0.03511  4.78999  4.82509
Ŷ           .        |     * .                   Ð 1991  0.05591  4.86753  4.81162
Ŷ           .        *       .                   Ð 1992  0.00175  4.88658  4.88483
Ŷ           .       *|       .                   Ð 1993 -0.00450  4.88204  4.88655

  Repeat the output ? (P,S,ENTER)
```

Ces résultats indiquent, que parmi les sources d'insécurité alimentaire analysées en Haïti, celui de l'indice des prix à l'importation dans ce pays est le déterminant qui agit le moins en terme de variabilité sur cette insécurité, le coefficient de variation de cet indicateur n'étant que de 6,06.
Par conséquent, le marché haïtien tout comme le marché mondial sont les facteurs qui contribuent le moins à l'insécurité alimentaire en Haïti.

```
                     LS // Dependent Variable is LNINDP
Date: 9-03-1997 / Time: 15:39
SMPL range: 1973  -  1995
Number of observations: 23
      VARIABLE        COEFFICIENT     STD. ERROR       T-STAT.     2-TAIL SIG.
         C             3.8342895      0.5718379       6.7052039      0.0000
         T             0.0080620      0.0178855       0.4507580      0.6575
         T2           -0.0001994      0.0005987      -0.3329650      0.7430
     LNINDP(-1)        0.5861063      0.1530819       3.8287102      0.0012
     LNINDP(-2)       -0.4309957      0.1398927      -3.0809024      0.0064

R-squared                    0.469698    Mean of dependent var        4.625871
Adjusted R-squared           0.351853    S.D. of dependent var        0.116681
S.E. of regression           0.093937    Sum of squared resid         0.158835
Log likelihood               24.58135    F-statistic                  3.985725
Durbin-Watson stat           1.251190    Prob(F-statistic)            0.017338
```

Display the Coefficient Covariance Matrix ? (P,S,ENTER)

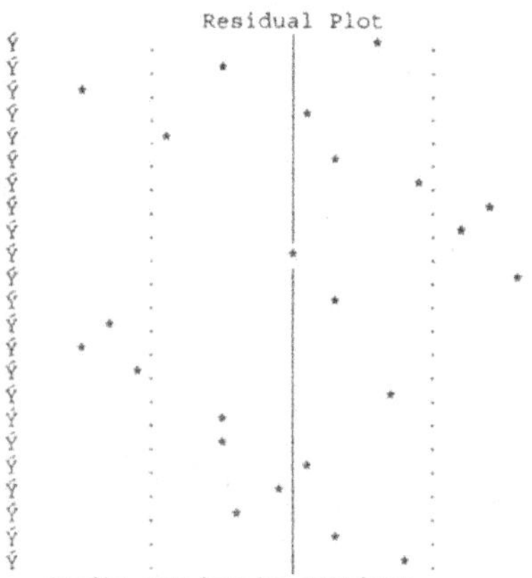

obs	RESIDUAL	ACTUAL	FITTED
1973	0.06029	4.56643	4.50614
1974	-0.04703	4.77912	4.82615
1975	-0.14345	4.55913	4.70258
1976	0.00640	4.49424	4.48784
1977	-0.08649	4.46361	4.55009
1978	0.02386	4.58904	4.56518
1979	0.08662	4.74319	4.65657
1980	0.12878	4.82591	4.69713
1981	0.11109	4.79414	4.68305
1982	-0.00239	4.62986	4.63225
1983	0.15227	4.70502	4.55274
1984	0.02839	4.69866	4.67027
1985	-0.11901	4.51743	4.63644
1986	-0.14658	4.38826	4.53484
1987	-0.10434	4.43438	4.53872
1988	0.06516	4.68767	4.62251
1989	-0.04585	4.70592	4.75177
1990	-0.04842	4.60517	4.65359
1991	0.00957	4.59613	4.58656
1992	-0.00609	4.61809	4.62418
1993	-0.03486	4.60517	4.64003
1994	0.03322	4.65491	4.62169
1995	0.07886	4.73356	4.65471

Strike any key to continue.

L'influence des prix alimentaires internationaux sur l'insécurité alimentaire en Haïti est illustrée dans la deuxième colonne du tableau no 17
Ce tableau indique qu'avec un coefficient de variation de 8,31, les prix alimentaires mondiaux représentent après l'indice des prix à l'importation en Haïti, la source la plus faible des déterminants de l'insécurité alimentaire dans ce pays. Par conséquent, une plus grande stabilité des prix alimentaires internationaux est observée par rapport aux autres sources d'insécurité analysées.

Exportations de café

```
                     LS // Dependent Variable is LNXCAFE
Date: 9-03-1997 / Time: 15:45
SMPL range: 1973  -  1995
Number of observations: 23
      VARIABLE        COEFFICIENT     STD. ERROR        T-STAT.    2-TAIL SIG.
          C            13.577203       3.8504078       3.5261728      0.0024
          T            0.0687035       0.0374658       1.8337656      0.0833
         T2           -0.0046402       0.0017056      -2.7206291      0.0140
    LNXCAFE(-1)       -0.4093734       0.2452494      -1.6692126      0.1124
    LNXCAFE(-2)        0.0088584       0.2435938       0.0363654      0.9714

R-squared                     0.776259    Mean of dependent var      9.577474
Adjusted R-squared            0.726539    S.D. of dependent var      0.380079
S.E. of regression            0.198757    Sum of squared resid       0.711076
Log likelihood                7.343822    F-statistic                15.61256
Durbin-Watson stat            1.953498    Prob(F-statistic)          0.000011
```

```
  Display the Coefficient Covariance Matrix ? (P,S,ENTER)

             Residual Plot
Ŷ                  .               |    *         .
Ŷ                  .               | *            .
Ŷ                  .          *    |              .
Ŷ                  .               |              .      *
Ŷ                  .          *    |              .
Ŷ                  .      *        |              .
Ŷ      *           .               |              .
Ŷ                  .               |         *    .
Ŷ                  *               |              .
Ŷ        *         .               |              .
Ŷ                  .               |              .*
Ŷ                  .               |              . *
Ŷ                  .               |             *.
Ŷ                  .               |           *  .
Ŷ                  .          *    |              .
Ŷ                  .               | *            .
Ŷ                  .               |         *    .
Ŷ                  .     *         |              .
Ŷ                  .               *              .
Ŷ                  .      *        |              .
Ŷ                  .           *   |              .
Ŷ                  *               |              .
Ŷ                  .               |              .*
  Strike any key to continue.
```

obs	RESIDUAL	ACTUAL	FITTED
1973	0.06947	9.87406	9.80459
1974	0.01721	9.83991	9.82270
1975	-0.07591	9.78808	9.86399
1976	0.29333	10.1959	9.90256
1977	-0.07003	9.67351	9.74354
1978	-0.10072	9.85938	9.96010
1979	-0.35425	9.51495	9.86920
1980	0.13340	10.1258	9.99239
1981	-0.19153	9.51900	9.71053
1982	-0.33522	9.59110	9.92633
1983	0.22825	10.0724	9.84413
1984	0.24249	9.83366	9.59117
1985	0.18161	9.80890	9.62730
1986	0.15203	9.71221	9.56017
1987	-0.05791	9.45720	9.51511
1988	0.02898	9.55393	9.52495
1989	0.12291	9.50301	9.38010
1990	-0.14108	9.14847	9.28954
1991	0.00201	9.31470	9.31269
1992	-0.11105	8.99962	9.11067
1993	-0.05320	9.04782	9.10102
1994	-0.19680	8.73230	8.92911
1995	0.21600	9.11603	8.90003

Le coefficient de variation des exportations de café, produit agricole d'importance en Haïti, est relativement élevé (17,63) sixième par ordre d'importance parmi les huit déterminants analysés. Cela s'explique par la politique des prix agricoles et la politique commerciale du gouvernement, tenant de moins en moins compte de l'avantage comparatif dont jouit le pays pour la production de café par rapport à celle du maïs, du sorgho et du riz.

Formation brute de capital fixe

```
                    LS // Dependent Variable is LNFBCF
Date: 9-03-1997 / Time: 16:17
SMPL range: 1973  -  1995
Number of observations: 23
```

VARIABLE	COEFFICIENT	STD. ERROR	T-STAT.	2-TAIL SIG.
C	1.5629045	0.6140161	2.5453804	0.0198
T	-9.309E-06	0.0001207	-0.0771301	0.9393
LNFBCF(-1)	0.8039362	0.3133074	2.5659664	0.0189
LNFBCF(-2)	-0.0188845	0.2685391	-0.0703231	0.9447

R-squared	0.829368	Mean of dependent var	6.918778
Adjusted R-squared	0.802426	S.D. of dependent var	0.491862
S.E. of regression	0.218629	Sum of squared resid	0.908173
Log likelihood	4.530279	F-statistic	30.78364
Durbin-Watson stat	1.625981	Prob(F-statistic)	0.000000

Display the Coefficient Covariance Matrix ? (P,S,ENTER)

Residual Plot

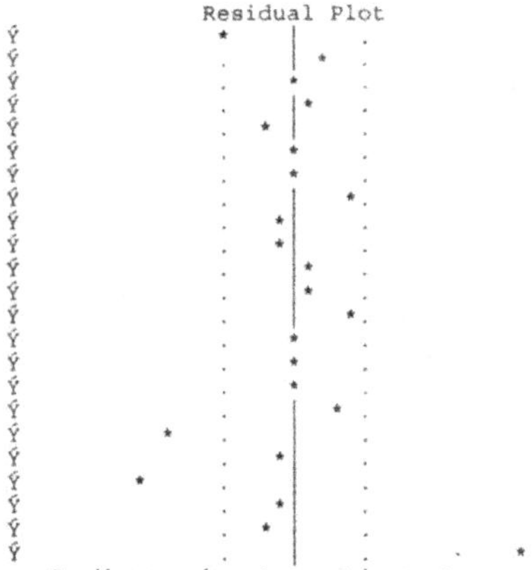

obs	RESIDUAL	ACTUAL	FITTED
1973	-0.19840	5.55296	5.75136
1974	0.08977	6.01616	5.92639
1975	-0.01608	6.27852	6.29460
1976	0.02238	6.51915	6.49677
1977	-0.06785	6.61740	6.68525
1978	-0.00625	6.75344	6.75969
1979	-0.01200	6.84375	6.85575
1980	0.18404	7.12125	6.93721
1981	-0.02610	7.13250	7.15859
1982	-0.04762	7.11477	7.16238
1983	0.04578	7.19369	7.14791
1984	0.06141	7.27309	7.21168
1985	0.14836	7.42237	7.27402
1986	0.00819	7.38647	7.37828
1987	-0.01740	7.34343	7.36083
1988	-0.01301	7.31389	7.32689
1989	0.12972	7.43367	7.30395
1990	-0.36552	7.03527	7.40079
1991	-0.03420	7.04403	7.07824
1992	-0.43864	6.65415	7.09280
1993	-0.03395	6.74524	6.77918
1994	-0.07530	6.78446	6.85976
1995	0.66268	7.55224	6.88956

Strike any key to continue.

La formation brute de capital fixe, spécialement dans le secteur de l'industrie d'assemblage a joué un rôle non négligeable dans la formation des revenus en Haïti, avant que l'embargo (1991-1994) ne vienne entraver sa progression et mettre au chômage des milliers d'haïtiens travaillant dans ce secteur. Le coefficient de variation (19,73) souligne une relative instabilité, la cinquième par ordre d'importance.

LS // Dependent Variable is LNTRSH
Date: 9-03-1997 / Time: 16:21
SMPL range: 1973 - 1995
Number of observations: 23

VARIABLE	COEFFICIENT	STD. ERROR	T-STAT.	2-TAIL SIG.
C	1.6842321	0.6387461	2.6367789	0.0168
T	3.582E-05	0.0003250	0.1101930	0.9135
T2	0.0014735	0.0009028	1.6321429	0.1200
LNTRSH(-1)	0.5378580	0.2318135	2.3202186	0.0323
LNTRSH(-2)	0.0371895	0.2111582	0.1761214	0.8622

R-squared	0.687641	Mean of dependent var	4.531880
Adjusted R-squared	0.618228	S.D. of dependent var	0.959064
S.E. of regression	0.592583	Sum of squared resid	6.320791
Log likelihood	-17.78161	F-statistic	9.906518
Durbin-Watson stat	2.024731	Prob(F-statistic)	0.000203

Display the Coefficient Covariance Matrix ? (P,S,ENTER)

Residual Plot

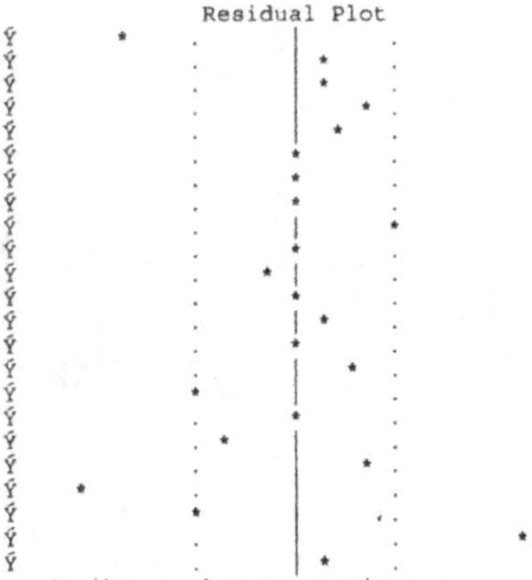

obs	RESIDUAL	ACTUAL	FITTED
1973	-1.04713	1.79176	2.83889
1974	0.18726	2.93386	2.74660
1975	0.16634	3.53223	3.36588
1976	0.39033	4.13677	3.74644
1977	0.22294	4.33598	4.11304
1978	0.03247	4.29729	4.26481
1979	-0.02459	4.29592	4.32051
1980	0.01647	4.31882	4.30235
1981	0.62143	4.96703	4.34560
1982	0.00102	4.73004	4.72902
1983	-0.14183	4.52070	4.66253
1984	-0.00315	4.57780	4.58095
1985	0.15080	4.79744	4.64664
1986	0.01917	4.88658	4.86742
1987	0.32436	5.24175	4.91739
1988	-0.58760	4.57574	5.16334
1989	-0.02478	4.84812	4.87289
1990	-0.39531	4.65681	5.05213
1991	0.39939	5.41921	5.01981
1992	-1.26371	4.22244	5.48615
1993	-0.56015	4.37701	4.93716
1994	1.35018	6.39526	5.04508
1995	0.16608	6.37468	6.20860

Strike any key to continue.

Les transferts d'haïtiens de la diaspora, au profit de parents et amis vivant en Haïti constituent une source de revenus appréciable pour ces derniers. Ces transferts de par leur haut niveau de variabilité, (coefficient de variation de 51,92) constitue la principale source d'insécurité alimentaire en Haïti. Ils ont représenté des niveaux insignifiants durant l'embargo : 68,2 millions de dollars en 1992 contre plus de 700 millions de dollars en 1995.

Aide (à l'exception de l'aide alimentaire)

```
                         LS // Dependent Variable is LNAIDE
Date: 9-03-1997 / Time: 16:23
SMPL range: 1973  -  1995
Number of observations: 23
      VARIABLE        COEFFICIENT     STD. ERROR       T-STAT.     2-TAIL SIG.
          C            1.5100533       0.4575224      3.3005013      0.0040
          T            0.0001571       0.0002362      0.6652028      0.5144
          T2           0.0011814       0.0006556      1.8022203      0.0883
     LNAIDE(-1)        0.7686168       0.2079544      3.6960831      0.0017
     LNAIDE(-2)       -0.1267553       0.1942268     -0.6526147      0.5223

R-squared                       0.830101    Mean of dependent var       4.756979
Adjusted R-squared              0.792345    S.D. of dependent var       0.944029
S.E. of regression              0.430186    Sum of squared resid        3.331074
Log likelihood                 -10.41529    F-statistic                 21.98630
Durbin-Watson stat              2.267533    Prob(F-statistic)           0.000001
```

Display the Coefficient Covariance Matrix ? (P,S,ENTER)

Residual Plot

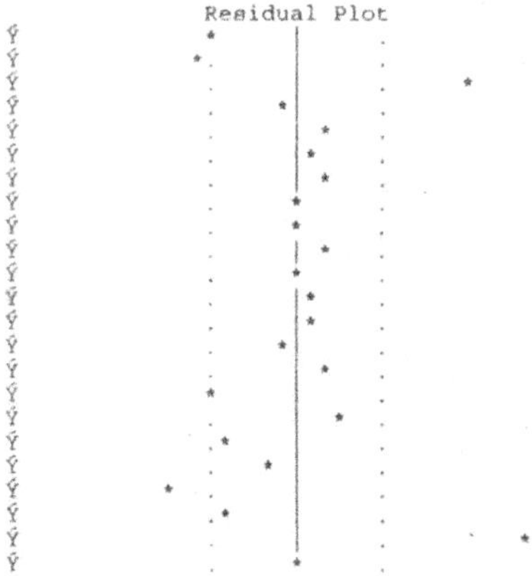

obs	RESIDUAL	ACTUAL	FITTED
1973	-0.41260	2.18605	2.59865
1974	-0.46572	2.52573	2.99145
1975	0.82787	4.03247	3.20460
1976	-0.08717	4.24563	4.33280
1977	0.15616	4.47734	4.32117
1978	0.05848	4.54860	4.49012
1979	0.12859	4.85748	4.72889
1980	0.00655	4.79331	4.78675
1981	0.03293	4.75617	4.72324
1982	0.14884	4.87901	4.73017
1983	-0.01953	4.83945	4.85898
1984	0.06095	4.90602	4.84506
1985	0.04108	4.97673	4.93566
1986	-0.10318	5.15560	5.25878
1987	0.14670	5.33272	5.18602
1988	-0.41084	4.93015	5.34099
1989	0.22564	5.27862	5.05299
1990	-0.35550	5.06259	5.41809
1991	-0.13370	5.12277	5.25647
1992	-0.63093	4.75014	5.38107
1993	-0.35536	4.78499	5.14035
1994	1.12102	6.39108	5.27006
1995	0.01971	6.57786	6.55816

Strike any key to continue.

L'aide (à l'exception de l'aide alimentaire) exprimée sous forme de subventions et de prêts, affiche un coefficient de variation de 46,33, cela représente, par ordre di'mportance la deuxième plus grande source d'insécurité alimentaire en Haïti après les transferts des haïtiens de l'étranger.

```
                    LS // Dependent Variable is LNAIDEA
Date: 9-03-1997 / Time: 16:24
SMPL range: 1977  -  1995
Number of observations: 19
       VARIABLE          COEFFICIENT      STD. ERROR         T-STAT.    2-TAIL SIG.
           C              2.2532743       1.0336902        2.1798352      0.0468
           T              0.0001219       0.0003018        0.4038024      0.6925
           T2            -0.0005142       0.0008203       -0.6268671      0.5408
     LNAIDEA(-1)         -0.3211203       0.2536381       -1.2660571      0.2262
     LNAIDEA(-2)          0.5990590       0.3356255        1.7849030      0.0960

R-squared                      0.232678     Mean of dependent var      2.939457
Adjusted R-squared             0.013443     S.D. of dependent var      0.550647
S.E. of regression             0.546933     Sum of squared resid       4.187904
Log likelihood                -12.59357     F-statistic                1.061318
Durbin-Watson stat             2.120064     Prob(F-statistic)          0.411711
```

```
  Display the Coefficient Covariance Matrix ? (P,S,ENTER)

              Residual Plot                    obs RESIDUAL   ACTUAL    FITTED
Ŷ           .    *  |        .          ▷ 1977 -0.22810  2.47486  2.70295
Ŷ           .  *    |        .          ▷ 1978 -0.32143  2.48157  2.80299
Ŷ           .*      |        .          ▷ 1979 -0.51608  2.53211  3.04819
Ŷ           .       |*       .          ▷ 1980  0.03958  2.91615  2.87656
Ŷ           .       |        *          ▷ 1981  0.56613  3.33897  2.77284
Ŷ           .       |   *    .          ▷ 1982  0.24737  3.10279  2.85542
Ŷ           .     * |        .          ▷ 1983 -0.14217  3.02965  3.17182
Ŷ           .      *|        .          ▷ 1984 -0.05236  2.98770  3.04006
Ŷ           .       *        .          ▷ 1985 -0.00270  2.99223  2.99493
Ŷ           .       |     *  .          ▷ 1986  0.41323  3.55220  3.13897
Ŷ           .       |        .  *       ▷ 1987  0.77687  3.53544  2.75857
Ŷ           .     * |        .          ▷ 1988 -0.12143  2.96010  3.08153
Ŷ           .       *        .          ▷ 1989 -0.03337  3.20397  3.23734
Ŷ           . *     |        .          ▷ 1990 -0.42513  2.36931  2.79444
Ŷ           .*      |        .          ▷ 1991 -0.48288  2.70471  3.18759
Ŷ           .       |   *    .          ▷ 1992  0.31228  2.87017  2.55789
Ŷ           .       |        .   *      ▷ 1993  0.86494  3.54760  2.68266
Ŷ   *       .       |        .          ▷ 1994 -1.12192  1.41828  2.54020
Ŷ           .       |  *     .          ▷ 1995  0.22718  3.83190  3.60471

  Repeat the output ? (P,S,ENTER)
```

Le coefficient de variation de l'aide alimentaire (41.08) fait de cette dernière, la troisième source d'insécurité alimentaire en Haïti, par ordre d'importance.

Prix du café à l'exportation

```
              LS // Dependent Variable is LNPXCAFE
Date: 9-03-1997 / Time: 15:50
SMPL range: 1973  -  1995
Number of observations: 23
     VARIABLE        COEFFICIENT    STD. ERROR        T-STAT.   2-TAIL SIG.
        C             3.6383141     1.1027148       3.2994153     0.0038
        T             0.0881215     0.1132005       0.7784543     0.4459
        T2           -0.0032586     0.0038951      -0.8365732     0.4132
   LNPXCAFE(-2)       0.1457844     0.3469852       0.4201459     0.6791

R-squared                  0.244345    Mean of dependent var      4.771037
Adjusted R-squared         0.125031    S.D. of dependent var      0.386177
S.E. of regression         0.361229    Sum of squared resid       2.479242
Log likelihood            -7.018859    F-statistic                2.047916
Durbin-Watson stat         0.933314    Prob(F-statistic)          0.141229
```

Display the Coefficient Covariance Matrix ? (P,S,ENTER)

Residual Plot

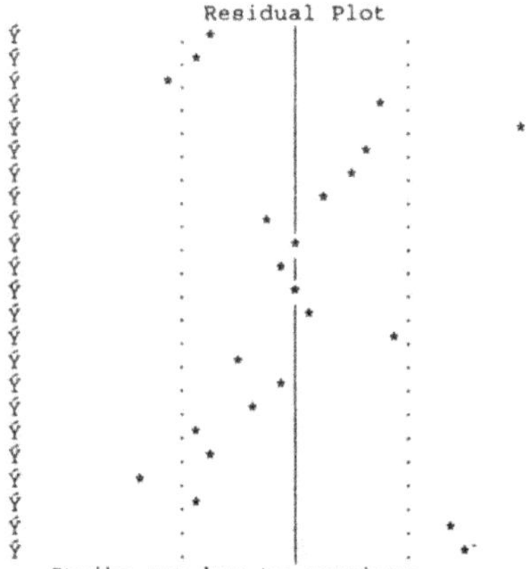

obs	RESIDUAL	ACTUAL	FITTED
1973	-0.29615	4.13212	4.42827
1974	-0.32271	4.18723	4.50993
1975	-0.41918	4.18068	4.59986
1976	0.30093	4.96109	4.66017
1977	0.75321	5.45818	4.70497
1978	0.23466	5.09265	4.85799
1979	0.19317	5.15635	4.96318
1980	0.10215	5.03825	4.93610
1981	-0.11235	4.85273	4.96508
1982	-0.02140	4.93964	4.96104
1983	-0.06020	4.88045	4.94065
1984	0.01753	4.97099	4.95346
1985	0.04213	4.98059	4.93845
1986	0.32258	5.26134	4.93876
1987	-0.19966	4.72108	4.92075
1988	-0.02973	4.90602	4.93575
1989	-0.15209	4.67245	4.82454
1990	-0.32222	4.49032	4.81254
1991	-0.29001	4.44300	4.73301
1992	-0.50091	4.15356	4.65446
1993	-0.34141	4.24764	4.58905
1994	0.51896	5.00079	4.48182
1995	0.58270	5.00669	4.42399

Strike any key to continue.

Le prix du café, à l'exportation a été très instable durant la période de référence (coefficient de variation de 32,9). Cette instabilité ajoutée à la baisse tendancielle des quantités exportées s'est traduit par une fluctuation à la baisse des revenus liés à ce produit.

3. Effets des programmes d'ajustement structurel sur la sécurité alimentaire

Le niveau élevé de leur dette et l'incapacité de nourrir leur population a conduit la plupart des pays en développement, notamment Haïti, à entreprendre des programmes de réforme économique orientés exclusivement vers l'extérieur. Dans le même temps, bon nombre de ces pays ont cherché à protéger la sécurité alimentaire des couches les plus défavorisées de leur population. Cependant, il existe un dilemme que partage Haïti avec l'ensemble de ces pays, à savoir : comment adhérer à une réforme économique à long terme tout en protégeant les groupes de <<consommateurs>> les plus vulnérables des inefficacités du marché et des chocs de prix ? Car l'ajustement comporte un coût, il nécessite en effet des modifications de la structure de production, avec un recentrage en faveur des exportations et une stratégie tournée vers l'extérieur et, il s'en suit inévitablement des effets sur la répartition auxquels certains gagnent et d'autres perdent. Qui risque de perdre ? Ceux qui souffrent déjà de la pauvreté ? Notamment de la malnutrition ? Si tel est le cas, comment gérer le processus d'ajustement pour les protéger ? Telles sont les questions étudiées ici. On proposera un schéma conceptuel pour tenter de répondre à ces questions et on l'appliquera ensuite au cas spécifique d'Haïti. Le schéma conceptuel part de la nécessité d'établir un lien entre les changements de politique au niveau macro et leurs conséquences sur la sécurité alimentaire.

En attendant, il convient de noter que les stratégies de sécurité alimentaire et le programme d'ajustement structurel affichent le plus souvent des objectifs incompatibles. Au niveau national, la sécurité alimentaire vise l'autosuffisance par la production de produits alimentaires, au niveau individuel, elle cherche à obtenir la meilleure répartition possible de ces produits.

En revanche, l'ajustement structurel, par sa stratégie orientée vers l'extérieur prône une réduction de l'intervention de l'État, une diminution des dépenses publiques et du déficit de la balance des transactions courantes. L'opposition entre politique de sécurité alimentaire et politique d'ajustement structurel peut être illustré par le problème des subventions. Les institutions de Bretton Woods soutiennent que les gouvernements ne peuvent offrir indéfiniment des subventions alimentaires à leurs habitants et que l'élimination de telles subventions est une condition première à la vitalité économique des pays en question.

D'autres considèrent cependant, que sans intervention publique, de nombreuses personnes manqueraient de vivres, soit parce qu'elles seraient dans l'incapacité d'en acquérir, soit en raison de l'inefficacité du système de distribution ce ces vivres, qui n'arrivent pas aux vrais destinataires. De plus, les effets de réformes politiques sur la sécurité alimentaire sont souvent incertains, en raison de facteurs qui masquent l'effet des changements de politique, comme la rigidité du marché (décalage entre changement de politique et réponse du marché), les chocs externes (diminution des prix mondiaux) et d'autres événements (conditions climatiques) et l'instabilité politique.

En d'autres termes, les stratégies de sécurité alimentaire (bonnes ou mauvaises) mettent l'accent sur l'accroissement de la production alimentaire et l'amélioration de la nutrition alors que l'ajustement structurel cherche à améliorer la situation financière du pays et à stimuler la croissance économique. Les deux objectifs apparaissent complémentaires à long terme, mais peuvent au début, entrer en conflit. Par exemple, les incitations aux producteurs sont des objectifs communs aux deux stratégies. Cependant, le maintien des subventions aux producteurs et aux denrées alimentaires de première nécessité constitue un objectif important de la sécurité alimentaire alors que les programmes d'ajustement structurel visent à réduire ou éliminer de telles subventions.

Les deux objectifs peuvent coïncider si les politiques mettent l'accent plus sur un accroissement de la production que sur une contraction de la demande, notamment par une amélioration des techniques culturales, l'amélioration des routes et des réseaux d'information. Toutefois, des accroissements de production sans stimulation de la consommation provoqueraient des surplus au niveau du marché. C'est la raison pour laquelle, il est tout de même souhaitable d'envisager pour le court terme, des subventions alimentaires ciblés : le rationnement ou d'autres formes de transfert direct devraient également être explorés afin de s'assurer que les couches les plus pauvres et donc les plus défavorisées aient accès à des rations alimentaires adéquates.

Quoiqu'il en soit, la décision de faire varier par un programme d'ajustement structurel certains paramètres économiques peut avoir un effet direct sur l'offre alimentaire nationale et un impact sur le niveau des prix auquel auront à faire face les producteurs locaux. Ce programme d'ajustement qualifié de structurel, est devenu le mot clé des relations entre les pays du tiers monde, le FMI et la Banque mondiale. Ces pays, pour être éligibles aux prêts de la Banque mondiale et du Fonds monétaire international, sont <<invités>> à ajuster leur économie, c'est-à-dire, à corriger le déficit budgétaire, réduire la progression de la masse monétaire et comprimer la demande globale de façon à ramener à un niveau <<convenable>> le déficit de la balance des paiements courants, bref, mener une politique déflationniste.

En outre, le FMI et la Banque mondiale préconise une politique de libéralisation et de retour aux mécanismes du marché : rétablissement de la liberté des prix, réduction des subventions, privatisation des entreprises et des circuits de distribution, rationalisation du secteur public, ouverture à l'extérieur, libéralisation des changes et dévaluation. Enfin, ces organisations internationales préconisent également des politiques devant agir sur l'offre : favoriser le secteur agricole par une hausse des prix aux producteurs, accroître l'investissement intérieur (améliorer les infrastructures, éliminer les goulets d'étranglement, agir sur la formation et la santé) ce qui passe par une hausse de l'épargne privée. Deux politiques d'ajustement doivent être distinguées :

- l'une est qualifiée de stabilisation ou d'ajustement macroéconomique, elle se réfère aux variations immédiates de certains paramètres macroéconomiques (ex : dévaluation de la monnaie, politique monétaire plus stricte, réduction du déficit budgétaire), elle vise des objectifs à court terme (ralentissement de l'inflation et réduction du déficit de la balance des paiements).

Ces mesures affectent principalement la demande qui peut être plus facilement et plus rapidement influencée que la production. Ce programme d'ajustement macroéconomique à court terme relève principalement du FMI.

- L'autre politique d'ajustement structurel concerne les changements économiques fondamentaux à entreprendre. Il s'agit de mesures liées au marché, au commerce et aux réformes institutionnelles et spéciales (ex : déréglementation des marchés et des prix, réforme des politiques commerciales vis-à-vis de l'extérieur, privatisation, politique agricole etc...). Ces réformes visent à améliorer le potentiel productif ainsi que l'efficacité de l'économie, en réduisant l'écart entre l'offre et la demande par un accroissement de la production, par conséquent, de celui du taux de croissance. Ce type de programme relève de la Banque mondiale. Cependant, les programmes d'ajustement usuel comprennent aussi bien que des politiques de stabilisation à court terme que des politiques d'ajustement structurel à long terme.

Le schéma conceptuel énoncé précédemment permettra d'analyser à l'aide de différents tableaux, l'impact sur la sécurité alimentaire des principaux instruments utilisés dans ces programmes d'ajustement. Il s'agit des impacts sur la sécurité alimentaire des instruments de :

. Politique de taux de change
. Politique fiscale
. Politique commerciale
. Réformes de marché
. Autres réformes institutionnelles.

L'impact de la politique de taux de change sur la sécurité alimentaire.

La politique de taux de change joue un rôle prééminent dans la plupart des programmes d'ajustement. L'objectif est d'ajuster le taux de change à sa valeur réelle, en effectuant une dévaluation substantielle du taux de change nominal, en introduisant un régime de taux de change flexible qui conduira automatiquement à une dévaluation. Quelles sont les conséquences d'un ajustement de taux de change sur l'économie alimentaire et sur la sécurité alimentaire ? Pour répondre à cette question, on utilisera le tableau suivant qui souligne les principaux liens et les composantes critiques d'un cadre micro et macroéconomique qui sont influencés par une intervention relative au taux de change ainsi que les effets cruciaux sur la situation alimentaire.

Tableau 18- Haïti - Principales lignes d'impact des politiques de taux de change sur l'économie alimentaire

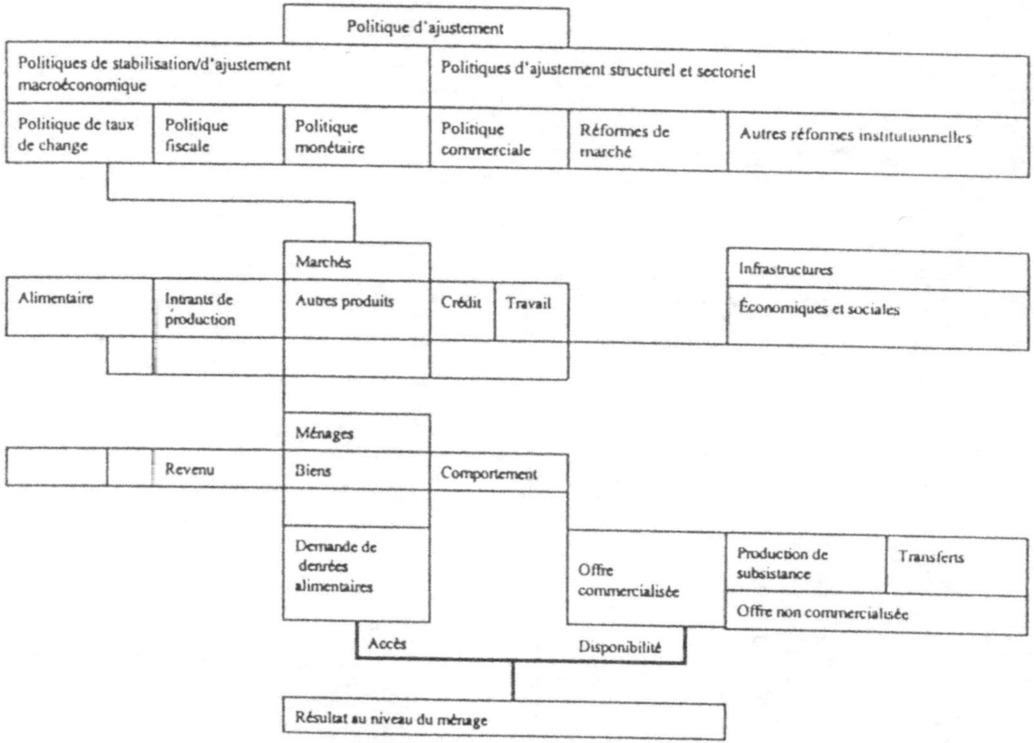

Sources : Anne Thomson et Manfred Metz :"Implications of Economic Policy for Food Security" FAO, 1997.

Dans l'hypothèse d'une dévaluation du taux de change, on observe la plupart du temps une augmentation des prix des produits locaux commercialisables. En théorie, le prix des biens aussi bien importés qu'exportés subit une augmentation qui varie en proportion de la dévaluation du taux de change, exemple, si le prix mondial (prix à la frontière) d'un bien importé/exporté est de 100 dollars E.U. et que le taux de change est dévalué de 50 à 75, le prix intérieur augmentera de 50 %, passant de 5.000 unités de monnaie locale à 7.500 unités.

Après dévaluation, il y a des ménages qui perdent et d'autres qui y gagnent, cela dépend des sources de revenu et de la part des biens commercialisables dans les dépenses du ménage. Le tableau suivant résume les effets d'une dévaluation sur les principaux groupes de population reconnus comme étant vulnérables à l'insécurité alimentaire.

Tableau 19. Haïti - Impact d'une dévaluation sur la demande alimentaire et sur la sécurité alimentaire des groupes vulnérables

Groupes vulnérables	Impacts sur le volume de la demande alimentaire par rapport :		Impact sur la sécurité alimentaire du ménage
	Variations de revenu	Variations de prix	
Groupes ruraux			
- Métayers sans formation	+/?	?/-	?/-
- Producteurs de biens de subsistance	?/-*	?	?/-
- Producteurs de denrées alimentaires	+/-	?	+/?/-
- Petits producteurs factures au comptant	+/-	-	+
- Éleveurs	?/-	-	--
- Habitants de zones éloignées	?	?	?
Groupes urbains			
- Secteurs informel/patrons	-	--	--
- Chômeurs	-	--	--
Général			
- Femmes chefs de ménage	-	-	--

Explications :
le signe + signifie un impact positif. ++ impact très positif.
Le signe - impact négatif, -- impact très négatif.
? signifie faible impact ou indéterminé.
/ Signifie impact différent sur les sous-groupes, cela dépend des conditions.
*Signifie un impact négatif lié à une perte de propriété.

On remarque, après lecture de ce tableau que ceux qui souffrent le plus d'une dévaluation sont en zone rurale : les producteurs de denrées alimentaires échangeables (légumes, racines et tubercules, produits de l'élevage), ces producteurs sont affectés doublement : d'une part, par une diminution du revenu nominal issu de la vente des biens qu'ils produisent et d'autre part, par une augmentation du prix des biens qui leur sont nécessaires. Le groupe des éleveurs fait également partie de ces perdants. En revanche, les petits fermiers produisant des denrées facturées au comptant pour l'exportation bénéficient directement d'une dévaluation.

Cependant, le gain issu de l'accroissement des ventes peut être partiellement touché par un déclin du revenu réel résultant de l'augmentation du prix des produits de consommation achetés par les ménages. En zone urbaine, la dévaluation affecte quasiment tous les groupes vulnérables, aussi bien les chômeurs que les travailleurs du secteur informel.

L'impact de la politique fiscale sur la sécurité alimentaire

L'accent sera porté ici essentiellement sur les effets de politique fiscale de réduction de la dépense publique telle que préconisée par le FMI et la Banque mondiale. Les impacts possibles sur l'économie alimentaire et sur la sécurité alimentaire sont présentés dans le tableau ci-dessous ainsi que les différents liens micro et macroéconomiques qui se nouent à cette occasion.

D'un point de vue mésoéconomique, les politiques de réduction de la dépense publique affectent les prix ainsi que les volumes de l'offre et de la demande sur les marchés du travail, du crédit et des biens, et induit des changements dans les conditions relatives aux infrastructures économiques et sociales, avec des répercussions importantes sur le revenu des ménages, sur la production et la demande de denrées alimentaires.

La direction et l'intensité de ces effets dépendent de plusieurs facteurs : de l'approche faite concernant la réduction de la dépenses publique, des conditions économiques et sociales en vigueur dans le pays en cours d'ajustement, de l'horizon temporel (perspectives à court terme ou à long terme), du résultat éventuel et du succès global du programme d'ajustement, en terme de croissance économique induite.

Tableau 20- Haïti - Principales lignes d'impact des politiques fiscales sur l'économie alimentaire.

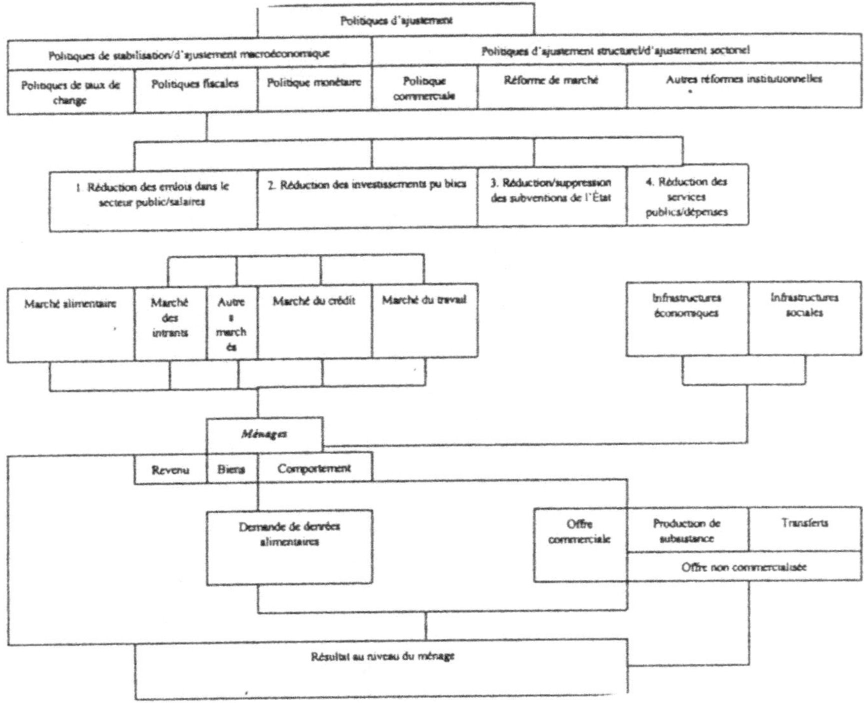

Source : Anne Thomson, opus cité.
*Les numéros figurant dans les images ovales indiquent les lignes d'impact des politiques fiscales correspondant aux éléments méso-économiques.
Ceux qui sont entre parenthèses, les impacts indirects possibles sur ces mêmes éléments.

À court terme, les effets sont sans aucun doute négatifs. Des personnes seront affectées de plusieurs manières : en perdant leur emploi sans aucune opportunité de percevoir un revenu de compensation pour perte d'emploi et, en faisant l'expérience en même temps du déclin de leur revenu réel résultant de l'augmentation du prix des produits alimentaires et des autres biens de consommation courante.

Le tableau suivant résume l'impact à court et à moyen terme des différentes approches de réduction de la dépense publique sur les groupes identifiés comme étant vulnérables à l'insécurité alimentaire. Il est clair, que l'impact est partout soit négatif, soit indéterminé, alors que dans le cas d'une dévaluation de la monnaie, quelques groupes au moins étaient gagnants. En comparant les effets des deux mesures politiques, on constate que les catégories les plus sévèrement touchées sont les mêmes dans les deux cas : les groupes vulnérables en zone urbaine et les femmes chefs de ménage.

Tableau 21- Haïti - Résumé des effets de réduction de la dépense publique sur la pauvreté et la sécurité alimentaire

	Approches de réduction de la dépense publique			
Groupes vulnérables	Emploi et salaire du secteur public	Investissements publics	Subventions à la consommation	Réduction des dépenses/ réduction des services publics
<u>Groupes ruraux</u>				
- Métayers sans formation	-	-	?	?/-
- Producteurs de biens de subsistance	?	?/-	?	?/-
- Petits producteurs de denrées alimentaires	-	?/-	-	?/-
- Petits producteurs factures au comptant	?	?/-	?	?/- ?/-
- Éleveurs	?	?-	?	?/-
- Habitants de zones éloignées	?	?/--	?	-?/-
<u>Groupes urbains</u>				
- Secteur informel/patrons	-	-	- -	-
- Chômeurs	-	- -	- -	-
<u>Général</u>				
- Femmes chefs de ménage	-	?	- -	-

Explications :
+ signifie un impact positif. ++ impact très positif.
- impact négatif. -- impact très négatif.
? faible impact ou indéterminé.
/ impact différent sur des sous-groupes, cela dépend de certaines conditions.
Source : Anne Thomson, opus cité.

L'impact de la politique monétaire sur la sécurité alimentaire

La politique monétaire constitue le troisième élément de l'ajustement macroéconomique. Il s'agit de mesures politiques qui déterminent le volume et le coût (taux d'intérêt) de l'offre de monnaie et du crédit dans une économie. Il existe des liens étroits entre politique monétaire et politique fiscale. Les déficits budgétaires sont financés par des crédits qui viennent soit de l'étranger soit de sources internes, notamment des particuliers, des sociétés, des banques commerciales ou de la banque centrale. cette dernière source de financement des déficits budgétaires est largement utilisée par les gouvernements. Dans ce dernier cas, l'argent dépensé par le gouvernement se traduit par un accroissement de l'offre monétaire. En d'autres termes, par l'impression de billets par la banque centrale mis ensuite en circulation. par conséquent, l'offre de monnaie s'accroît par expansion du crédit effectuée dans le cadre du système bancaire. Les emprunts publics émanant du secteur bancaire local (banque centrale et banques commerciales) contribuent à augmenter les avoirs de ces banques (ex. Sous forme de bons du Trésor) et fournissent la base d'un accroissement de leur prêt à d'autres agents, contribuant de la sorte à un gonflement de l'offre global de monnaie. Si le taux d'accroissement de la masse monétaire excède celui du PNB réel, c'est-à-dire, celui de la production de biens et de services, il s'en suivra un excès de la demande qui constituera une cause majeure d'inflation dans le pays. Aussi, le principal objectif de politique monétaire dans un pays en cours d'ajustement est de réduire l'inflation.

Pour ce faire, les mesures suivantes sont recommandées par le FMI :

- restriction des emprunts publics émanant du secteur bancaire locale ;
- limitation de l'expansion du crédit ;
- ajustement des taux d'intérêt.

Le tableau qui suit retrace les principales lignes d'impact des politiques monétaires et de crédit sur l'économie alimentaire et sur la sécurité alimentaire. Comme indiqué précédemment, l'effet le plus direct et le plus significatif d'une politique monétaire restrictive réside en une augmentation du taux d'intérêt réel sur le marché du crédit. Autrement dit, cela signifie des coûts accrus aussi bien pour les producteurs que pour les autres agents impliqués dans le domaine alimentaire et qui dépendent du marché du crédit pour financer leurs investissements.

Tableau 22- Principales lignes d'impact de la politique monétaire sur l'économie alimnetaire et sur la sécurité alimentaire

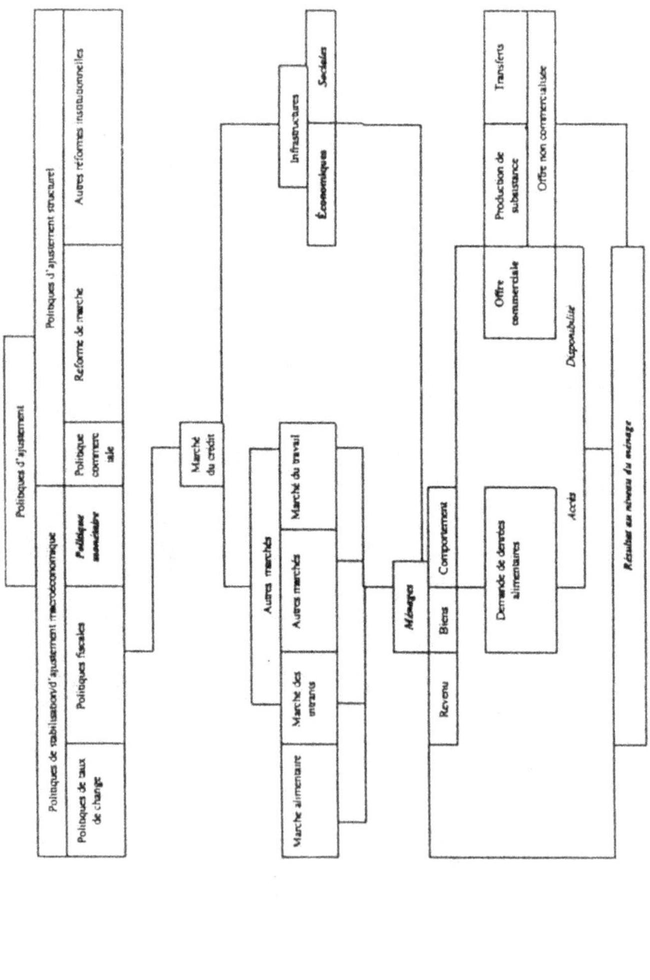

Source : Anne Thomson. Opus cité.

Dans le cadre de l'ajustement, de nombreux producteurs éprouvent eux-mêmes une double difficulté. D'une part, celle relative aux coûts de production en augmentation (en raison de l'accroissement du prix des intrants de production importés et de l'augmentation des taux d'intérêt) d'autre part, celle résultant d'une diminution de la demande et des perspectives de profit (liée à la diminution de la dépense publique, du déclin général des revenus et de l'augmentation du prix des biens de consommation). Leur niveau de production actuel ne sera pas le seul affecté, mais également leurs investissements.

En réalité, une diminution importante des investissements est un phénomène commun constaté dans les pays sous ajustement, particulièrement, au début du processus d'ajustement, lorsque la stabilité et les effets de la croissance ne sont pas encore matérialisés. Presque tous les marchés de biens et de services se trouvent affectés, à l'exception du secteur d'exportation et, peut-être des industries d'import-substitution. Une diminution des investissements a des répercussions négatives sur les niveaux d'emploi et de revenu qui, de nouveau réduiront la demande alimentaire des ménages et exposeront certains groupes de la population particulièrement, ceux qui sont au chômage ou sous-employés à un risque plus élevé à l'égard de l'insécurité alimentaire.

En résumé, l'impact d'une politique monétaire restrictive sur la sécurité alimentaire des groupes vulnérables est de nature essentiellement indirecte et identique à celui d'une réduction des investissements publics.

L'impact de la politique commerciale sur la sécurité alimentaire

La politique commerciale renferme des mesures qui fixent les conditions liées aux mouvements de biens, de services et de capitaux avec l'étranger. Les politiques commerciales concernent généralement les droits de douane et subventions, les barrières non tarifaires et la réglementation relative aux exportations de capitaux ainsi qu'aux importations. Il existe des liens étroits entre politique commerciale et les autres politiques macroéconomiques, en ce sens que les droits de douane, constituent la source principale des revenus fiscaux de nombreux gouvernements mais, également parce que les importations et exportations de biens et de capitaux sont fortement influencées par les politiques monétaires et de taux de change. Avant d'être sous ajustement, des gouvernements de nombreux pays en développement ont essayé de s'attaquer au problème du déficit croissant de leur balance des paiements en imposant des restrictions aux frontières pour les mouvements de biens et de capitaux. Ce faisant, ils ont créé des distorsions au niveau du marché et ont encouragé une mauvaise allocation des ressources. Ces politiques, au lieu de résoudre le problème, ont accéléré le processus du déclin économique et des déséquilibres structurels croissants.

En général, la réforme de politique commerciale vise à rétablir les conditions de fonctionnement d'un marché libre. Elle constitue une composante importante de la plupart des programmes d'ajustement. Les principales mesures sont :

. Suppression des restrictions quantitatives (quotas d'importation), leur remplacement par les tarifs et la réduction des tarifs à l'importation dans une seconde étape.
. Réduction/supression des taxes à l'exportation.
. Libéralisation des mouvements de capitaux.

Toutes ces mesures sont supposées ouvrir l'économie nationale au marché mondial. Si les barrières commerciales sont supprimées, les prix relatifs des produits locaux sont prévus pour s'ajuster aux prix du marché mondial conformément à la théorie de l'économie libérale et ce, afin d'obtenir des coûts comparatifs avantageux et réaliser par la même une croissance économique.

Les effets de la politique commerciale sur la sécurité alimentaire suivent les mêmes lignes d'impact que celles de la politique des taux de change, affectant directement les prix de biens commercialisables pour s'étendre vers d'autres marchés (marché de biens non échangeables, marché du travail). Plus les biens d'un secteur avaient été protégés ou taxés avant l'ajustement, plus importants seront les effets d'une suppression de taxe et autres barrières douanières. Cela est vrai plus particulièrement pour le secteur agricole.

Impact des réformes de marché et de l'ajustement sectoriel sur la sécurité alimentaire

Les marchés dans beaucoup de pays en développement ont été sujets à d'importantes interventions gouvernementales. Toutefois, les interventions directes dans le processus de formation des prix et dans les opérations de commercialisation ont fait preuve de leur inefficacité.

Les rigidités du marché et les coûts élevés de commercialisation associés à des systèmes de commercialisation officiellement réglementés ont empêché les marchés de remplir leurs fonctions de base, à savoir :

. Offrir un lien efficace et effectif entre producteurs et consommateurs.
. Établir des marges de commercialisation qui couvrent leur coût.
. Offrir des incitations suffisantes aux producteurs.
. Allocation de la production en fonction des potentiels existants.
. Indication des prix appropriés aux consommateurs.
. Trouver un équilibre entre offre et demande.

En conséquence, les réformes de marché et de prix constituent souvent un des éléments majeurs des programmes d'ajustement structurel. Elles comprennent des mesures de libéralisation du marché et des prix, notamment des réformes liées aux institutions de commercialisation. Ces réformes sont fondamentales pour tous les secteurs d'activité et pour l'économie toute entière, elles font partie intégrante des politiques et programme d'ajustement sectoriel.

Dans le cas du secteur agricole et compte tenu de son importance relative, les politiques qui sont suivies forment souvent le coeur de la plupart des programmes d'ajustement structurel. Les principaux éléments de la réforme du secteur agricole sont :

. La mise en place d'une politique de prix agricole.
. Les réformes des institutions de commercialisation agricole.

. Les réformes du mode de fonctionnement de certains éléments liés à la production agricole et au système de commercialisation tels que l'offre d'intrants, la recherche, l'infrastructure rurale, les crédits à l'agriculture, les stocks alimentaires, etc.

Ces paramètres sont tous étroitement liés, des liens étroits existent également avec d'autres éléments touchant les politiques macroéconomique et d'ajustement structurel, spécialement ceux relatifs à la politique de taux de change, aux réformes commerciales et institutionnelles.

Les politiques suivies en matière agricole sont, celles qui comportent les impacts les plus directs, les plus complets et les plus importants sur l'économie alimentaire et sur la sécurité alimentaire. Elles déterminent les prix et les volumes de l'offre alimentaire, la stabilité de l'offre, le revenu des producteurs le volume et l'efficacité des opérations de commercialisation (acquisition, stockage, transport, distribution), enfin, et non des moindres, le revenu réel des consommateurs.

Le tableau ci-dessus dépeint les principales lignes d'impact de la réforme du marché agricole ainsi que celles des politiques d'ajustement sectoriel sur l'économie alimentaire et sur la sécurité alimentaire. Il montre que presque tous les éléments du cadre méso et microéconomique sont affectés.

Tableau 23- Principales lignes d'impact des politiques d'ajustement sectoriel et des réformes de marché sur l'économie alimentaire et la sécurité alimentaire

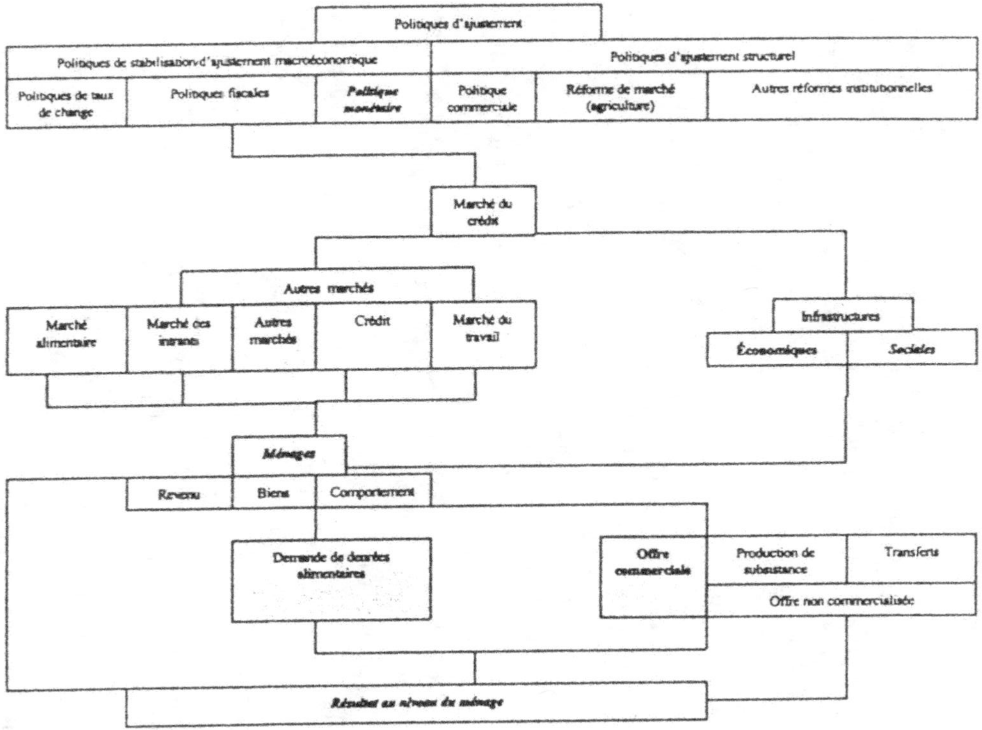

Source : Anne Thomson. Opus cité.

Enfin, d'autres réformes institutionnelles jouent un rôle important dans le cadre des programmes d'ajustement structurel. Elles comportent des liens avec les réformes de marché, spécialement celles touchant la commercialisation de produits agricoles, commercialisation pour laquelle les institutions gouvernementales ont joué un rôle important dans de nombreux pays. Aussi, trois approches principales sont à distinguer :

- accroître l'efficacité des institutions gouvernementales
- abolir les monopoles publics
- privatisation des institutions

Quelquefois, les trois approches sont réalisées simultanément. Ces approches peuvent être de nature à améliorer la sécurité alimentaire sous plusieurs formes, par :

. une augmentation des prix aux producteurs ;
. des débouchés sûrs et stables avec des effets positifs sur la production alimentaire et sur le revenu des fermiers ;
. des prix plus faibles et plus stables pour les consommateurs, avec des effets positifs sur le revenu réel des ménages et sur la consommation alimentaire ;
. un meilleur lien entre régions excédentaires et déficitaires, et une meilleure utilisation des potentiels de production disponibles.

Le schéma conceptuel qui vient d'être décrit doit pouvoir maintenant nous guider dans l'analyse macroéconomique des diverses politiques d'ajustement structurel ayant eu cours en Haïti dans le passé récent. Il s'agit plus précisément d'examiner les mesures appliquées dans le cadre du dernier programme d'ajustement en Haïti (1986) ainsi que leurs conséquences. Le programme d'ajustement en cours est trop récent (1995-96) pour que l'on puisse apprécier les résultats. Notons toutefois que l'exécution du programme de 1986 a été entravée par une série de crises constitutionnelles et politiques qui ont détourné l'attention des autorités des réformes économiques et ont entraîné la dislocation du programme de financement extérieur. Aussi, les résultats de ce programme d'ajustement structurel doivent être analysés avec la réserve qui s'impose.

Objectifs et instruments du programme d'ajustement de 1986 en Haïti

Les objectifs fondamentaux étaient d'établir les conditions d'une croissance économique durable et de soulager la population du poids excessif des prix à la consommation élevés, résultant de la suppression de la concurrence sous le régime précédent. La réalisation de ces objectifs devait être favorisée directement par l'affectation plus efficace des ressources et indirectement, par l'accroissement des apports en capitaux, encouragé par une gestion saine de l'économie.

Les principaux instruments de ce programme d'ajustement et de redressement étaient une réforme fiscale, destinée à accroître l'efficacité et l'équité des mécanismes de recettes et de dépenses publiques, et une réforme commerciale visant à l'élimination progressive des multiples distorsions de prix.

Le gouvernement espérait ainsi réduire les déséquilibres financiers, freiner l'inflation, augmenter les réserves internationales du pays et promouvoir l'expansion économique en encourageant la croissance des exportations (en premier lieu, le café et les produits des industries de montage) et en améliorant les résultats de l'agriculture. Pour stimuler la croissance de la production et des échanges, Haïti avait opté pour l'austérité budgétaire et monétaire, tout en maintenant la parité fixe de la gourde vis-à-vis du dollar et le régime de change libre.

Principaux résultats du programme

D'une manière générale, les changements les plus notables survenus au cours des exercices 86 et 87 ont été d'une part la réduction de la consommation du secteur public, conséquence de l'action gouvernementale et, d'autre part, l'augmentation de la consommation privée. Le gouvernement qui est arrivé au pouvoir en février 1986 a éliminé de nombreuses dépenses courantes superflues et des projets de "développemen" inutiles, ramenant ainsi les dépenses de fonctionnement et d'investissement à 24 % du PIB en moyenne pendant les exercices 86-87, contre 27 % pendant l'exercice 85. La compression des dépenses a permis au gouvernement de réduire les droits d'accise sur des produits de base comme la farine, le sucre, l'huile de table et les produits pétroliers. Décision qui s'est traduite par l'augmentation souhaitable de la consommation privée, en particulier de la consommation de produits de base.

L'investissement public a donc été délibérément réduit pendant l'exercice 86, mais l'investissement privé a lui aussi diminué cette année-là, en raison de l'agitation politique généralisée qui a précédé le changement de régime. Toutefois, l'un et l'autre ont repris pendant l'exercice 87. Le premier en faveur d'une augmentation de l'aide concessionnelle et le second à la suite de la reprise de la construction de logements privés et d'une certaine expansion de la capacité dans les industries de montage pour l'exportation.

Pendant les exercices 86-87, l'épargne nationale est restée faible, en raison de la croissance de la consommation privée favorisée par les réformes et de la diminution des recettes publiques pendant l'exercice 87, diminution plus importante que prévue, qui témoignait principalement des difficultés de recouvrement des droits de douane et des redevances des services publics dans le climat d'agitation lié à élections qui a prévalu pendant le dernier trimestre de l'exercice. Néanmoins, comme le montre le tableau suivant, l'écart entre l'investissement et l'épargne a diminué pendant les exercices 86-87, revenant au niveau plus soutenable de 5 % du PIB en moyenne contre environ 8 % pendant les exercices 83-85.

Tableau 24- Équilibres macroéconomiques, ex. 83,87

	Ex. 83	Ex. 84	Ex. 85	Ex. 86	Ex. 87
Epargne extérieure					
Solde courant	-9,3	-7,7	-6,5	-4,3	-5,9
Secteur privé					
Investissement intérieur brut	6,,0	4,7	6.0	5,2	5,7
Épargne nationale	5,9	7,6	6,7	6,1	6,9
Investissement moins épargne	0,1	-2,9	-0,7	-1,0	-1.1
Secteur public a/					
Investissement intérieur brut	10,4	11,2	8,2	5,7	6,7
Épargne nationale	1,2	0,6	1,0	0,5	-0,3
Recettes courantes	18,5	19,3	19,9	18,1	16,7
Dépenses courantes	17,3	18,7	18,9	17,7	17,0
Investissement moins épargne	9,2	10,6	7,2	5,3	7,0
Secteurs public et privé					
Investissement moins épargne	9,3	7,7	6,5	4,3	5,9
Pour mémoire :					
Part de l'investissement intérieur brut financé par l'épargne étrangère (%)	56,9	48,2	45,7	39,3	47,3

a/ Administration publiques et grandes entreprises publiques.
Sources : IHSI, BRH et Ministère haïtien de l'économie et des finances

Peu à peu, l'économie a commencé à se redresser. Par rapport à la période de 1980-85, la croissance du PIB est devenue positive pendant les exercices 86-87, l'emploi a progressé et la consommation privée a considérablement augmenté. Cette évolution est illustrée par le tableau ci-après.

Tableau 25- Équilibres macroéconomiques, ex. 83,87

	Ex. 83	Ex. 84	Ex. 85	Ex. 86	Ex. 87	Ex. 80- 85	Ex. 86-87
PIB aux prix du marché	0,8	0,3	0,2	0,6	0,5	-0,9	0,6
Impôts indirects nets	9.1	-0,1	15,4	1,3	-7.3	5.2	-3.1
PIB, au coût des facteurs	0,1	04	-1,1	0,6	1,3	-1,4	0,9
Agriculture	-3,7	3,5	0,6	2,4	-0,3	-1,3	1,1
Industrie a/	-0,2	-3,6	1,3	-3,6	-0,6	-2,5	-2,1
(dont : secteur manufacturier)							
Services	3,7	0,3	-4,1	1,6	4,,0	-0,8	2,8
Consommation totale	2,2	-2,1	3,1	3,2	2,3	-1,2	2,7
Privée	3,1	-2,8	1,8	5,0	3,4	-1,4	4,1
Publique	-4,8	3,5	13,4	-9,8	-7,0	0,4	-8,3
Investissement intérieur brut	5,4	4,6	-13,6	-14,5	4,6	-2,1	-5,0
Privé	11,8	-7,8	12,,7	-8,8	3,0	-5,7	-2,9
Public	1,8	12,3	-27,1	-19,1	5,9	0,7	-6,6
Exportations de biens et services non facteurs	-9,5	8,1	-6,0	-9,2	-7,0	-1,3	-8,0
Importations de biens et services non facteurs	0,5	-0,9	-4,0	-6,4	4,0	-2,9	-1,2
Pour mémoire :							
Revenu intérieur brut par habitant	0,2	-1,9	-1,4	0,5	-1,3	-2,8	--0,4
Consommation privée par habitant	1,3	-4,6	0,0	3,2	1,6	-3,1	2,3

a/ Y compris le secteur minier, le secteur manufacturier, le bâtiment et les services publics
Sources : IHSI, BRH et estimations de la Banque mondiale.

Pour ce qui est de l'agriculture, activité importante en matière de sécurité alimentaire, ce secteur a, selon un rapport économique de la Banque mondiale[7] enregistré une légère croissance depuis 1986. Pourtant, la structure de la production vivrière et agricole (maïs, riz, sorgho, canne à sucre, banane, racines et tubercules destinés au marché intérieur et café, cacao, et mangues destinés à l'exportation) a très peu changé.

[7] Banque mondiale "le redressement de l'économie haïtienne ; résultats, problèmes et perspectives, 1989"

L'élimination des taxes frappant les exportations agricoles, la suppression des contingents d'importation et le démantèlement des monopoles commerciaux (pour la farine de blé et l'huile de table) ont fait évoluer les prix relatifs dans le sens favorable aux cultures d'exportation et au remplacement plus efficace des importations. Toutefois, la réaction de l'offre est freinée et limitée par des facteurs structurels plus profonds, tels que les loyers excessifs des terres sous-louées aux paysans par d'assez gros propriétaires fonciers, l'absence de sécurité de jouissance et l'insuffisance des services d'appui et de l'infrastructure. pour ces différentes raisons, une certaine protection de l'agriculture a été maintenue quand, en décembre 1986, les contingents d'importation ont été remplacés par un régime de licence sans plafond fixe pour sept produits agricoles (riz, maïs, mil, haricot, sucre et morceaux de poulet et de porc).

Le gouvernement s'est montré réticent à l'égard de toute mesure visant à éliminer la protection de l'agriculture, quand les régions productrices de riz (Vallée de l'Artibonite), de canne à sucre (les Cayes) et de maïs (Cul-de-sac) où les rendements étaient les plus élevés, ont été durement touchées par la recrudescence de la contrebande de ces produits pendant les exercices 86-87, après la forte baisse de leurs prix sur le marché international et la réouverture des ports de province. Le sort des agriculteurs haïtiens s'est cependant amélioré pendant l'exercice 88, avec la hausse des prix mondiaux du riz de décembre 87 et de juin/juillet 88, et avec l'adoption, au premier trimestre de 1988, de mesures pour renforcer la lutte des douanes contre la contrebande.

Malgré le déclin de son importation relative au cours des dernières années, le café arabica reste la principale exportation agricole d'Haïti et une source de revenu monétaire pour plus d'un million de petits agriculteurs, qui produisent la majeure partie du café en Haïti, dans les zones montagneuses du nord, du centre et du sud du pays. Les principales régions productrices, qui fournissent près de la moitié de la production totale se trouvent dans le sud, dans les districts de Petit-Goave, Jérémie, les Cayes et Jacmel. Alors que le café était prisé dans le monde pour son arome exceptionnel (café St Marc), les exportations ont diminué d'année en année, tombant d'un niveau record de près de 450.000 sacs de 60 kg au début des années 60 à environ 300.000 sacs de café de qualité médiocre en

1985 (soit 25 % de moins que le quota d'exportation prévu par l'accord international sur le café).

Le déclin quantitatif et qualitatif était dû entre autres, à la lourde taxation des exportations (représentant en moyenne 25 % du prix FOB entre 1965 et 1985) et aux marges importantes prélevées par les intermédiaires (équivalent encore à 20 % en moyenne du prix FOB). Il convient de rappeler que, au moment où la production de café devenait moins rentable, les revenus procurés par les cultures vivrières augmentaient sous l'effet des mesures commerciales restrictives.

Le gouvernement pensait que la réduction (de 22 % à 10 %) de la taxe à l'exportation sur le café en octobre 1986, puis son élimination complète en septembre 1987, contribuerait à l'amélioration des revenus des petits producteurs et des incitations à la production. Dans le même temps, l'assouplissement des restrictions pesant sur les importations de produits alimentaires _ et la contrebande_ ont fait baisser les prix de ces produits, rendant ainsi les prix relatifs encore plus favorables à la production de café. Toutefois, les perspectives à court terme sont devenues incertaines en 1987, quand le cours mondial du café a chuté, pour remonter l'année suivante. Le prix du maïs en faisait autant, alors que celui du riz a augmenté en 1987 et en 1988.

Cette analyse portant sur le programme d'ajustement structurel de 1986 ne peut malheureusement pour l'heure être réalisée sur celui plus récent de 1995-96, en raison de l'insuffisance des données disponibles.

Enfin, concernant l'impact du programme d'ajustement structurel de 1986 sur la sécurité alimentaire en Haïti, force est de constater que malgré l'enregistrement de quelques résultats économiques positifs, ce programme n'a pas permis à la sécurité alimentaire de progresser durant la période 1986-88 (voir données et graphiques de la section 2, du chapitre I), la malnutrition est demeurée massive, elle a touché les principaux groupes vulnérables identifiés dans les tableaux précédents et, a été à l'origine de la plupart des maladies. Toutefois, le traitement de ses effets les plus graves est entravé par les pénuries de vivres, aggravées elles-mêmes par le manque d'argent pour importer et/ou distribuer les quantités nécessaires pour compléter le faible volume de la production intérieure.

D'après une estimation du déficit vivrier constaté en Haïti, estimation au début 1988 pour le compte de l'USAID, il existait un déficit naissant de l'ordre de 250 à 300 tonnes par an d'équivalent blé. Pour combler ce déficit, il aurait fallu importer davantage de produits alimentaires, à raison d'environ 40 millions de dollars, en plus des 70 millions de dollars de vivres importés durant l'exercice précédent.

Ce déficit vivrier naissant prouve qu'il est urgent d'élaborer une politique alimentaire globale et de fixer des objectifs précis, tout en cherchant à accroître efficacement la production vivrière locale et à en améliorer la distribution. Peut-on alors, face à ces médiocres résultats constatés en Haïti sur le plan alimentaire, en rendre responsable le programme d'ajustement structurel qui y avait cours. La réponse renvoie à un large débat qui s'est déjà instauré ici ou là sur l'action du FMI et de la Banque mondiale dans le tiers monde et les politiques préconisées. les critiques ont tout d'abord porté sur le fait que la politique d'ajustement déflationniste est plus adaptée aux pays développés qu'aux pays du tiers monde où elle se traduit par une chute de la croissance et par l'augmentation de la misère et d'un chômage déjà massif. Les pays en développement considèrent que les causes essentielles de leurs difficultés sont externes (hausse des taux d'intérêt, recession internationale et chute des cours des matières premières, protectionnisme des pays riches, raréfaction des prêts internationaux), et donc hors de leur portée. Ensuite, l'efficacité de certains instruments de politique économique est contestée, surtout la dévaluation dont les effets-prix ne jouent pas dans le contexte des pays pauvres.

Les effets globaux de politiques conduites par ces institutions (effets déflationnistes cumulés au niveau mondial, hausse de la production de denrées agricoles faisant chuter les prix) sont également critiqués. Enfin, c'est toute l'orientation libérale du FMI et de la Banque mondiale qui est remise en cause : économie de marché, désétatisation et ouverture à l'extérieur en sont les trois aspects principaux. Cependant, l'échec des économies socialistes dans le tiers monde et les succès économiques au moins relatifs des économies de marché (dragons du sud-est asiatique, Tunisie, Côte d'Ivoire, Kenya...) ont fait passer cette critique externe au second plan.

Le FMI a réagi à la critique interne (celle qui se situe à l'intérieur du paradigme libéral et porte sur l'efficacité des mesures) en contestant que l'ajustement nuise à la croissance économique des pays en développement et défavorise les plus pauvres.

"Le fait qu'aucun pays ne peut vivre au-dessus de ses moyens, avec ou sans le Fonds, les pays doivent tôt ou tard s'ajuster. Il faut mettre davantage l'accent sur la croissance économique, étant donné son importance cruciale pour soutenir le processus d'ajustement extérieur" (M. Camdessus, F / D, Juin 1988). Cette citation fait allusion à la nécessité pour la production nationale de remplacer les importations et donc de remédier par la croissance au déséquilibre externe.

Le Fonds constate également les effets négatifs globaux des politiques menées, étant donné le faible poids économique des pays et des produits concernés dans l'échange international. En ce qui concerne les coûts sociaux de ses programmes, le FMI présente les arguments suivants : les politiques de relè vement des prix agricoles ont contribué à améliorer le sort des plus pauvres, c'est-à-dire les paysans, aux dépens des catégories urbaines moins défavorisées. Les pauvres étant les premiers atteints par la hausse des prix alimentaires. D'autre part, l'orientation vers l'extérieur permettrait d'accroître la production des activités de main d'oeuvre et. donc améliorer l'emploi et la distribution de revenus. Enfin, plus récemment, le FMI préconise dans ses politiques la mise en place d'actions directes sur la pauvreté à travers des mesures sociales.

Pour notre part, nous pensons que le FMI et la Banque mondiale jouent sans aucun doute un rôle essentiel au niveau économique et monétaire mondial et, il est probable que par leurs multiples interventions (exemple de la crise mexicaine) et par leurs prêts au tiers monde qui ont un rôle catalyseur sur les crédits publics et privés, ils ont atténué les effets de la crise économique des années 80. En l'absence du FMI, ébauche d'une autorité supranationale, le monde serait sans doute retourné à des pratiques protectionnistes accrus, à un repliement général, qui auraient eu des effets dramatiques pour les pays, et en premier lieu, ceux du tiers monde. En outre, en l'absence de crédits internationaux, les ajustements seraient beaucoup plus brutaux, et passeraient par une réduction encore plus drastique des importations qui auraient des effets catastrophiques.

Cependant, afin d'atténuer les effets de ces programmes, les politiques du Fonds et de la Banque mondiale devraient être orientées dans un sens plus favorable qu'elles ne le sont, à l'emploi et à la prise en compte et la correction de leurs coûts sociaux. On pense en particulier à la mise en place de filets de sécurité, devant accompagner concomitamment les programmes d'ajustement, notamment des crédits pour la fourniture des services sociaux de base aux pauvres, sans oublier la fixation d'un certain nombre d'objectifs à atteindre en matière de sécurité alimentaire (amélioration dans la distribution des vivres, programme de supplémentaion nutritionnelle, etc.).

4. Le rôle du transfert des haïtiens de l'étranger, de l'aide générale et de l'aide alimentaire dans le développement de l'économie haïtienne

Durant la période 1971-95, trois sources de revenu ont contribué le plus à la "croissance" et au <"développement" de l'économie haïtienne. Il s'agit de l'aide économique générale, des tranferts des haïtiens de l'étranger et de l'aide alimentaire. Depuis cette date, l'aide économique (à l'exception de l'aide alimentaire) a constitué la source la plus importante et ce, malgré son irrégularité et son degré élevé de variabilité (coefficient de variation de 46,33 entre 1971 et 1995). Ces ressources ont évolué comme suit :

Le tableau suivant indique que l'aide économique générale représentait en moyenne entre 1975 et 1994, 7,8 % du PIB (37,7 % en 1994) contre 6,6 % pour les transferts des haïtiens de l'étranger (37,8 % en 1994) et 0,9 % pour l'aide alimentaire (0,3 % en 1994).

Autrement dit, l'aide économique générale, les transferts des haïtiens de l'étranger mais également l'investissement dans les industries de montage ont constitué jusqu'au début de l'embargo les éléments contribuant le plus à la formation du revenu national en Haïti. L'aide alimentaire pour sa part, avec un coefficient de variation de 41,08 a été très irrégulière sur cette période d'analyse. Elle n'a pas contribué à une croissance économique immédiate, ceci, en raison de son objet essentiellement nutritionnel, son aspect contributif peut être analysé beaucoup plus sous un angle démographique. L'aide alimentaire per capita a beaucoup varié sur cette période, reflétant également une variation dans la politique conduite à cet égard par les différents donateurs.

Enfin, selon une récente étude de la banque mondiale*, les seuls transferts des haïtiens vivant en Amérique du Nord (2,4 % de la population haïtienne ont émigré légalement aux USA et au Canada entre 1980-89) ont représenté en 1992, 89 % des exportations du pays et 6 % du PNB.

* World bank discussion paper no 366 : <Poverty reduction and human development in the Caribbean. A Cross Country Study> 1997.

Tableau 26.Haïti -Évolution de l'aide à Haïti de 1970 à 1995.

	Aide (sauf aide alimentaire)	Aide alimentaire	Aide totale	Aide alimentaire/ aide totale	Aide (sauf aide alimentaire)/ PIB	Aide alimentaire/PIB	Aide (sauf aide alimentaire)/hab.	Aide alimentaire/ hab.
	En millions de dollars E.U.			En pourcentage			En dollars E.U.	
	1	2	(1) + (2) = 3	(2). 100/(3) = (4)	5	6	7	8
1970	....	...	...	....	...	...	...	...
1971	7,0	...	...	...	0,4	...	1,5	...
1972	5,6	...	...	...	0,3	...	1,2	...
1973	8,9	...	...	...	0,5	...	1,9	...
1974	12,5	...	...	...	0,7	...	2,6	...
1975	56,4	7,56	63,96	11,8	3,2	0,4	11,5	1,5
1976	69,8	9,95	79,75	12,4	3,7	0,5	14,0	2,0
1977	88	11,88	99,88	11,9	4,6	0,6	17,6	2,4
1978	94,5	11,96	106,46	11,2	4,8	0,6	18,2	2,3
1979	128,7	12,58	141,28	8,9	6,0	0,6	24,3	2,4
1980	120,7	18,47	139,17	13,2	5,3	0,8	22,8	3,5
1981	116,3	28,19	144,49	19,5	5,2	1,3	21,5	5,2
1982	131,5	22,26	153,76	14,4	6,1	1,0	23,9	4,0
1983	126,4	20,69	147,09	14,0	5,8	0,9	22,6	3,7
1984	135,1	19,84	154,94	12,8	6,2	0,9	23,3	3,4
1985	145,0	19,93	164,93	12,0	6,6	0,9	24,6	3,4
1986	173,4	34,89	208,29	16,7	7,9	1,6	28,9	5,8
1987	207,1	34,31	241,41	14,2	9,6	1,6	33,9	5,6
1988	138,4	19,30	157,70	12,2	6,3	0,9	22,3	3,1
1989	196,1	24,63	220,73	11,1	8,9	1,1	30,6	3,8
1990	158,0	10,69	168,69	6,3	7,1	0,5	24,3	1,6
1991	167,8	14,95	182,75	8,1	7,9	0,7	25,4	2,3
1992	115,6	17,64	133,24	13,2	6,4	1,0	17,2	2,6
1993	119,7	34,73	154,43	22,4	6,8	1,9	17,3	5,0
1994	596,5	4,13	600,63	0,6	37,7	0,3	85,2	0,6
1995	719,0	46,15	756,15	6,0	...	...	100,0	6,4

Haïti reçoit une aide alimentaire s'élevant en moyenne à 100.000 tonnes par an. Chaque haïtien a perçu annuellement sur la période 1975-94, l'équivalent de 3 dollars en moyenne au titre de l'aide alimentaire contre 26 dollars d'aide économique général et 21 dollars de transferts issus des haïtiens de la diaspora.

À l'instar de nombreux autres pays en développement, le gouvernement haïtien a introduit depuis plusieurs années le concept <<vivres contre travail>>. Si le lien entre nourriture et travail n'a pas les fortes connotations négatives que l'on rencontre dans d'autres pays de la Caraïbe, il affiche tout de même ses limites.

Tableau 26.Haïti -Évolution de l'aide à Haïti de 1970 à 1995.

	Production céréalière locale				Importation de céréales (a) en volume	Aide alimentaire en volume	Offre céréalière totale	Volume d'aide aliment./ volume d'importation céréalière	Volume d'aide aliment./ offre céréalière totale	Volume d'import céréalière/ offre céréalière totale	Estimation de l'aide aliment. en valeur (b)	Importation de l'aide aliment. «réelle» en valeur (c)
	Sorgho	Maïs	Riz	Total								
	1 000 tonnes							En pourcentage			Millions de dollars	
	(1) + (2) +)3=						(4) + (5)	(6). 100/ (5)	(6).100/7	(5). 100/7		
	-1	-2	-3	-4	-5	-6	-7	-8	-9	-10	-11	-12
1970	210	240	80	530	45,9	10,9	575,9	23,7	1,9	7,9	N D	.
1971	211	252	82	544	62,0	62,0	606,0	100,0	10,2	10,2	N D	.
1972	215	257	92	564	89,1	7,1	653,1	7,9	1,0	13,6	N D	.
1973	135	204	118	457	82,7	6,7	539,7	8,1	1,2	15,3	N D	.
1974	135	204	119	458	87,9	24,9	545,9	28,3	4,5	16,1	N D	.
1975	135	180	108	423	132,3	29,3	555,3	22,1	5,3	23,8	7,56	.
1976	135	180	131	446	186,7	66,7	632,7	35,7	10,5	29,5	9,95	.
1977	112	168	90	370	109,4	55,4	479,4	50,6	11,5	22,8	11,88	.
1978	100	161	114	375	191,5	59,5	566,6	34,0	10,5	33,8	11,96	.
1979	124	183	122	429	194,7	52,7	623,7	27,0	8,4	31,2	12,58	.
1980	121	179	120	420	184,6	83,6	604,6	45,3	13,8	30,5	18,47	.
1981	117	176	116	409	200,0	89,9	609,0	44,9	14,7	32,8	28,19	.
1982	107	171	113	391	208,7	89,7	599,7	43,0	14,9	34,8	22,26	.
1983	118	186	124	428	189,6	71,5	617,6	37,7	11,6	30,7	20,69	.
1984	122	186	124	432	220,2	101,2	652,2	45,9	15,5	33,7	19,84	.
1985	120	196	129	445	198,5	132,5	643,5	66,7	20,6	30,8	19,93	.
1986	135	206	135	476	178,1	89,1	654,1	50,0	13,6	27,2	34,89	105,93
1987	136	205	121	462	205,5	153,5	359,0	74,7	42,7	57,2	34,31	103,89
1988	146	202	121	469	241,7	48,7	290,4	20,1	16,7	83,2	19,30	106,31
1989	133	196	124	453	310,1	179,0	489,2	57,7	36,6	63,4	24,63	89,30
1990	68	163	130	361	300,2	37,3	337,5	12,4	11,0	88,9	10,69	93,43
1991	90	190	120	400	405,9	49,9	455,8	12,3	10,9	89,0	14,95	-
1992	100	226	116	442	381,5	73,7	455,2	19,3	16,1	83,8	17,64	98,65
1993	80	200	90	370	311,2	113,3	424,5	36,4	26,7	73,3	34,73	101,14
1994	80	210	80	370	403,2	117,3	520,5	29,0	22,5	77,4	4,13	118,13
1995	80	213	80	373	380,0	115,0	495,0	30,2	23,2	76,7	46,15	89,13
Moyenne	...	...	...	...	...	....	....	36,9	14,5	42,98	-	-

a) Y compris l'aide alimentaire -b) coût d'opportunité : import alimentaire en valeur alimentaire/import céréalière en volume.
c) : somme des importations en valeur et de l'aide alimentaire en valeur (estimée).

Il est important que les flux d'aide alimentaire soient effectués sur une base prévisible et sure et ce, au moyen d'une programmation pluriannuelle. En résumé, il est clair que la croissance et le développement d'Haïtien reposent pour l'essentiel sur des facteurs exogènes qui échappent à son contrôle. Ces facteurs comme ceux analysés précédemment sont par leur irrégularité et leur grande variabilité sources d'incertitude et, ne peuvent en aucune manière constituer des outils d'appui surs et permanents au développement en Haïti. Aussi, il convient de mettre en place une véritable stratégie de développement durable, capable d'assurer à ce pays une croissance autoentretenue. Cette stratégie est abordée dans la section suivante.

5. Priorités en matière de développement : objectifs économiques prioritaires et stratégie.

Nul n'ignore que Haïti est le pays le plus pauvre de l'hémisphère occidental, mais ce que l'on sait moins, c'est qu'aujourd'hui, ce pays a pris encore du retard par rapport à certains pays à faible revenu d'Afrique et d'Asie, comme le révèlent différentes statistiques comparatives (voir dernier rapport sur le développement humain du PNUD). Cela est vrai, du point de vue de la croisssance, du niveau des déséquilibres macroéconomiques, de l'utilisation d'intrants agricoles destinés à améliorer la productivité (engrais et énergie), du ravitaillement quotidien de la population en vivres, du taux de mortalité infantile, des taux de scolarisation primaire et secondaire etc. Le pays commençait à peine à sortir de l'ornière en 1986-87, lorsqu'il est retombé dans la spirale du déclin, caractérisé depuis cette date par stagnation ou la diminution du PIB réel, le taux de croissance de cet indicateur est passé de 0,6 % en 1986 à 3 % en 1990 et -40 % entre 1991 et 1994 dont - 17 % entre 1992 et 1993 et - 10 % en 1994, il s'est tout de même amélioré en 1995 (+ 4,5 %) et en 1996 (+ 2 %).

Quand au déficit de la balance des paiements, il représente 9 % du PIB en 1996 (à l'exclusivité des subventions. Déclin marqué également, par un taux de chômage dangereusement élevé (environ 70 % de la population active), un taux d'inflation passant de 3,3 % en 1986 à 20,4 % en 1990 et de 10 % en 1991 à 52 % en 1994. Des recettes publiques en diminution, passant de 8 % du PIB en 1991 à environ 4,7 % en 1994, des recettes douanières liées aux importations également en diminution, des administrations fiscales et douanières liées aux importations également en diminution, des administrations fiscales et douanières désorganisées.

La réduction des recettes fiscales et l'augmentation des dépenses de fonctionnement, notamment des salaires ont engendré un accroissement du déficit budgétaire qui est passé de 1 % du PIB en 1991 à près de 5 % en 1994. Le financement de ce déficit fut assuré par la banque centrale et par des engagements extérieurs. Le déficit budgétaire de 1996 fut toutefois réduit à 3,2 % du PIB alors que les recettes courantes ne dépassaient toujours pas 8 % du PIB durant cette année. Ce déficit fut encore financé essentiellement par la banque centrale pour l'être ensuite partiellement par des transferts en provenance des entreprises publiques. Quant à la dette extérieure, elle est passée de 710,4 millions de dollars en 1986 et 884 millions en 1990 et de 747 millions en 1991 à 712 millions en 1994. Elle représente en 1996 935 millions de dollars correspondant au remboursement de prêts accordés par les intitutions financières internationales, prêts qui durant les deux dernières années ont engendré un flux de capitaux nets de 600 millions de dollars en Haïti.

Enfin, face à une situation économique aussi déprimée, des déséquilibres macroéconomiques aussi importants, des indicateurs sociaux alarmants et un environnement dégradé. Le gouvernement haïtien devrait dans les circonstances présentes chercher à résorber ce marasme, en se concentrant sur les objectifs socio-économiques à moyen terme décrits ci-après que l'on pourrait qualifier d'objectifs prioritaires ou fondamentaux.

Objectifs économiques prioritaires et stratégie

Le gouverment doit en premier lieu, tout mettre en oeuvre pour aider à atteindre une croissance réelle minimum de l'ordre de 3 % par an. Notons que la Banque mondiale dans le cadre de sa stratégie d'aide à Haïti[4] (Country Assistance Strategy : CAS) retient sur la période 1995-2005 une croissance de 3 % par an en hypothèse basse et 4,5 % par an en hypothèse haute.

- En second lieu : faciliter la création d'emplois et son augmentation d'au moins 3% par an (cela suppose une bonne élasticité de l'emploi par rapport au PIB), ce qui serait à peine supérieur au taux de croissance estimatif de la po pulation active en Haïti (2,2 % par an). Comme le taux de Chômage est particulièrement élevé, la croissance de l'emploi doit être plus rapide que celle de la population active.
- En troisième lieu : améliorer les services sociaux de base en particulier, les soins de santé primaire et l'éducation.
- En quatrième lieu, combattre la pauvreté et offrir une alimentation en quantité et qualité suffisantes.
- Enfin, réhabiliter l'environnement et les infrastructures de base.

La stratégie préconisée pour atteindre ces objectifs devrait être la suivante :

1) Renforcer les incitations macroéconomiques, notamment la compétitivité et mobiliser l'épargne intérieure publique et privée. Dans la pratique, cela nécessitera l'adoption d'un train de mesures appropriées relatives au taux de change réel effectif, aux taux d'intérêt, aux tarifs des services publics et aux dépenses publiques. Quelques distorsions au rétablissement des équilibres macroéconomiques ont été récemment supprimées en Haïti, mais des anomalies subsistent encore, par exemple, dans la réglementation des importations alimentaires, dans le cadre tarifaire, et au niveau des taxes sur la consommation et sur les ventes.

4 Cette stratégie d'aide de la Banque mondiale à Haïti s'appuie sur un programme d'ajustement structurel dont les objectifs principaux sont : a) une croissance durable axée sur la création d'emplois ; b) la résorption de la pauvreté et un meilleur accès aux services sociaux ; et c) une réhabilitation de l'environnement. Pour atteindre ces objectifs la Communauté internationale s'est engagée à fournir à Haïti une aide financière s'élevant à 2 milliards de dollars sous forme de prêts et subventions pour la période 1995-99.

2) Encourager les projets d'investissement privé, qui sont à la fois viables et rapidement rentables dans les secteurs produisant des produits de base, en accordant pour ce ce faire, une attention particulière à l'incidence de ces investissements et de cette production sur l'emploi direct et indirect. En outre, il faudrait exploiter les possibilités existants dans la production de café, de riz et de mangues, dans certaines industries (articles en métal émaillé, l'agroalimentaire, les produits pharmaceutiques), dans les industries de montage et, probablement dans l'extraction et l'exportation de marbre.

3) Fournir une infrastructure publique adéquate (en particulier dans les secteurs des transports, de l'eau et de l'électricité), afin de soutenir la production et le commerce. À cette fin, il faudra a) réhabiliter puis entretenir convenablement l'infrastructure dans les principales régions productrices et le long des principaux axes commerciaux ; b) renforcer les principales institutions publiques, responsables de l'infrastructure et c) faire appel au secteur privé, si possible, pour alléger la charge de l'État. Les activités dans le secteur de l'infrastructure devraient aussi être conçues de manière à maximiser les possibilités d'emploi efficaces.

4) Améliorer considérablement l'efficacité interne des secteurs de la santé et de l'éducation et dans la limite des ressources disponibles, en élargir la couverture. Pour accroître ces ressources, il faudrait encourager les organisations non - gouvernementales à participer aux activités de ces secteurs.

5) En matière de sécurité alimentaire, entreprendre des actions vigoureuses (voir recommandations formulées dans le chapitre I). Comme on peut le constater, les objectifs prioritaires et la stratégie proposée pour les atteindre nécessiteront l'adoption de mesures particulières ainsi qu'une aide au développement en faveur des secteurs productifs et des infrastructures économiques de même qu'en faveur des secteurs sociaux.

Ces propositions tiennent évidemment compte de la situation qui prévaut actuellement en Haïti. En soutenant seulement les secteurs sociaux, on alourdirait davantage la charge financière imposée par l'exploitation et l'entretien de l'infrastructure sociale, à un moment où Haïti n'a même pas les moyens d'entretenir les installations existant dans ce secteur.

5.1. Mesures macroéconomiques

Pour mettre en oeuvre le programme prioritaire, il faudra plusieurs mesures essentielles, à la fois sur le plan macroéconomique et sur le plan sectoriel, comme cela est expliqué ci-après. Les principales mesures macroéconomiques concernent la promotion du commerce extérieur, la mobilisation des ressources intérieures et les dépenses et la politique monétaire.

5.1.1. Promotion du commerce extérieur

Parmi les mesures macroéconomiques pouvant être prises pour encourager les échanges, le gouvernement haïtien a toujours privilégié l'austérité budgétaire et monétaire, comptant sur l'avantage relatif que lui assure sa main-d'oeuvre bon marché pour stimuler la croissance des industries de montage pour l'exportation. De fait, même quand le taux de change effectif réel de la gourde s'est apprécié, la perte de compétitivité subie par le pays a été compensée en partie par la variation des coûts salariaux. Notons que, le taux de change nominal (taux de change flottant librement) s'est élevé en moyenne en 1996 à 15,7 gourdes pour 1 dollar contre 14,5 gourdes en 1995.

Il existe en outre, depuis le début des années 80, un marché de change parallèle auquel le public a toujours eu facilement accès. Sur ce marché, la décote de la gourde est allée de 5 % en période de stabilité budgétaire et politique à 20-25 % en période de profond déficit budgétaire ou d'instabilité politique. des pays voisins, comme la Jamaïque et la République dominicaine sont devenus très compétitifs grâce à la dévaluation de leur monnaie et à leur politique salariale. Le gouvernement haïtien devra donc s'assurer que les exportations de produits manufacturés du pays restent compétitives par rapport à celle des pays voisins.

L'amélioration de la compétitivité est indispensable aussi pour encourager la production et les exportations d'autres produits. Par ailleurs, le régime commerciale haïtien a déjà été considérablement libéralisé. Anciennement, il posait problème sur deux points particuliers : d'une part, celui du régime d'importation relatif à sept produits agricoles désigné (riz, mais, mil, haricot, sucre, morceaux de poulet et de porc) et d'autre part, des anomalies avaient été constatées dans le code tarifaire.

En conséquence, il conviendrait si ce n'est déjà fait, de consolider les réformes commerciales déjà engagées par l'élimination des licences d'importation pour les produits agricoles en question . Il s'agit évidemment d'une question délicate, touchant aux intérêts d'un grand nombre d'agriculteurs et de commerçants haïtiens qui, craignent d'être soumis, en l'absence de toute protection, à la concurrence déloyale d'importations bon marché subventionnées dans leur pays d'origine.

Concernant le code tarifaire, il est recommandé d'éliminer toute anomalie constatée dans la structure des tarifs dans le cadre d'un processus de consultation à établir entre industriels, Ministère des finances et Ministère de l'industrie et du commerce, tout en veillant à la bonne application du nouveau code tarifaire qui serait mis en vigueur après cette consultation.

Enfin, si Haïti a libéralisé son régime commercial, ses exportations se heurtent encore à diverses restrictions sur les marchés étrangers. Ces restrictions devraient donc être assouplies. C'est ainsi que l'accès des produits haïtiens aux marchés étrangers est affecté par la politique commerciale des États-Unis qui absorbent plus de la moitié des exportations haïtiens. Notons tout de même qu'Haïti bénéficie des dispositions de la Caribbean Basin Initiative ainsi que, celles d'autres mécanismes tarifaires en vigueur aux États-Unis qui touchent la moitié de ses exportations vers ce pays. Haïti est en outre, signataire des accords de Lomé pour ses exportations vers l'Union européenne et bénéficie également de la réduction tarifaire sur les exportations de textiles et de vêtements négociées dans le cadre de l'Uruguay Round.

5.1.2. Mobilisation des ressources intérieures

Il faudrait étudier comment accroître les recettes publiques pour mobiliser davantage les ressources intérieures, sans toutefois réduire les incitations à la production, ni accabler les consommateurs. En Haïti, cela est possible au moins de deux façons.

Premièrement, les loyers des terres domaniales pourraient être augmentés. De vastes étendues de terres appartenant à l'État sont louées à quelques personnes. Or, les titulaires des baux sous-louent les terres à des petits agriculteurs ou cèdent les droits au bail aux prix du marché, réalisant un bénéfice substantiel non imposé. Étant donné la superficie totale des terres domaniales, on a estimé que le manque à gagner pour l'État serait de plus de 200 millions de gourdes par an, ce qui est considérable par rapport aux recettes annuelles du Trésor.

Deuxièmement, pour accroître les recettes, le gouvernement pourrait reconsidérer les exonérations de l'impôt sur le revenu, de la taxe générale sur les ventes et des droits de douane prévus par la loi (les taux de droit de douane ont été réduits récemment de 4 à 19 %). Par ailleurs, la mobilisation des ressources intérieures devrait s'accompagner d'une meilleure affectation des crédits, en veillant notamment à allouer des crédits suffisants pour les dépenses de fonctionnement non salariales et les dépenses d'entretien. À l'heure actuelle, la pénurie de crédits pour l'achat de fournitures et de matériels est très grave. Pour certains ministères d'exécution s'occupant de développement, le manque de crédits est encore plus grave. Or, sans crédits pour subvenir à ses dépenses de fonctionnement non salariales et à ses dépenses d'entretien, l'administration ne peut fonctionner efficacement.

Néanmoins, pour résoudre ce problème, il ne suffit pas d'augmenter les crédits affectés à l'achat de fournitures et de matériel. Il faut aussi modifier les fonctions et la taille de l'administration. Quand la situation le permettra, des mesures générales devront être prises pour éliminer les fonctions superflues ou trop coûteuses. Les mesures prises pour réduire ou, du moins, juguler les dépenses salariales pourraient être combinées aux mesures de mobilisation des recettes suggérées précédemment, afin d'augmenter les crédits disponibles pour les dépenses de fonctionnement non salariales et l'entretien, et afin de dégager les fonds de contrepartie nécessaires à la réalisation de projets de développement bénéficiant d'une aide extérieure.

5.1.3. Politique monétaire

Les mesures énergiques à prendre pour promouvoir le commerce extérieur et encourager l'épargne publique devraient permettre d'appliquer une politique monétaire compatible avec la demande de crédit du secteur privé, qui, encore faible maintenant en raison des incertitudes, devrait reprendre dès le retour de la confiance et d'une conjoncture économique intérieure plus favorable. Si la demande de prêts pour financer des investissements productifs viables augmente, les autorités monétaires devront fixer avec souplesse le coefficient de liquidité des banques. Jusqu'à présent, l'utilisation de cet instrument de la politique monétaire n'a pas été un obstacle majeur à la distribution de crédits au secteur privé. Il faut donc simplement veiller à ce qu'il n'en devienne pas un.

En revanche, le coût et les conditions des prêts à moyen et long terme sont perçus comme un obstacle à l'investissement privé à Haïti. Le problème tient en partie à ce que les banques commerciales haïtiennes manquent d'expérience et de compétence en matière de prêts à court et moyen termes (notamment pour l'évaluation des projets). C'est pourquoi, elles exigent des garanties importantes et maintiennent une grande marge entre les taux débiteurs et les taux prêteurs. Ces contraintes peuvent être surmontées à terme par une formation adéquate et par le jeu de la concurrence, à mesure que se multiplient les possibilités d'investissement. Mais à court terme, il serait judicieux d'encourager les banques commerciales à collaborer avec un organisme spécialisé dans les crédits d'équipement.

Il faudrait aussi examiner l'ensemble du secteur financier et bancaire pour déterminer s'il est nécessaire et possible de consolider les institutions bancaires de développement, de renforcer le rôle de contrôle de la BRH, de simplifier les procédures de saisie et d'établir des règles prudentes concernant le risque, les provisions pour créances douteuses, la structure du capital et les méthodes de prêt. Dans un même esprit, il faudrait examiner le secteur financier non bancaire et le secteur du crédit non structurel pour en évaluer la taille et l'importance dans l'économie haïtienne, pour déterminer s'il est nécessaire de les réglementer et pour évaluer la protection des petits épargnants.

5.2. Politiques sectorielles

Comme les politiques macroéconomiques, les politiques sectorielles proposées ici sont axées sur la réalisation des objectifs et de la stratégie prioritaires décrits précédemment.

5.2.1. L'agriculture

Les deux tiers de la population active vivent en Haïti dans les zones rurales alors que l'agriculture ne contribue que pour un tiers dans la formation du produit national brut. La balance agricole est toujours négative, le déficit s'élève à environ 3 % du PNB. La production agricole per capita a commencé à diminuer depuis les années 70, essentiellement en raison des politiques discriminatoires pratiquées par les autorités à l'encontre de ce secteur et du fait de l'insuffisance des crédits nécessaires aux investissements agricoles. Face à cette situation et, pour survivre, la population des zones rurales ne disposait que de deux options : s'attaquer à la faible superficie des forêts existantes et exploiter celle des fragiles régions montagneuses où les cultures de subsistance constituent la principale forme d'agriculture, avec 84 % des terres cultivées sur pente, sur des petites parcelles qui font pour la plupart moins d'un quart d'hectare. Les autres contraintes auxquelles est soumis le secteur agricole est :

- une dégradation de l'environnement due pour une bonne part à la forte pression démographique ;
- le manque d'accès à diverses ressources : terres cultivables (les deux tiers des paysans disposant de moins d'un hectare), capital et technologie ;
- faible degré de sécurité foncière ;
- faiblesse institutionnelle et financière des institutions nationales, aussi bien le Ministère de l'agriculture, des ressources naturelles et du développement rural (MARNDR) que les ONG nationales ;
- superficie des exploitations généralement insuffisante pour les cultures vivrières.

Le secteur agricole haïtien renferme toutefois, un certain nombre de potentialités recensées comme suit dans une récente étude[9].

- Potentiel considérable qu'offrent des cultures traditionnelles d'exportation : en ce qui concerne le café, il est possible d'augmenter la production de 60 % si certaines maladies sont éliminées et une partie des arbres remplacés.
- Les cultures d'exportation non traditionnelles offrent aussi de grandes possibilités, surtout les cultures qui s'accommodent bien des petites exploitations.
- Le potentiel d'irrigation considérable.
- La capacité d'adaptation des petites exploitations. D'après un rapport de la FAO de 1994, celles-ci ont, par exemple, bien résisté à la chute du prix du café. Leur intégration au marché (on estime que 70 % de la production caféière passe par le marché) a contribué à créer une capacité d'adaptation qui se manifeste, entre autres, par des réactions dynamiques aux sollicitations du marché.
- Une tradition permettant de combiner la production destinée au marché et celle destinée à l'autoconsommation.
- Enfin, un ensemble d'ONG dotées de ressources humaines considérables.

Cependant, pour permettre à ces différentes potentialités de se concrétiser, des mesures précises doivent être entreprises. Il faudrait tout d'abord préserver les réformes déjà entreprises, à savoir : élimination des taxes à l'exportation, suppression des restrictions quantitatives directes, démantèlement des monopoles commerciaux et éviter tout autre forme d'interventions de l'État en matière de prix.

Les investissements agricoles devraient être axés sur la réalisation de projets-relais pour accroître et diversifier la production, l'emploi et les revenus des petits agriculteurs, ainsi que les recettes d'exportation. Cela concerne en particulier, la

[9] Banque mondiale : <<examen des dépenses publiques d'Haïti. Note n° 3>>. Agriculture, projet mars 1997.

production de riz , de légumes, de café et de mangues. Vu l'importance particulière du secteur du café à Haïti, il faudrait trouver d'autres ressources de financement pour pousuivre la production de jeunes plants améliorés.

De même, d'autres sources de financement devraient être recherchées pour les projets cibles d'aménagement des bassins versants et d'amélioration des routes secondaires.

Enfin, il conviendrait que le Ministère haïtien de l'agriculture parvienne à une structure et à une organisation du travail qui lui donne les moyens de suivre de près l'évolution des activités agricoles, d'élaborer les politiques à mettre en oeuvre et d'en assurer la continuité. L'amélioration de l'organisation et du fonctionnement du Ministère haïtien de l'agriculture implique la mise en oeuvre de deux stratégies :

- Activités du ministère.
- Ajuster la réforme institutionnelle.

Les actions à entreprendre à cet effet sont décrites dans la matrice qui suit. Matrice élaborée dans le cadre de l'étude citée précédemment. Ces actions sont assorties d'un calendrier d'exécution.

Tableau 28. Haïti- Stratégie et plan d'action dans le secteur agricole.

Objectifs	Stratégie	Mesures	Délai	Intervenants	Ordre de priorité
Améliorer le fonctionnement du MARNDR	A. Identifier de nouvelles modalités d'exécution des activités du MARNDR	1. Déterminer un moyen de préserver la viabilité des centres de recherche	Mai 97-sept. 97	Directeur général MARNDR	Priorité 1
		2. Éliminer les chevauchements de responsabilité des cadres techniques dans les départements	Mai 97-sept. 97	Directeur général MARNDR	Priorité 1
		3. Intéger les organismes de développement dans les DDA (p.e. ODVA)	À partir de sept. 97	Directeur général MARNDR	Priorité 1
		4. Maximiser le rôle du secteur privé dans la prestation des biens et services	À partir de sept. 97	Directeur général MARNDR	Priorité 1
	B. Ajuster la réforme institutionnelle	1. Établir par rang de priorité (court, moyen et long terme) le programme d'interventions institutionnelles	Mai 97-sept. 97	Cabinet du Ministre MARNDR	Priorité 1
		2. Spécifier les interventions institutionnelles à opérer chaque année pendant une période de 3 ans	Mai 97-sept. 97	Cabinet du Ministre MARNDR	
		3. Réviser les plans de compression du personel d'encadrement (à hauteur de 40 %) selon les besoins des programmes	Mai 97-sept. 97	Cabinet du Ministre MARNDR	Priorité 1
		4. Ajuster le personnel selon les propositions	Sept 97-mai 98	Directeur général MARNDR	Priorité 2
		5. Spécifier l'appui d'autres partenaires travaillant dans le secteur	Mai 97-sept. 97	Cabinet du Ministre MARNDR	Priorité 3

Tableau 28. (Fin)-Haïti -Stratégie et plan d'action dans le secteur agricole.

Objectifs	Stratégie	Mesures	Délai	Intervenants	Ordre de priorité
Améliorer les chances d'atteindre les objectifs du secteur	A. Établir un plan sectoriel et d'investissement	1. Adopter la politique sectorielle (juin 96) ou la réviser et l'adopter	Avril 97-oct.97	Cabinet du Ministre MARNDR	Priorité 2
		2. Élaborer le plan glissant d'investissement de 3 ans	Avril 97-oct. 97	Plan & Cabinet du Ministre MARNDR	Priorité 2
		3. Formation des cadres concernant l'établissement d'un plan d'investissement et l'évaluation des projets	Déc. 97-mars 98	Cabinet du Ministre MARNDR	Priorité 3
		4. Élaborer un plan sectoriel de 10 ans et un plan glissant d'investissement de 3 ans	Déc. 97-mars 98	Cabinet du Ministre MARNDR	
	B. Coordonner les interventions dans le secteur	Coordonner les actions du MARNDR, des ONG, et des Bdf sur les activités agricoles	Mai 97	Directeur général MARNDR	Priorité 1
	C. Résoudre les problèmes liés à l'imprécision du régime foncier	Créer, dans le département, des unités chargées de régler les différends d'ordre foncier	Avril 97-avril 98	INARA	Priorité 1
	D. Assurer les dépenses non salariales	S'assurer que l'allocation est utilisée	Mai 1997		
	E. Encourager l'épargne du secteur	Proposer au Parlement un cadre législatif permettant aux organismes agricoles d'avoir un compte d'épargne	Avril 97-avril 98	MADRND	Priorité 3
	F. Améliorer la gestion des périmètres irrigués	Faciliter la création de groupements d'usagers de l'eau	Avril 97 jusqu'à achèvement	MARDNR	Priorité 3

Source : Banque mondiale "examen des dépenses publiques d'Haïti- note no 3" agriculture - projet, mars 1997.

5.2.2. Industrie

Le secteur industriel haïtien est caractérisé par l'existence de deux structures distinctes, issues de régimes commerciaux différents : les industries de remplacement des importations, travaillant pour le marché local (produits alimentaires, boissons, articles ménagers et matériaux de construction) et fortement protégées jusqu'à ces derniers temps contre la concurence extérieure ; et les industries de montage pour l'exportation : Haïti était avant l'embargo, le premier producteur de balles de base-ball au monde, l'un des principaux fournisseurs de vêtements des États-Unis et son principal fournisseur en matériels électriques et électroniques de la région. Aussi, les secteurs manufacturiers et industriels représentaient avant 1991 22 % du PNB et 6 % de la population active. La seule production minière haïtienne était la bauxite. Elle s'élevait à 377.000 tonnes en 1982, date où les exploitations ont cessé. Il existe aussi, indique le document Haïti 2004, une petite exploitation au niveau des ressources en marbre du pays. Récemment, des gisements aurifères ont été décelés dans le nord du pays.

L'ensemble du secteur industriel était dominé avant 1991 par trois grandes catégories d'activité, représentant 70 % de la valeur ajoutée industrielle : l'agro-alimentaire (35 %), le matériel électrique et électronique (22 %) et les textiles, le cuir et l'habillement (13 %). Aujourd'hui, le secteur industriel haïtien connaît de grandes difficultés qui résultent pour l'essentiel des effets dévastateurs de l'embargo, lequel a touché particulièrement les industries de main-d'oeuvre et d'exportation dont les effectifs sont passés de 44.000 emplois en 1991 à seulement 8.000 en 1994.

Cependant, de nombreuses opportunités s'offrent aux investisseurs dans les secteurs manufacturiers et industriels. Les principaux créneaux à développer sont : l'industrie de transformation et d'exploitation des matières premières d'origine nationale telles que le cuivre, la bauxite, le manganèse, le fer, la lignite, l'or, le marbre, le guano, le gaz et le pétrole, le sel, le sable, l'argile, différents matériaux destinés à la fabrication du ciment, sans oublier l'industrie alimentaire destinée au marché local telle que : farine et levure, huiles comestibles, aliments pour bétail et les biens d'équipement et de construction, notamment : les briques, chaux et plâtre, outils agricoles, produits chimiques et plastiques tels que : savons, détergents, peinture et émail, les fertilisants et engrais etc. Pour faciliter ces investissements, des mesures importantes s'imposent. Il est nécessaire de s'attaquer en premier lieu à l'efficacité actuelle du système d'incitations industrielles évoquée antérieurement. Il faudrait pour ce faire, harmoniser le code des investissements avec les réformes commerciales récentes, améliorer l'efficacité des services et des procédures douanières, obtenir une assistance financière et technique pour mettre en oeuvre sans difficulté le régime commercial, libéraliser et fournir l'infrastructure d'appui nécessaire à des prix compétitifs.

5.2.3. Infrastructures économiques et sociales

Les infrastructures haïtiennes sont actuellement dans un état de délabrement avancé, ce qui constitue un obstacle majeur à la réalisation des investissements privés dans l'économie. On estime que moins de 20 % des routes étaient asphaltées avant l'embargo et que 4 % seulement du réseau routier existant étaient entretenus, la situation s'est empirée depuis. Le port principal d'Haïti (le plus cher de la Caraïbe) est considérablement encombré et ses opérations entravées par un équipement inadéquat et une gestion médiocre. Par ailleurs, seules huit personnes sur 1.000 disposent du téléphone et la plupart des hommes d'affaires utilisent le système de communication radio, 41,8 % de la population ont accès à l'eau potable et 45 % aux soins de santé. La fourniture d'énergie électrique est concentrée pour l'essentiel dans la capitale et est limitée même à quelques heures durant la saison sèche. Pis, 40 % de l'énergie fournie sont perdus, en grande partie, à cause de manoeuvres frauduleuses. Il existe une insuffisance notoire dans la fourniture de l'eau et on ne peut observer dans le pays aucun système d'égout, à part les canaux d'écoulement des eaux ouverts en pleine rue.

Le système sanitaire et l'hygiène du milieu sont deux domaines préoccupants. À la moindre averse, les rues deviennent rapidement de véritables marécages boueux et pestilentiels charriant tout sur leur passage, ordures ménagères, eaux usées, etc.

Face à cette situation, des actions vigoureuses sont indispensables pour réhabiliter et maintenir l'ensemble de ces infrastructures. Dans les secteurs des transports et de l'électricité, il faut prendre des mesures pour entretenir et exploiter convenablement le réseau routier et pour agir sur la demande.

Concernant l'électricité, il est nécessaire d'instituer des tarifs de pointe avant d'envisager une augmentation de la capacité pour faire face au trafic des voyageurs à l'aéroport international de Port-au-Prince.

Il faut aussi encourager l'utilisation des ports de cabotage de province, réaliser des investissements pour abaisser le coût moyen de l'électricité et résorber ainsi les arriérés dus à électricité d'Haïti.

Dans les secteurs de l'alimentation en eau, de l'urbanisme et du logement, l'action des pouvoirs publics doit être axée sur la tarification et la gestion. Il est en outre indispensable d'accroître les investissements dans le sous-secteur de l'alimentation en eau - et dans celui de l'électricité - pour que la santé publique et l'activité industrielle notamment à Port-au-Prince et dans sa région ne régressent pas davantage.

Dans le domaine du logement urbain, il faudrait revoir et modifier radicalement la stratégie du gouvernement, qui au lieu de se limiter à la construction de logements sociaux, devrait chercher à renforcer le marché foncier urbain et encourager le secteur privé à participer à la construction et au financement des logements nécessaires.

Dans les secteurs de l'éducation et de la santé, il faut chercher à régler les problèmes de gestions sous-jacentes, en veillant tout particulièrement à l'utilisation plus efficace des ressources et, en soumettant les ministères d'exécution au contrôle plus stricte des autorités budgétaires centrales. Il faudrait aussi augmenter les ressources disponibles en continuant à encourager la participation systématique des organisations non gouvernementales.

5.2.4. Environnement

L'environnement d'Haïti a subi d'importants dommages causés par des années de déforestation et d'exploitation excessive de la terre. Le patrimoine naturel du pays (spécialement les forêts), a été considéré comme un bien libre et exploité depuis l'ère coloniale à des fins lucratives. Les Européens avaient commencé cette exploitation par des plantations de café sur les pentes montagneuses et utilisaient des pratiques culturales qui favorisaient l'érosion du sol.

Les exportations du bois d'oeuvre (principalement, le mahoganie, le bois de campêche, etc.) furent d'importantes sources de revenu pour les colons mais, également pour les premiers gouvernements haïtiens. Les paysans haïtiens, en particulier ceux de condition modeste ont procédé à des abattages d'arbre destinés à la vente et à la fabrication de charbon. Le charbon de bois utilisé dans les centres urbains constitue historiquement la principale source d'énergie consommée dans le pays.

Le rythme de dégradation des ressources forestières s'est accéléré rapidement durant les dernière décennies, au point d'être proche aujourd'hui du niveau de saturation.

Le couvert forestier a diminué de 37 % entre 1956 et 1978 et on estime qu'il représente actuellement moins de 2 % du territoire. 25 des 30 grands bassins hydrograhiques sont déboisés, ce qui provoque une érosion des sols. L'eau manque pour répondre aux besoins de l'agriculture et de la population.

L'agriculture traditionnelle de colline a une action extrêmement érosive, détruisant chaque année des milliers de tonnes de terres arables. La pression démographique, le faible niveau des ressources financières et la concentration de la production créent des problèmes de gestion des déchets solides et des ordures ménagères et accroissent le niveau de pollution. Les pénuries et la mauvaise distribution de l'énergie entravent la croissance économique du pays. Les besoins énergétiques augmentent avec le développement, ce qui aggrave la situation, compte tenu de l'actuel déficit d'approvisionnement.

En définitive, la dégradation du patrimoine naturel fragilise les bases d'une production agricole durable, accroît les coûts de production et contribue à la détérioration des ressources en eau du pays. Il faudra se préocuper davantage des ressources côtières et marines pour répondre aux besoins alimentaires et préserver la diversité biologique.

Le développement durable d'Haïti passe nécessairement par la protection, la régénération et la gestion de son environnement. Aussi, convient-il de mettre en place rapidement un plan national environnemental (PNAE) destiné à attaquer et résorber les principaux aspects critiques touchant l'environnement en Haïti à savoir 1) déboisement, érosion des sols, désertification ;
2) lutte contre la pollution ; 3) problèmes liés à l'urbanisation (ex. enlèvement des déchets solides et des ordures ménagères) ; 4) disparition de la diversité biologique ; et 5) gestion des ressources marines et côtières. Le gouvernement haïtien commence heureusement à être sensibilisé aux problèmes environnementaux, puisqu'il a créé récemment un Ministère de l'environnement qui, est en train de définir ses priorités, lesquelles comportent pour l'immédiat, le plan national d'action environnementale évoqué précédemment et la mise en place d'un cadre juridique dans lequel opérera le nouveau ministère.

De ce plan d'action nationale, découlera la stratégie qui permettra de définir les priorités nationales et régionales de façon cohérente et systématique. Une fois la stratégie définie, les programmes ministériels devront correspondre aux priorités retenues. La hiérarchisation des priorités sera facilitée par la mise en place d'un cadre juridique plus solide et par l'adoption d'un cadre et de normes sur lesquels le ministère haïtien de l'environnement pourra s'appuyer pour régénérer et protéger l'environnement.

Pour l'heure, le Ministère de l'environnement avec les conseils et l'assistance de bailleurs de fonds internationaux recommande, dans le cadre du PNAE, les cinq stratégies suivantes extraites d'une récente étude de la Banque mondiale*.

1) Mise en place d'un secrétariat du PNAE fonctionnant bien
2) Adoption d'une stratégie pour définir les priorités et prise en compte de celles-ci dans les programmes
3) Adoption d'un mandat légal plus précis applicable au Ministère de l'environnement et à ses interventions

* Banque mondiale : "examen des dépenses publiques d'Haïti - Note n°3. environnement", projet mars 1997.

4) Meilleure sensibilisation du public à l'environnement.
5) Déconcentration

Ces cinq stratégies sont présentées en détail dans le tableau synthétique qui suit.

Tableau 29-Haïti -Stratégie et plan d'action dans le secteur de l'environnement

Objectifs	Mesures	Calendrier	Intervenant	Ordre de priorité
A. Bon fonctionnement du secrétariat du PNAE	1. Rendre autonome le secrétariat du PNAE	Au plus tôt	Premier Ministre	1
	2. Choisir et recruter le coordonnateur du PNAE			
	3. Choisir et recruter l'administrateur du PNAE	Au plus tôt	MDE et CIME	
	4. Dynamiser la commission interministérielle			
	5. Adopter et institutionnaliser des procédures opérationnelles transparentes qui permettront de répondre aux besoins administratifs en temps voulu	Au plus tôt	Premier Ministre	1
		Au plus tôt		
		Au plus tôt	MDE	
B. Adoption d'une stratégie avec des priorités d'investissement	1. Faire une synthèse des rapports et plans diagnostiques et en établir un projet de PNAE	Avril 1997	MDE	1
	2. Organiser une conférence nationale pour examiner le plan national d'action environnementale	Avril 1997	MDE	2
	3. Terminer les 133 plans communaux d'action environnementale	Mai 1997	MDE	3
	4. Terminer les neuf plans régionaux d'action environnementale	Juin 1997	MDE	4
	5. Organiser jusqu'à neuf plate- formes régionales	Juillet 1997	MDE	5
	6. Achever le PNAE et le présenter à la commission interministérielle	Août 1997	MDE	6

Tableau 29. (Fin)-Haïti -Stratégie et plan d'action dans le secteur de 'lenvironnement

Objectifs	Mesures	Calendrier	Intervenant	Ordre de priorité
	7. Veiller à ce que la commission interministérielle sur l'environnement mette le PNAE sous sa forme finale	Septembre 1997	CIME	7
	8. Réexaminer les programmes pour s'assurer qu'ils correspondent aux priorités nationales retenues et revoir les affectation de personnel	Septembre-décembre 1997	CIME	7
C. Adoption d'un mandat légal plus précis applicable au MDE et à ses interventions	1. Rédiger une nouvelle loi organique	Mars 1997	MDE PNUD	1
	2. Aider la commission de réforme des administrations publiques à travailler sur la loi organique applicable au MDE	Comme prévu	MDE	2
	3. Présenter la loi organique au Conseil des ministres	Avril 1997	MDE	3
	4. Présenter la loi organique au Parlement	Mai 1997	Premier Ministre	4
	5. Mettre en place un cadre législatif pour l'environnement, élaborer les normes réglementaires et adopter des mécanismes de mise en application	Après la loi organique	MDE	
D. Meilleure sensibilisation du public	1. Exécuter un programme de communication et d'éducation	Février 1997	MDE	2
E. Déconcentration	1. Préparation du budget nécessaire aux réaffectations de personnel pendant l'exercice 98-99	Préparation du budget de l'exercice 98	MDE	7
	2. Redéployer le personnel dans les régions prévoyant les crédits nécessaires	Octobre 1998	MDE	8

Source : Banque mondiale "examen des dépenses publiques d'Haïti- note no 4, environnement - projet, mars 1997.

Modèle de simulation macroéconomique appliquée à l'économie haïtienne

III. MODÈLE DE SIMULATION MACROÉCONOMIQUE APPLIQUÉ À L'ÉCONOMIE HAÏTIENNE

L'intérêt de ce modèle tient à ce qu'il offre un instrument de simulation qui permet de reproduire les traits essentiels de l'évolution économique d'Haïti entre 1995 et 2005 et ce, après application des mesures préconisées par la banque mondiale et le FMI dans le cadre du récent programme d'ajustement structurel relatif à ce pays. Enfin, un modèle d'équilibre général calculable sera proposé pour tester les effets de chocs exogênes (sécheresse, prix des exportations, envois de fonds de travailleurs immigrés) sur les principaux agrégats et sur la pauvreté.

Les projections macroéconomiques constituent l'un des outils les plus largement utilisés dans le cadre de l'évaluation de l'impact économique des différentes options ou variables politiques. Cependant, pour que de telles projections présentent un intérêt, il faut au préalable, qu'elles remplissent quelques priorités logiques de base, comme celles définies dans les équations budgétaires des différents acteurs économiques en présence. Le modèle macroéconomique présenté dans ce chapitre s'appuie précisément sur une organisation cohérente de ces équations afin d'offrir un cadre d'analyse utile à l'obtention de projections logiques. Ce modèle appliqué à l'économie haïtienne fait partie des modèles d'analyse de variables de politique macroéconomique développés à la Banque mondiale au sein du Département des économies nationales (Division macroéconomique). Il s'agit de modèles séquentiels, comprenant par ordre de complexité croissante, les modèles RMSM (Revised Minimum Standard Model), RMSM - XX et MACRO.

Le modèle RMSM est de type Harrod-Domar, c'est-à-dire à double contraintes, il part de l'hypothèse de l'existence dans les pays en développement d'un écart entre d'une part, l'investissement et l'épargne et de l'autre, entre importations et exportations. Il met l'accent principalement sur l'offre (épargne, investissement et croissance réelle) et comporte également des données relatives à la programmation financière telle qu'elle est pratiquée par le FMI.

Les prix relatifs y sont introduits par exemple par le biais du taux de change, si bien qu'il devient possible d'analyser les effets de substitution. Le modèle RMSM-X peut être qualifié à cet effet de modèle de planification, car il s'efforce de trouver les politiques fiscale, monétaire et de taux de change qui soient compatibles avec les objectifs macroéconomiques retenus.

Quant au modèle RMSM-XX qui est une extension du modèle RMSSM-X, il permet non seulement d'estimer économiquement les fonctions de consommation, d'investissement et d'importation, mais aussi d'évaluer d'autres relations plus complexes, comme la fonction de formation des prix. Les prix étant liés entre autre, au coût de la main-d'oeuvre. Le salaire réel devient une fonction du niveau d'emploi qui affecte la fonction de production.

Ce modèle est utilisé par le Fonds monétaire international dans ses consultations de politique économique avec les pays en développement : intitulé également modèle Polak, il constitue avant tout un modèle de programmation financière et met l'accent essentiellement sur des variables financières liées à la balance des paiements et, à l'inflation.

Le taux de change est l'instrument privilégié dans ce modèle, étant donné son impact sur le niveau des prix, sur les exportations et importations ainsi que sur le budget. Enfin, le modèle MACOR est un modèle macroéconométrique de dimension moyenne qui présente au niveau du cadre comptable une structure plus sophistiquée.

Ces trois modèles partagent pour une économie donnée, les mêmes comptes budgétaires : économie ventilée en plusieurs secteurs (secteurs privé, public, financier et étranger). Ces secteurs sont organisés et présentés sous la forme d'une matrice de flux financier. Toutefois, ces modèles diffèrent dans la représentation qu'ils donnent chacun de l'économie.

Le modèle RMSM-X est une structure simple qui, pour obtenir des projections macroéconomiques cohérentes peut être utilisé de manière récursive et ce, à partir d'un ensemble de variables endogènes ; le modèle RMSM-XX présente une description plus complète des liens existant entre les variables endogènes; le modèle RMSM-XX présente une description plus complète des liens existant entre les variables économiques. Ce modèle nécessite pour sa résolution, une procédure axée sur des équations simultanées. Enfin, comme indiqué précédemment, le modèle MACOR affiche un cadre comptable plus sophistiqué.

En définitive, le modèle qui sera le plus souvent utilisé dans ce chapitre sera le modèle RMSM-X. Sa résolution sera de nature récursive, mais il comportera quelques règles simples qui permettront de déterminer la consommation privée, la demande de monnaie, les importations et les exportations.

Deux procédures de résolution seront décrites dans ce modèle. Elles aborderont deux types de question de politique économique. L'une qualifiée de "normative" qui peut être utilisée pour identifier quelle politique macroéconomique (fiscale, monétaire et de taux de change) serait nécessaire à la réalisation d'objectifs précis tels que : taux de croissance, taux d'inflation, etc. Les spécialistes les dénomment "les fondamentaux". L'autre qualifiée de "positive" dans laquelle le modèle est utilisé pour examiner les effets d'un ensemble de politique économique donné (politiques fiscale, monétaire et de taux de change) sur la croissance, l'inflation; etc.

Soulignons que d'autres règles ou procédures peuvent y être ajoutées. Dans la section 1, seront décrits les éléments de base du modèle (une description détaillée est fournie en annexe A). La section 2 abordera la réalisation empirique du modèle en deux étapes. Dans la première sera présenté un ensemble de données historiques (dont les détails sont présentés à l'annexe B). La deuxième étape est celle relative à la version "positive" du modèle, elle est ensuite utilisée pour simuler les effets macroéconomiques de scénarios alternatifs. La section 3 sera consacrée à la conclusion de ce chapitre.

1. Description du modèle

Les éléments de base du modèle sont les identités budgétaires liées aux différents secteurs économiques mais, également aux relations de marché, les règles de projection des variables et le modèle complet. Les deux premiers garantissent la validité comptable du modèle. Les identités budgétaires vérifient pour chaque secteur l'égalité entre offre et demande de ressources. Toutefois, en raison de la simplicité du modèle, quelques équations peuvent être interprétées comme une simple addition de contraintes qui doivent être satisfaites pour assurer l'égalité comptable.

Quant aux règles de projection des variables, elles peuvent être de différents types : quelques unes sont des relations de comportement; telles que l'équation d'importation ou la fonction de demande de monnaie, d'autres sont de simples règles qui relient temporellement certaines variables (ex. taux d'intérêt mondial) sont totalement exogènes, en ce sens que leur évolution future n'est pas affectée par d'autres variables du modèle.

Les règles de projection dépendent du choix du modèle. En d'autres termes, des variables endogènes déterminées par les contraintes budgétaires et les relations de marché. Comme indiqué ci-dessous, le modèle approprié dépend largement du type de question posée dans la simulation. Enfin, le modèle comporte également un module simplifié de la dette. La formulation détaillée du modèle est présentée en annexe A. On fournira ci-après une brève description des principales parties de ce modèle.

1.1. Contraintes budgétaires

Le nombre d'identités budgétaires est déterminé par le nombre de secteurs économiques pris en compte dans le modèle. Dans le cas d'Haïti, la distinction entre gouvernement et entreprises publiques est nécessaires afin de rendre explicite le rôle des entreprises publiques dans l'économie du pays. On tiendra également compte du rôle séparé de la banque centrale de celui du reste du système bancaire. On utilisera pour ce faire, un ensemble comportant six secteurs, qui distinguera le gouvernement (dont les variables sont représentées par la lettre g), des entreprises publiques non financières (lettre $_{0}$), du secteur privé non financier (lettre pr), de la banque centrale (lettre cb), du reste du système financier (lettre bs), et du secteur étranger (lettre f). Le modèle comportera par conséquent, six équations budgétaires sectorielles. Notons que les identités des comptes nationaux seront également pris en considération.

Par commodité, on séparera chaque équation budgétaire en identité comptable courante et en une identité de compte de capitaux. En utilisant les symboles des différentes variables figurant dans le tableau qui suit, on peut établir les équations comme suit :

Le gouvernement

Compte courant

(1a) $Fy_g+TD_{pr}+TI+DIV_o=i.B_g(-1)+i.CR_g(-1)+i.Dc_g(-1=+e.i^*.BF_g(-1)+$
$[GTR_{pr}+ GTR_{cb}- e.FTR_g]+Sub+C_g+S_g$

Compte de capitaux

(1b) $S_g + \Delta DC_g + \Delta Cr_g + \Delta B_g + e.\Delta BF_g = KTR_o + KTR_{pr} + I_g$

Les recettes publiques courantes sont fournies par la fiscalité directe et indirecte ainsi que par les transferts en provenance des entreprises publiques. Ces recettes sont utilisées pour financer à la fois, les paiements d'intérêt de la dette intérieure et étrangère, les transferts courants aux autres secteurs économiques, les subventions au secteur privé, la dépense publique et l'épargne publique (équation 1a).

Le compte de capitaux combiné à l'accroissement de la dette (intérieure et étrangère) sert à financer l'investissement public plus les transferts de capitaux aux autres secteurs non financiers de l'économie (équation 1b).

DÉFINITION DES VARIABLES

BF = dette étrangère
B = dette intérieure
C = consommation
Cgain = Gains en capitaux dérivés de la conversion de la dette
Conv = conversion nette de la dette étrangère
CR = crédit intérieur en provenance du système bancaire
DC = crédit intérieur en provenance de la banque centrale
DE = dépôts bancaires privés
DFIconv = investissements directs étrangers
DFInconv = autres investissements directs étrangers
Div = dividendes
e = taux de change nominal (moyenne de la période)
eeop = taux de change nominal (en fin de période)
Fin = financement de la dette extérirєure
FTR = transferts courants en provenance de l'étranger
FY = revenu
GTR = transferts publics courants
H = stock de monnaie de base
i, i* = taux d'intérêt nominal intérieur et étranger
I = investissement
KTR = transferts publics de capitaux
M = stock de monnaie
MGNFS = importations de biens et de services
OTR = transferts courants des entreprises publiques
rDFI = profits
Rcb = réserves en devises de la banque centrale
S = épargne
Sub = subventions publiques
TD = impôts directs
TI = impôts indirects
XGNFS = exportations de biens et services
Y = produit intérieur brut aux prix du marché.

Notes

Toutes les variables sont exprimées en terme nominal.

Les variables spécifiques s'expriment par les lettres suivantes :

bs =	sysème bancaire
cb =	banque centrale
f =	secteur étranger
g =	gouvernement
o =	entreprises publiques non financières
pr =	secteur public non financier.

Les entreprises publiques

Compte courant

(2a) $Fy_o = TD_o + i.B_o)$-1=+ $e.i^*.BF_o(-2) + DIV_o + OTR_{pr} + S_o$

Compte de capitaux

(2b) $S_o + KTR_o + \Delta B_o + \Delta Cr_o + e.\Delta Bf_o + e.Cgain_o = I_o$

Fy_O exprime le revenu des entreprises publiques non financières. Les dépenses publiques courantes comprennent les paiements d'intérêt sur la dette interne et étrangère, les impôts directs et les transferts au secteur privé (2a).

La formation brute de capital fixe des entreprises publiques non financières est financée par des transferts de capitaux gouvernementaux, par la dette interne et étrangère, par des gains éventuels issus de la conversion de la dette et, par l'épargne de ces entreprises (2b).

La banque centrale

Compte courant

(3a) $e.i^*.R_{cb}(-1) + i.DC(-12) + GTR_{cb} = i.B_{cb})-1) + e.i^*\text{-}BF_{cb}(-1)$

Compte de capitaux

(3b) $S_{cb} + \Delta H + \Delta B_{cb} + e.\Delta BF_{cb} + e.Cgain_{cb} = e.\Delta R_{cb} + \Delta DC$

Les revenus courants de la banque centrale sont constitués de recettes d'intérêt sur devises et du stock net de crédit interne, ainsi que de transferts gouvernementaux. On ignore les coûts d'exploitation de la banque centrale. En conséquence, les revenus courants financent les paiements d'intérêt relatifs à la dette interne et étrangère de la banque cnetrale (3a). La deuxième équation, en regroupant l'accroissement net de la monnaie de base, celui de la dette interne et étrangère, ainsi que d'éventuels gains issus de la conversion de la dette étrangère finance l'acquisition de devises et la création de crédit local (3b).

Le système bancaire

Compte courant

$$(4a) \quad i.CR(-1) = i.DC_{bs}(-1) + e.i^{*}.BF_{bs}(-1) + DIV_{bs} + S_{bs}$$

Compte de capitaux

$$(4b) \quad S_{bs} + \Delta Dc_{bs} + \Delta DEP + e.\Delta BF_{bs} + e.Cgain_{bs} = \Delta CR + \Delta H_{bs}$$

Le revenu courant du système bancaire est constitué de recettes d'intérêt issus du stock net de crédit. Les dépenses courantes sont composées de paiements d'intérêt versés à la banque centrale et au secteur étranger, ainsi que de dividendes versées au secteur privé (4a). Comme pour la banque centrale, les coûts d'exploitation seront négligés.

La création de crédit ainsi que la constitution de réserves sont financées par l'épargne, les dépôts privés, les prêts de la banque centrale, la dette étrangère, et les éventuels gains émanant de la conversion de la dette(4b).

La balance des paiements

Compte courant

$$(5a)\ MGNFS + (i^*.BF(-1) + \gamma DFI- = XGNFS_g + FTR_{pr}) + S_f$$

Les revenus courants du secteur extérieur sont constitués de paiements effectués à l'étranger par les différents secteurs économiques internes, ils se composent d'importations de biens et services ainsi que de divers paiements adressés à l'étranger, ces derniers sont répartis en paiements d'intérêt et transferts de profit. De même, les dépenses courantes du secteur extérieur sont égales aux exportations plus les transfets aux secteurs économiques internes (5a).

Compte de capitaux

Le compte de capitaux de la balance des paiements fait ressortir que l'épargne étrangère (déficit du compte courant) doit être égale au flux de la dette extérieure plus celui de l'investissement direct étranger.

$$(5b)\quad DFInconv + Fin = S_f$$

où Fin représente le flux de la dette extérieure et DFInconv, l'investissement direct étranger

Le secteur privé

Compte courant

$$(6a)\quad Fy_{pr} + i.B(-1) + GTR_{pr} + e.FTR_{pr} + OTR_{pr} + DIV_{bs} = Td_{pr} + i.CR_{pr}(-1) + e.i^*.BF_{pr}(-1) + e.rDFI + C_{pr} + S_{pr}$$

Compte de capitaux

$$(6b)\quad S_{pr} + KTR_{pr} + \Delta Cr_{pr} + e.\Delta BF_{pr} + e.Cgain_{pr} + e.\ )DFIconv + DFInconv). = I_{pr} + \Delta B + \Delta M.$$

La contrainte budgétaire finale est celle du secteur privé. Les revenus courants se composent ici, du revenu propre de ce secteur plus les recettes d'intérêt sur la dette intérieure, des dividendes venant du système bancaire et des transferts courants en provenance : du gouvernement, des entreprises publiques et du secteur extérieur. Ils sont utilisés successivement pour acquitter la fiscalité directe au gouvernement, le paiement des intérêts sur la dette intérieure et extérieure, la répartition du profit, ainsi que pour la consommation privée et l'épargne (6a). Dans ce compte, le financement global est assuré par la somme de l'épargne privée, des transferts gouvernementaux, du crédit en provenance du système bancaire, du stock net de devises, du gain éventue l réalisé dans des opérations de conversion de la dette et de l'investissement direct étranger. Ils sont utilisés par le secteur privé pour financer l'investissement privé, l'acquisition de moyens financiers et la dette publique intérieure (6b).

Les comptes nationaux

Compte courant

$$Y = C_g + C_{pr} + S_g + S_o + S_{cb} + S_{bs} + S_{pr} + e.S_f$$

Compte de capitaux

$$S_g + S_o + S_{cb} + S_{bs} + S_{pr} + e.S_f + I_g + I_o + I_{pr}$$

Des équations finales portent sur les comptes nationaux et sont exprimées à prix courant. Elles supposent que le PIB est égal à la consommation totale + l'épargne totale. Cette dernière somme étant égale par ailleurs à l'investissement total.

La structure comptable du modèle peut être résumée comme suit pour chaque secteur économique : total des ressources = total des utilisations : avec un total relatif au compte courant et un autre au compte de capitaux, chacune de ces deux égalités pouvant être réduite en une seule équation par élimination dans chaque cas de la variable épargne.

Une autre présentation des contraintes budgétaires sectorielles est réalisée au moyen d'une matrice de flux financiers (ressources et emplois). La matrice ci-après retrace les comptes économiques d'Haïti pour 1994. Une matrice identique peut être réalisée pour chaque année de la projection. La matrice ci-dessous résume dans le premier tableau, les transactions courantes de chaque secteur économique et dans le second les transactions du compte de capitaux.

Les deux matrices sont basées sur le même principe : chaque ligne indique les sources de financement du secteur correspondant; chaque colonne ses utilisations. Afin d'assurer l'égalité comptable de données, le total des ressources pour chaque secteur économique doit être égal au total des emplois. Pour être complet, on a inclus dans ces matrices, les identités des comptes nationaux.

Tableau 30- Haïti- Matrices de financement de l'économie 1994

Compte courant	Gouvernement	Secteur extérieur	Secteur monétaire	Secteur privé	Compte de production	Total
Gouvernement		Transferts 319,5 Dons 0,0	Profit & Pertes 0,0	Taxes directes 143,7 Recettes non taxées 480,2	Taxes indirectes 489.5 Subventions 306.6	1 126.[illegible]
Secteur extérieur	Intérêt 0,0 Transferts 0,0		Intérêt 0,0	Intérêt 109,4 Profits 0,0 Transferts 0.0	Importations 631.6 Exportations 101.9	639.0
Secteur monétaire	Intérêt 340,6	Intérêt 0,0		Intérêt 674,4		1 015.[illegible]
Secteur privé	Transferts 306,6 Intérêt -1.249,2	Allocations 0,0 Profits 0,0 Transferts 644,1 Dons (OPS) 1.684,8	Intérêt sur - Dépôts -413,5 - Durée dépôts -1.249,2		GDPfc 23 220.9	22 944.6
Compte C & S	Consommation 1.526,9 Épargne -893,7	Épargne -50,1	Épargne 417,3	Consommation 23.890,1 Épargne 929,5		25 820.0
Total	Total 31,2	Total 2.598,4	Total -1.245,4	Total 26.277,3	Total 24 750,4	
			1994			
Comptes de capitaux	Gouvernement	Secteur extérieur	Secteur monétaire	Secteur privé	Épargne	Total
Gouvernement		Dons en capital 0,0 Crédit extérieur -999,7 Intérêt aj. -987,3 Principal aj. 0.0	Crédit MS 0,0	Recettes capitales 2.007,1 Prêt de PS 122,0	Épargne -893.7	-751.6
Secteur extérieur			Res. ext. (MA) -386,5 Ass. pour (DMBK) 0,0		Épargne -50,1	-436,6
Secteur monétaire		Crédit ext. -200,7 Intérêt aj. 43,4 Principal aj. 194,7		Monnaie 438,2 Dépôt 119,6 Durée dépôt 845,0 Transferts 348,4	Épargne 417,3	2 206,0
Secteur privé	Transferts 0,0	Invest. ext. 0,0 Invest. Portefeuille 0,0 Dons (OPS) 0,0 Crédit ext. 0,0 Intérêt aj. 0,0 Principal aj. 5,8 Capital n.e.i. 0,0 Erreurs et ommissions 153,7	MS Crédit de PS 142,8 MS Crédit de OPS -115,7 MS Crédit OFIN 498,2		Épargne 929,5	1 231.[illegible]
Compte d'investissement	Investissement 106,0			Investissement 297,0		40[illegible].0
Total	Total 106,0	Total -1.700,1	Total 138,8	Total 4.177,3	Total 403,0	

Source : Banque mondiale "Country Assistance Strategy of the World Bank Group for the Republic of Haïti" 13 août 1996.

1.2 Les différents marchés et la méthode de projection

Pour disposer d'un cadre comptable utile à la simulation envisagée, il est nécessaire d'introduire des règles décrivant comment le revenu, la dépense ainsi que les actifs (ou passifs) financiers évolueront dans le temps.

Pour quelques variables du modèle (ex. l'investissement public), la règle de projection applicable dépend du choix du modèle. Toutefois, on décrira ici, les règles de projection communes à tous les modèles. Il peut être utile de raisonner en terme de "marchés" pour les biens et actifs. Cependant, en raison de la simplicité du modèle, la plupart de ces biens sont considérés comme de "quasi-marchés", en ce sens que le mécanisme qui égalise l'offre et la demande du bien en question n'est pas explicitement modélisé. Par conséquent, les conditions du marché correspondant peuvent être interprétées comme une simple addition de besoins engendrant l'égalité entre l'offre et la demande.

On commencera par le marché des biens pour lequel l'offre global doit être égal à la demande globale, c'est-à-dire :

$$y + mgnfs = c_g + C_{pr} + i_g + i_o + i_{pr} + Xgnfs$$

L'offre représente la somme du PIB et des importations, tous deux exprimés à prix constant. Le PIB réel est déterminé en fonction de l'investissement passé, selon la règle du taux de rendement du capital (ICOR).

$$Z_{t+1} = Z_t + (i_{g,}t^{+i}{}_{o,}t^{+i}{}_{pr}t)/ICOR_{t+1}$$

Dans cette équation, la contribution à la croissance est identique pour l'investissement privé du PIB et l'investissement public. Ces investissements ont également la même durée (une année). Notons que le coefficient marginal de capital (ICOR) peut être interprété comme une mesure de l'efficacité de l'investissement puisqu'il représente l'investissement nécessaire pour obtenir un volume supplémentaire de production

Concernant la projection des importations et des exportations, des équations de comportement seront utilisés, leurs paramètres seront estimés économétriquement. Les importations réelles sont fonction du PIB réel et du taux de change réel, défini par le rapport des prix à l'importation (en monnaie locale) au déflateur du PIB :

$$mgnfs = mgnfs\ (y,\ ereal),$$

le taux de change réel s'exprime comme suit :

$$Ereal = e.p.*_{M}/^{P}$$

Où

$P*_{M}$ est le prix mondial à l'importation, et P, le déflateur du PIB.

Une augmentation du PIB réel engendre un accroissement des importations, alors qu'une augmentation du taux de change réel se traduit par un effet contraire. Quant aux exportations, elles sont fonction de la croissance du marché mondial (qui est exogène) et du niveau de profit, exprimé par le rapport entre le prix mondial à l'exportation (en monnaie locale) et le déflateur du PIB.

$$xegnfs = xegnfs\ (y*, e.p*_{xo}/^{P})$$

où z* représente la taille du marché mondial, et $p*_{xo,}$ le prix mondial à l'exportation.

Pour ce qui est de la projection de la consommation privée, l'approche économétrique sera également employée pour l'estimation de l'équation, elle s'exprime comme suit :

$$C_{pr,t} = C_{pr}\ (y_{d}, C_{pr,t-1})$$

où y_d est le revenu disponible réel.

Marché des actifs financiers

Il existe cinq actifs financiers dans le modèle : actifs monétaires, crédit de la banque centrale, crédit fourni par le système bancaire privé, la dette publique intérieure, et la dette extérieure. Sur le marché monétaire, l'offre de monnaie est déterminée par la monnaie de base H et le multiplicateur monétaire.

$$M^{S} = H/[h+p(1-h)]$$

où h est le taux de liquidité de l'économie, il exprime le rapport de la masse monétaire en circulation aux encaisses détenues par le secteur privé. P représente le coefficient de réserve obligatoire des banques. Les deux coefficients sont des données exogènes. Aussi, la demande est exprimée par l'utilisation d'une équation qui est estimée économétriquement et dans laquelle la demande de monnaie réelle dépend du PIB réel et du taux d'intérêt nominal.

$M^{d/p} = m(z,i\ )$

En conséquence, le marché d'équilibre s'établir comme suit :

$H = [h+p(1-h)=]\ .\ P.m(z,i)$

sur le marché du crédit de la banque centrale, l'équilibre est réalisé lorsque le stock total de crédit local est égal à la demande de monnaie exprimée par les secteurs bancaires publics et privés.

$DC = DC_g + Dc_{bs}$

De même, l'équilibre s'établit sur le marché du crédit bancaire lorsque l'offre totale de crédit du système bancaire est égale à la demande de crédit formulée par les secteurs publics et privés.

$CR = Cr_g + Cr_o + Cr_{pr}$

Sur le marché de la dette intérieure, il y a équilibre, lorsque le secteur privé manifeste la volonté de souscrire la dette émise par ou/et le gouvernement, la banque centrale et les entreprises publiques.

Du point de vue du secteur privé, les trois types de dette se substituent parfaitement, si bien que l'équation d'équilibre s'établit comme suit :

$B_g + B_o + B_{cb} = B$

Les émissions des entreprises publiques servent à financer une fraction de leur déficit. Celles de la banque centrale représente un pourcentage donné de la croissance du PIB courant plus un montant destiné à des opérations de conversion éventuelle de la dette.

Enfin, concernant le marché de la dette extérieure, soulignons que, le stock total net de la dette (c'est-à-dire, les réserves nettes de la banque centrale) fourni par l'étranger doit être égal à la demande exprimée par les secteurs économiques locaux. L'équation d'équilibre sur ce marché s'exprime comme suit :

$$BF = BF_g + BF_o + BF_{bs} + BF_{pr} + Bf_{cb} - Rcb$$

Par ailleurs, il est important de noter qu'il existe des règles de projection reliant la variable en question à un indicateur comme le PIB. Parmi les variables fiscales, les impôts indirects, les subventions et les transferts courants au secteur privé sont projetés en pourcentage du PIB.

Les impôts directs et les dividendes versés par les entreprises publiques au gouvernement sont projetés en pourcentage du revenu de ces entreprises. La même règle s'applique pour les transferts courants des entreprises publiques au secteur privé. Les transferts de capitaux gouvernementaux au secteur privé et aux entreprises publiques le sont en pourcentage de leurs dépenses d'investissement respectives.

L'investissement réel des entreprises publiques est projeté en pourcentage du PIB réel. Les impôts directs acquittés par le secteur privé le sont en fonction de la valeur ajoutée. La production du secteur public est formulée par rapport au PIB. Enfin, les variables extérieures telles que les transferts courants et l'investissement direct sont projetées en valeur absolue (dollar).

1.3 Le modèle final

Pour compléter le modèle, il reste à choisir l'ensemble des variables qui seront déterminées endogènement (ou résiduellement) par les équations aux contraintes budgétaire et par celles liées aux conditions d'équilibre du marché. Si on utilise le compte de capitaux de chaque secteur afin d'y remplacer la variable d'épargne correspondante dans le compte courant, on se retrouve avec six équations budgétaires. La substitution des règles de projection dans ces six équations mais également des six contraintes budgétaires peuvent être considérées comme égales à celles des demandes exprimées sur les six marchés : il s' en suit que seules onze des douze équations sont linéairement interprétées comme indépendantes. Pour construire le modèle, on doit spécifier l'ensemble des onze variables qui seront déterminées de manière endogène. Le choix approprié des variables endogènes (ou résiduelles) dépend largement du but de la simulation à entreprendre. Ce choix repose également sur le type de solution qui sera réalisée par le modèle (récursive ou simultanée), on se limitera ici aux solutions récursives. Même dans cette hypothèse, il y a différents cas pour lesquels le modèle peut être utilisé. Tout d'abord, il peut être simulé pour évaluer les effets de politiques économiques alternatives sur un ensemble de variables macroéconomiques (ex. dépense publique, croissance de la masse monétaire etc.) seront déterminées de manière exogène. Dans ces conditions, la construction du modèle est de nature "positive".

Un autre but peut être fixé au modèle récursif, c'est celui d'identifier la meilleure politique à appliquer pour atteindre des objectifs tels que : inflation, croissance, etc. Les variables objectifs sont ici exogènes. Dans ce cas, la construction du modèle est qualifiée de "normative".

1.4 Le module de la dette

Le dernier élément à intégrer dans le modèle est le module de la dette. Ce module compare les besoins d'emprunt extérieur tels qu'ils ressortent du modèle avec les flux de financement prévus. Cela permet d'identifier les éventuels écarts de financement pour chaque secteur économique ainsi que pour l'économie toute entière. Dans ces conditions, l'utilisateur a la possibilité de juger si les besoins de financement reflétés dans le modèle macroéconomique peuvent être satisfaits ou si les hypothèses relatives à la projection peuvent être quelque peu modifiées. (Pour réduire par exemple le déficit des transactions courantes).

Pour rendre effectif le module de la dette, quelques hypothèses doivent être établies. Par exemple, tous les remboursements futurs doivent s'effectuer en des termes identiques (échéance et période de grâce). Le taux d'intérêt lié à ces remboursements doit s'appuyer sur le LIBOR, exprimé en terme réel. Cependant, on pourrait facilement modifier ces hypothèses si les renseignements disponibles sont plus détaillés. Le fonctionnement du module de la dette peut être décrit comme suit. Tout d'abord pour chaque secteur économique, on dispose d'un plan d'amortissement relatif à la dette existante. De même, on dispose pour chaque secteur économique d'un échéancier de remboursements établi au préalable.

En outre, pour chaque année et chaque secteur économique, la variation du stock de la dette extérieure, ΔBf_j (pour J = g, o, cb, bs, pr) peut s'écrire :

$$\Delta Bf_j = Fin_j - Conv_j \text{ pour } J = g, o, cb, bs, pr$$

où Fin_j est le flux de financement de la dette extérieure pour le secteur J (à l'exclusion des opérations de conversion de la dette), et $conv_j$ est l'amortissement extraordinaire du secteur J (conversion de la dette). Quant à l'équation du financement, elle s'établit comme suit :

$$Fin_j = Disb_j - Amort_j$$

Ce qui signifie que le flux de financement extérieur au secteur J est égal, aux remboursements diminués des amortissements.

2. La simulation du modèle

La simulation du modèle est réalisé en deux étapes; La première consiste à calibrer le modèle afin d'établir un ensemble de données historiques correctes. (Les détails figurent en annexe B). La seconde étape sert à caractériser le scénario de la projection ainsi que le type d'expérience à réaliser. Le but de la simulation est d'examiner sur la période 1995-2005 les implications macroéconomiques pour Haïti d'un ensemble de réformes à entreprendre dans le cadre d'un programme d'ajustement structurel. Les principaux scénarios sont présentés en annexe C.

2.1. Les données historiques

Les données historiques concernant Haïti qui serviront pour la projection couvrent la période allant de 1993-1995. Ces données sont présentées dans leur ensemble en annexe B; elles concernent plus particulièrement les comptes nationaux (exprimés en gourdes à prix courants), la balance des paiements (en millions de gourdes), le secteur monétaire (en millions de gourdes), et le secteur commercial (en millions de dollars américains). Enfin, les prix, tarifs, déflateurs et taux d'intérêt.

2.2. Les résultats de la projection, 1995-2005

La croissance économique d'Haïti est difficile à prévoir, particulièrement, lorsque l'on tient compte des résultats enregistrés antérieurement mais, aussi en raison des réformes actuellement en cours. L'incertitude concerne la rapidité de réaction du secteur privé en matière d'investissement et de l'importance de la tache qui attend le gouvernement. Trois scénarios décrivent ci-dessous, les perspectives de croissance de l'économie haïtienne : 1) un scénario de base de la Banque mondiale qui suppose la réussite du programme de réforme gouvernementale, mais avec quelques dérapages et un délai de réaction lent du secteur privé, 2) un scénario élevé corroborant les anticipations gouvernementales contenues dans la déclaration de politique générale des autorités haÏtiennes. (Policy Framework Paper : PFP), et 3) un scénario faible, comportant des blocages au niveau des réformes.

Le scénario de base

Ce scénario suppose qu'à terme, la stabilité politique devienne une réalité, que la confiance se rétablisse progressivement, que l'absorption des flux de l'aide internationale s'améliore et que les programmes de réformes économiques et sociales majeurs soient réalisés. Dans ces conditions, un scénario de croissance modérée avec un taux de croissance annuel moyen de 3 % sur la période 1996-2004 apparaît comme raisonnable.

Dans cette hypothèse, la croissance à court terme continuerait à être alimentée par des activités de réhabilitation financées par l'extérieur. Dans ce cas, l'investissement du secteur public atteindrait en moyenne et par an 7 % du PIB. La réponse du secteur privé serait dans un premier temps assez faible, jusqu'à ce que les réformes soient véritablement mises en oeuvre.

La croissance et l'emploi progresseraient à moyen terme, au fur et à mesure que l'amélioration des infrastructures et que les effets d'attraction de la réforme du secteur public sur les investissements se feront sentir. Une source importante de croissance et de création d'emplois serait dans la revitalisation du secteur des industries d'assemblage. L'agriculture devrait continuer à être une source importante de croissance avec un potentiel pour la production de café, mangues et autres fruits et légumes de contre-saison. Enfin, il existe des espoirs prometteurs pour Haïti dans le domaine touristique.

Pour qu'un tel scénario soit plausible, il est nécessaire que l'environnement extérieur soit quelque peu favorable à Haïti. L'accès d'Haïti aux marchés extérieurs est particulièrement affecté par la politique commerciale des États-Unis, qui absorbent plus de la moitié des exportations haïtiennes, Haïti tire profit des avantages de la Caribbean Basin Initiative et autres mécanismes tarifaires des États-Unis, sans oublier les réductions tarifaires sur les exportations de vêtements et de textiles négociées dans le cadre de l'Uruguay Round. Enfin, les dispositifs de la convention de Lomé sont également applicables à Haïti pour ses exportations vers l'Europe.

Concernant les transferts de capitaux, le programme de réformes économiques et sociales entamé par le gouvernement, s'est traduit par une réponse rapide et généreuse de la Communauté internationale qui, s'est engagée à fournir à Haïti pour la période 1995-99 un montant de 2 milliards de dollars sous forme de subventions et de prêts concessionnels. Les remboursements pour l'année fiscale 1995 sont estimés à 510 millions de dollars soit, 23 % du PIB. Ces flux financiers vont sans doute diminuer à terme mais, le niveau des remboursements futurs dépendra pour beaucoup de la politique nationale et de la performance économique réalisée. Si en même temps ces ressources ne sont pas utilisées pour accroître la capacité d'exportation du pays et pour attirer l'investissement privé, le déficit de la balance des transactions courantes continuera à progresser comme par le passé et engendrera une réduction des importations et de la consommation. Sous ce scénario, les remboursements projetés sont estimés pour 1999 à 230 millions de dollars, soit 9 % du PIB. Pour l'an 2005, ils sont estimés à 130 millions de dollars ou 4 % du PIB. Cependant, le prix inévitable à payer pour ces transferts constituera une pression constante sur l'appréciation relative du taux de change réel.

Comme l'aide étrangère est supposée se réduire, le pays devra compter beaucoup sur le capital privé extérieur. En présence d'une faible stabilité, les transferts privés de la diaspora représentent une source de financement importante pour le pays. Ils sont prévus pour croître à des niveaux identiques à ceux de la fin des années 1970 pour atteindre 170 millions de dollars en l'an 2005. En même temps, l'investissement direct étranger, incluant le processus de privatisation devra progresser. Le niveau d'investissement direct étranger qui est prévu est estimé à 52 millions de dollars pour l'an 2005, niveau modeste, comparé aux 292 millions de dollars projetés la même année pour la République dominicaine. Le niveau des réserves brutes d'Haïti est projeté pour atteindre en l'an 2005, l'équivalent de 4-5 mois d'importation. Le stock de la dette d'Haïti est prévu pour augmenter modérément sur la décennie à venir, il devrait passer de 997 millions de dollars, ou 41 % du PIB en 1996 à 1,9 milliard de dollars ou 52 % du PIB en 2005. Plus important, cette dette devrait être contractée presqu'exclusivement sous une forme concessionnelle. Le service de la dette, exprimé par rapport aux exportations devrait diminuer et passer de 17 % à 11 % des exportations sur la même période de référence.

Le paiement du service de la dette continuera à constituer un fardeau fiscal important pour le gouvernement puisque le ratio du service de la dette par rapport aux recettes publiques courantes devrait passer de 16 % à 15 % durant la même période.

Le résumé des objectifs et instruments de ce scénario figurent dans le tableau suivant qui, synthétise les principaux éléments de la stratégie d'assistance à Haïti.

Tableau 31. Résumé des objectifs et instruments de la stratégie d'assistance à Haïti et de la coopération avec les donateurs

Objectifs	Buts de l'intervention	Instruments	Progress milestones	Autres donateurs
LUTTER CONTRE LA PAUVRETÉ ET AMÉLIORER LES SERVICES SOCIAUX	→ Support workable safety nets → Increase basic education coverage → Expand access to health services → Provide access to drinking water → Provide poverty data and develop poverty strategy	• Employment Generation (FY96) • Economic and Social Fund I (FY91) and II (FY98) • Basic Education (FY97) • First Health (FY90) • P-au-P Water (FY89) and Water • Participatory Poverty Assessment (FY96/97)	• Provide 40.000 jobs per months from 7/95 to 12/96 • Execute 600 sub-projects per year • Raise primary enrollment by 5% by end of project • Establish 4 basic helath units in W/SE departments • Provide water for 225,000 in P-au-P; access in rugal areas • Present poverty strategy and organize seminars	• Implemented through NGOs. Canada to follow up • IDB-cofinanced, bilateral donor interest • Coordination with IDB, UN agencies and USAID • Regional division with IDB, cooperation with PAHO and NGOs • Cofinanced with France, regional division with IDB • Cooperation with civil society and key donors; Can/NL cofinanced
RECONSTRUIRE ET RÉORIENTER LE SECTEUR PUBLIC	→ Redefine the role of the public sector, focusing on peace, justice and equity → Raise the efficiency of public service in delivery of services → Strengthen economic and policy management and implementation capacity	• TAP II/PSM (FY97/() and ERC III (FY98) • Policy dialogue, and nonlending services (seminars, study tours), w/EDI • TAP II/PSM and ERC II/III (FY97–99) • TAP II/PSM and ERC II/III • PER (FY97) • Disburs./proc. Seminars • Institutional development components in projects	• Prepare public sector reform plan • Increase level of know-how, higher awareness of reforms among major stakeholders • Implement civil service reform plan • Implement government reform program • Agree on expenditure program • Achieve satisfactory project implementation	• Coordinated TA with IDB and UNDP • Reform plan designed with IDB, IMF and USAID; coordination with UNDP • ERC German/Swiss-cofinanced • Policy dialogue with EU, IDB, IMF, USAID; PER Can/EU/UNDP-cofinanced
POSER LES BASES D'UNE CROISSANCE DURABLE	**Private Sector Development** → Stabilize economy and create sound macroeconomic framework → Modernize public enterprises and improve key services through private participation → Restore critical infrastructure **Sustainable Agriculture** → Safeguard key ecosystems and watersheds → Increase rural employment and production → Develop participatory environmental strategy	• TAP II/PSM and ERC II/III • PFP and non-lending services (policy notes) • TAP II/PSM and ERCII/II • IFC Advisory Services • Power V (FY89) • Roads Project (FY95) • • Foresty Project (FY97) • Agricul. Development Project (FY98) • NEAP (FY97)	• Implement gov. Reform program, reduce inflation under 10% • Have private sector participation in ports, teleco and electricity utility • Install 15MW generation • Rehab. 210 km roads and maintain 1000km by FY00 • Preserve key watersheds • To be determined • Present NEAP	• (see above) • IFC services funded by USAID, privatization unit Can-cofinanced • IDB infrastr. Lead agency • Road project cofinanced with IDB/EU/German-cofinanced • joint study with IFPRI, input from other donors and NGOs • Prepared jointly with UNDP and USAID
COOPÉRER AVEC D'AUTRES DONATEURS	→ Mobilize and coordinate external ressources as lead agency → Improve aid implementation	• Resource CG (FY97) • Informal Donor Meetings • Implementation CG (FY97)	• Mobilize optimal level of aid resources • Achieve satisfactory project implementation	• Governement and all donors involved

Source : Banque mondiale : rapport no 15945-HA, 13 août 1996.

Scénario élevé

Ce scénario s'appuie sur la déclaration de politique générale exprimée par le gouvernement pour la période 1996-99. Il stipule que les flux d'aide étrangère seront absorbés rapidement, et que la confiance du secteur privé sera établie dans un délai restreint, grâce à la réalisation du programme de réformes économiques et sociales. Dans ces conditions, le taux de croissance annuel moyen du PIB devrait atteindre 4,5 % par an sur la période 1997-2005.

L'investissement aidé de l'extérieur atteindrait environ 9 % du PIB dans les années à venir. Le programme de réfome gouvernementale devrait stimuler rapidement l'offre globale. Les méthodes de gestion ainsi que les équipements devraient aider à faire disparaître les goulets d'étranglement constatés au niveau des activités portuaires, des télécommunications et de l'électricité.

Une réforme commerciale plus hardie renfermant les incitations plus fortes pour la production de biens échangeables conduirait Haïti, sous l'angle de l'avantage comparatif, à accroître ses exportations. Cette réforme ferait d'Haïti une destination plus attractive pour l'investissement. Un secteur d'assemblage revitalisé créerait des emplois à court terme, et contribuerait avec l'agriculture à créer les conditions d'une croissance vigoureuse et durable.

Le tourisme et le secteur minier devraient constituer également des facteurs contribuant considérablement à la croissance du revenu à moyen terme.

Scénario faible

Ce scénario résulte pour l'essentiel de l'absence de consensus politique entre le pouvoir exécutif et le pouvoir législatif ou encore, un arrêt des réformes préalablement engagées qui entraverait ou empêcherait des améliorations dans les infrastructures vitales pour la croissance du secteur privé (télécommunications, électricité et ports) et engendrerait stagnation et taux de croissance négatifs. Il renforcerait l'incertitude sur l'avenir et le rythme de réforme, découragerait la fragile reprise des investissements intérieurs et extérieurs et conduirait à une suspension de l'aide étrangère, avec des conséquences défavorables pour l'emploi et l'inflation qui affectent particulièrement les catégories défavorisées.

Le tableau suivant indique les principaux résultats macroéconomiques de la projection pour la période 1995-2000.

Tableau 32. Haïti- Indicateurs macroéconomiques comparatifs e n scénario élevé et scénario de base (En pourcentage)

	Estimation	Projection	Scénario élevé		Scénario de base	
	1995	1996	1997-00	2001-05	1997-00	2001-05
Indicateur de croissance réelle (1976=100)						
PIB	4,2	2,0	4,5	4,5	3,0	3,0
PIB per capita	2,6	0,1	2,6	2,6	1,1	1,1
Consommation totale per capita	11,2	1,0	1,5	2,2	0,1	0,5
Indicateurs financiers						
Consommation/PIB	116,0	112,4	105,2	99,6	107,5	102,3
Investissement/PIB	8,6	8,9	11,3	12,2	10,9	12,1
Épargne intérieure/PIB	-16,0	-12,4	-5,2	0,4	-7,5	-2,3
Secteur public non financier						
Recettes publiques/PIB	8,3	7,5	10,0	11,6	10,0	11,6
Dépenses publiques/PIB	10,5	11,3	11,1	10,3	11,3	10,5
Épargne publique/PIB	-2,2	-3,8	-0,6	1,6	-0,7	1,4
Investissement public/PIB	5,9	6,4	4,6	5,5	7,0	6,0
Solde budgétaire/PIB	-8,1	-10,2	-5,2	-3,9	-7,7	-4,6
Balance des paiements						
Importations/PIB	30,5	28,0	25,5	24,5	28,7	28,7
Exportations/PIB	5,9	6,7	9,0	11,4	10,3	14,3
Solde de la balance commerciale/PIB	-24,6	-21.3	-16,5	-13,1	-18,4	-14,4
Solde de la balance des transactions courantes/PIB (avant subventions)	-20,4	-17,0	-11,3	-7,9	-14,2	-10,5
Autres						
Taux de change gourdes/dollars E.U.	14,8	16,9	18,5	20,8	21,0	25,2
Taux d'inflation, variation annuelle	30,2	20,0	5,9	4,9	10,0	5,0
PNB per capita (dollars E.U.)	242,1	291,8	381,3	480,4	361,2	432,0
Services de la dette/exports (XGS)	30,8	16,6	17,0	13,0	18,5	15,0
Dette/PIB	38,7	40,3	45,1	42,3	48,0	46,9

Source : Banque mondiale : opus cité.

3. Effets de chocs exogênes : sécheresse, tranferts de travailleurs émigrés, prix des biens exportés.

Indépendamment du modèle de simulation macro-économique précédemment décrit, le recours à un modèle d'équilibre général calculable s'avère indispensable et présente un grand intérêt si l'on veut comprendre les effets de chocs exogênes tels que : sécheresse, transferts de travailleurs émigrés, prix des biens exportés etc... Il est à la fois facile et utile d'estimer l'impact de ces chocs parce qu'on doit tenir compte des résultats obtenus lorsqu'on élabore un programme d'ajustement.

Le centre de développement del'OCDE ainsi que d'autres institutions ont déjà pratique ce type de simulation*.

Le modèle OCED a été appliqué notamment au cas du Maroc, il est transposable aux caractéristiques de l'économie haïtienne.

Ce modèle nécessite la prise en compte de données provenant de la matrice de comptabilité sociale (MCS), matrice malheureusement indisponible actuellement dans le cas d'Haïti. Par conséquent, l'absence de ces données rend difficile l'application de ce modèle à ce pays.

Cependant, les conclusions présentées ci-dessous, extraites de la simulation de ces chocs exogênes dans le cas du Maroc fournissent des enseignements utiles et renferment de précieuses indications pour une application dans le cas d'Haïti.

L'utilisation par l'OCDE d'un logiciel dénommé "Marquette" a donc permis la simulation des chocs exogênes : tels que climat (sécheresse), envois de fonds des travailleurs émigrés et le prix des biens exportés.

Concernant le climat, l'évolution de l'économie marocaine a été simulée en prenant l'hypothèse, d'une pluviométrie normale, car l'année 1981 (année de référence) a été marquée au Maroc par une sécheresse exceptionnelle. En pluviométrie normale, les résultats de la simulation font ressortir que le PIB en 1981 aurait été supérieur de 4,3 %, la consommation des ménages de presque 5 %. La production industrielle aurait augmenté de 3,7 %. Le déficit extérieur aurait été réduit de 20 % grâce aux gains à l'exportation (+ 12 %). La sécheresse a eu également un coût social très lourd qu'il s'agisse du chômage et

* OCDE : "ajustement et équité au Maroc", 1991

surtout de la pauvreté, et donc de l'accès aux vivres puisque la somme relative de pauvreté aurait diminué de 16 %. Les actifs les plus touchés par la sécheresse sont ceux du secteur informel.

Il convient de souligner que dans le cas d'Haïti, la sécheresse représente une variable exogêne importante, puique le pays est confronté de temps en temps à cet aléa. En 1997, par exemple la sécheresse qui a sévi dans le nort-est du pays a été à l'origine d'une chute de 2,4 % de la production agricole. Elle a également contribué à une réduction du taux de croissance du PIB qui est passé de 2 % en 1996 à 1 % en 1997. Son coût social est également importatn puisqu'il s'est traduit par une réduction de l'accès aux vivres résultant d'un accroissement du prix de la production vivrière sur le marché.

Il est une forme de dépendance par rapport à l'extérieur qu'on analyse rarement, celle liée aux envois de fonds des travailleurs émigrés. Or la simulation d'une hausse d'un tiers montre l'importance de leur impact : la pauvreté diminuerait de 10 % à 15 % selon l'indicateur, sans compter des avantages pour la croissance (+ 0,8 %) et le déficit extérieur (- 6,6 %).

Une baisse équivalente des envois entraînerait des effets négatifs du même ordre ; un tel risque ne peut être écarté puisque une récession dans le pays d'accueil ou des mesures prises par ce pays pour freiner les envois (en cas de déficit excessif du compte courant) peuvent survenir sans que le gouvermement du pays récepteur de ces fonds puisse y remédier. Concernant Haïti, on a eu l'occasion de souligner dans le chapitre II le rôle que pouvait jouer cette variable dans l'économie du pays, sur le revenu de ses habitants et par conséquent sur la sécurité alimentaire de nombreux ménages. Rappelons qu'en 1992 les seuls transferts des haïtiens vivant aux USA et au Canada (149 millions $) ont représenté 89 % des exportations du pays et 6 % de son PNB.

Pour ce qui est du prix à l'exportation au Maroc, notons qu'une faible variation du prix des biens exportés, soit + 20 % en 1981 au lieu de + 10 % dans la simulation de référence, peut également avoir des effets économiques et sociaux importants. Cette hausse suffit pour réduire le déficit extérieur de 16,4 % et stimuler la croissance (+ 1,3 %). Elle réduit d'autre part l'inégalité et surtout la pauvreté, tant en raison d'effet volume que d'effet prix. En effet, elle accélère l'inflation, ce qui entraîne une baisse des salaires réels dans le secteur moderne. En revanche le revenu des exploitants agricoles progresse grâce à cette hausse des prix extérieurs. L'impact de ce type de choc aboutit à des résultats, certes différents dans le cas d'Haïti, mais conduit à des conséquences identiques à celles du Maroc.

Ces simulations de chocs exogênes nous donnent des enseignements pour une politique d'ajustement et de sécurité alimentaire. Les résultats de la simulation de ces chocs dans le cas du Maroc présentés dans le tableau suivant peuvent servir d'exemple pour une démarche identique en Haïti. D'abord une gouvernement peut stimuler les envois de fonds par sa politique de taux de change et en offrant des conditions de rapatriement et de placement très favorables aux émigrés afin de les inciter à rapatrier le maximum de fonds. D'autre part, en raison de l'impact du climat ou des prix internationaux, il faut tenir compte de ces facteurs exogênes lorsqu'on fixe le calendrier d'un programme de stabilisation.

Les effets de chocs exogènes en 1981

	Absence de sécheresse	Rapatriement de fonds +33%	Hausse du prix des exportations (en moyenne+20% au lieu de +10%)
PIB			
Consommations des ménages	+4.3	+0.8	+1.3
Exportations	+4.9	+3.7	+1.1
Importations	+12.2	-4.7	+9.2
Investissement	-0.5	+3.2	+4.2
Chômeurs	-7.8	+0.9	+0.2
Déficit compte courant	-5.4	-4.8	-5.4
Déficit budgétaire	-20.0	-6.6	-16.4
Déflateur du PIB	0.0	-3.0	-6.8
Theil[1]	-2.4	+2.8	+4.6
Pourcentage de pauvres[1]	-3.3	-7.4	-1.1
Somme relative de pauvreté[1]	-7.2	-10.0	-3.0
	-16.3	-15.2	-5.8

[1]. Les chômeurs sont considérés isolément et ne reçoivent aucun revenu.

4. Conclusion

Ce modèle macroéconomique appliqué à l'économie haïtienne combine à la fois les données d'un ensemble comptable structuré et celles de quelques relations de comportement. Aussi, il a la capacité d'effectuer sur le plan macroéconomique des projections logiques, conformes à la réalité économique. Il a été démontré que ce modèle peut être résolu soit pour identifier les politiques macroéconomiques à appliquer pour atteindre certains objectifs macroéconomiques, soit pour analyser les effets de scénario de politique économique sur des indicateurs, tels que la croissance, l'inflation etc.

Le modèle a été simulé pour examiner l'impact macroéconomique d'un ensemble de réformes contenu dans le tout récent programme d'ajustement structurel relatif à Haïti. Comme tout modèle, il n'a pas la prétention, par les résultats qu'il affiche, de décrire de manière exhaustive et précise la réalité économique et sociale du pays analysé. En revanche, il constitue un outil d'information précieux sur lequel pourraient s'appuyer les principaux décideurs.

Aux termes de cette simulation, le moment est venu de confronter les résultats obtenus et de comparer l'efficacité des instruments utilisés.

Tout d'abord, ces résultats mettent en évidence la forte dépendance de l'économie haïtienne vis à vis de l'extérieur. En effet, le degré de dépendance exprimé par le rapport des importations au PIB était en Haïti de 30,5 % en 1995. Si toutes les conditions attachées au programme d'ajustement sont remplies, cette propension moyenne à importer devrait représenter en moyenne annuelle 28,7 % sur la période de référence (1995-2005). Les évolutions observées des principaux indicateurs socioéconomiques font ressortir l'importance des tendances lourdes qui durent au-delà de la conjoncture d'ajustement.

C'est ainsi que le taux de croissance annuel moyen du PIB qui était de 4,7 % entre 1970-1980, - 1 % entre 1980-1990 et -4,3 % entre 1990-1996 devrait passer à 3 % en moyenne sur la période 1996-2005 (il a été en réalité de 2 % en 1996 et 1 % en 1997).

La consommation privée dont le taux de croissance annuel moyen a été de 5,2 % entre 1970-80, de -1 % entre 1980-90 et

de -2,7 % entre 1990-96 (0,9 % en 1997) pourrait voir sa part dans le PIB passé de 107,5 % entre 1997-2000 à 102,3 % entre 2001-2005.
La formation brute de capital fixe (FBCF) dont la croissance dépend pour beaucoup du rétablissement de la confiance du secteur privé, après avoir connu un rythme d'accroissement annuel moyen de 11,8 % entre 1970-80, de -2,2 % entre 1980-90 et de -26,2 % entre 1990-96 (-1,5 % en 1997) devrait voir sa contribution au PIB passée de 10,9 % entre 1997-2000 à 12,1 % entre 2001-2005.
Les importations, avec un taux de croissance annuel moyen de 13,8 % entre 1970-80, entre 1980-90 et de -1,9 % entre 1990-96, (2,7 % en 1997) pourraient atteindre comme il a été indiqué précedemment 28,7 % du PIB sur la période 1995-2005.
Les exportations qui ont connu un rythme d'accroissement annuel moyen de 10,1 % entre 1970-80, de -2,8 % entre 1980-90 et de -1,1 % entre 1990-96 (7,7 % en 1997) devraient s'élever en moyenne annuelle de 10,3 % du PIB entre 1997-2000 à 14,3 % du PIB entre 2001-2005.
Concernant le taux d'inflation, il passerait en rythme annuel de 30,2 % en 1995 à 10 % entre 1997-2000 et à 5 % entre 2001-2005.
Pour ce qui est de la dette publique extérieure elle augmenterait par rapport au PIB et passerait en moyenne annuelle de 38,7 % de cet agrégat en 1995 à 48 % entre 1997-2000 et à 46,9 % entre 2001-2005.
Les dépenses publiques qui s'élevaient à 10,5 % du PIB en 1995, représenteraient 11,3 % de ce PIB entre 1997-2000 et 10,5 % sur la période 2001-2005.

Par ailleurs, il convient de noter que les mesures d'ajustement et de stabilisation sur lesquelles s'appuie cette simulation entrainent des effets de sens opposé sur les revenus des ménages. Elles améliorent la situation des uns (principalement les exportations) et détériorent celle des autres (petits agriculteurs; travailleurs du secteur informel, femmes, personnes âgées...).

Enfin, on ne saurait trop insister sur l'importance d'un bon appareil statistique en période d'ajustement. Sur le plan théorique, notre modèle ne peut être considéré comme un substitut à l'information, d'où la nécessité de disposer notamment d'une bonne matrice de comptabilité sociale, comportant un ensemble détaillé de données qui pourraient être utilisées ultérieurement dans un modèle d'équilibre général calculable de manière à prendre en compte tous les effets d'interaction et d'avoir un cadre cohérent où tous les revenus et dépenses seraient inclus.

* * * *

Conclusion générale

IV CONCLUSION GÉNÉRALE

La question de la sécurité alimentaire en Haïti a été abordée dans cette analyse sous l'angle de l'insécurité alimentaire transitoire et chronique. L'accent a été porté principalement sur les politiques de sécurité alimentaire à mettre en oeuvre dans ce pays pour améliorer le statut nutritionnel des couches les plus défavorisées de la population. Le problème central en Haïti est celui du suivi de solutions proposées en matière de sécurité alimentaire dans le contexte des politiques engagées pour permettre à l'économie haïtienne de maintenir et de développer des opportunités économiques en faveur de la population au sens large. Aussi, il est fait l'hypothèse fondamentale que la sécurité alimentaire repose prioritairement sur la cohérence d'un projet politique national susceptible de faire adhérer autour de lui l'ensemble des partenaires tels que les organisations non gouvernementales et les institutions internationales.

L'analyse des relations et liens entre politique macroéconomique et sécurité alimentaire indique clairement que les options politiques si elles sont bien définies et suivies peuvent engendrer des résultats appréciables.

Par ailleurs, la suppression des principales distorsions induites par les politiques macroéconomiques inappropriées est de nature à créer les bases d'une sécurité alimentaire permanente en Haïti. Une politique de sécurité alimentaire qui privilégie la stabilisation des prix est dans le contexte haïtien, susceptible d'améliorer le pouvoir d'achat d'un grand nombre de ménages et de faciliter ainsi leur accès à plus de vivres.

Le plaidoyer en faveur d'une déconnexion des prix domestiques par rapport aux prix mondiaux avec marché régional protégé et prix intérieur libéralisé constitue une approche prometteuse en termes de potentialités d'amélioration de la situation alimentaire d'Haïti et de la situation nutritionnelle de ses habitants.

La croissance haïtienne qui s'appuie pour l'essentiel sur l'aide internationale et sur les transferts des haïtiens de la diaspora n'a pas contribué à l'établissement d'une sécurité alimentaire dans le pays. L'espoir mis en l'aide internationale s'est accru au fil du temps et ne montre pas de signe d'affaiblissement. Il contribue même à limiter les possibilités du gouvernement haïtien à mettre en place une politique macroéconomique indépendante.

Pour résorber l'insécurité alimentaire chronique, il est nécessaire que le gouvernement haïtien maintienne le cap, non seulement par une politique macroéconomique axée sur la croissance économique et la stabilité monétaire, mais prenne également des mesures politiquement inconfortables dans le domaine sectoriel et dans celui de la politique de distribution.

Enfin, le cas haïtien montre que le problème de la sécurité alimentaire ne suggère pas pour sa résolution, des solutions uniquement internationales ou les stocks régulateurs qui sont quelques-une d'entre elles, trouvent rapidement leur limite et n'aideront pas nécessairement à la réalisation de cette sécurité, même transitoire, d'où la nécessité pour le gouvernement d'adopter des mesures adéquates sur le plan macroéconomique, sectoriel et de la distribution afin d'assurer un développement durable qui, permettra de résoudre progressivement le problème de l'insécurité alimentaire.

Le processus de démocratisation engagé dans le pays depuis le retour en 1994 du Président Aristide, outre d'être très inégalement réparti dans le pays, n'est cependant pas synonime d'amélioration des conditions d'existence des individus. Ces transformations politiques hautement souhaitables ne peuvent être considérées comme la condition suffisante du changement économique et social. Un homme qui a faim non seulement ne peut être considéré comme un être libre, mais il devient en plus incapable de renouveler dans des conditions optimales sa force de travail.

Empêtré dans le court terme, Haïti tente de gérer ses équilibres macroéconomiques et financiers, alors que la grande majorité des individus affrontent au quotidien les exigences de leur survie.

Face à l'urgence et au court terme, l'impératif de sécurité devient de plus en plus évident. La sécurité alimentaire apparaît comme la principale composante de cet impératif, mais le droit à la santé, à l'éducation, à l'emploi, à un environnement non dégradé sont autant d'éléments de cette exigence de sécurité sans oublier la dimension démocratique de cette approche. Par conséquent, les solutions à court terme résident dans des actions spécifiques pour aider les populations vulnérables, dans le cadre de ce qu'on a appelé la stratégie des besoins essentiels, et également dans une redistribution des revenus en faveur de ces catégories pauvres, de façon à accroitre leur pouvoir d'achat, et dans des transformations technologiques et des politiques favorables, d'abord à l'agriculture. Les chinois avaient lancé dans les années 60 le slogan : marcher sur ses deux jambes, c'est-à-dire, développer à la fois l'agriculture et l'industrie. On pourrait ajouter comme le fait Lipton : "pour que le développement marche sur ses deux jambes, il faut lancer le bon pied en avant"

Enfin à moyen et long termes, des comparaisons entre les résultats de la politique d'ajustement actuellement suivie en Haïti et ceux issus de l'estimation de l'impact de mesures alternatives seraient souhaitables, afin de permettre à la fois d'évaluer l'expérience historique et d'avancer des arguments solides pour des choix politiques futures. En deux mots, il s'agit de concilier politiques macroéconomiques alternatives et équité et d'opérer un choix entre :

- refus d'ajustement
- ajuster <avant>
- ajuster <autrement>

Cette analyse contrefactuelle que nous envisageons dans une prochaine étude offre un intérêt politique évident puisqu'elle apporte des éléments de réponse à une question pratique :

Pouvait-on ajuster mieux en Haïti ou fallait-il ajuster plus tôt ?

*

* *

Annexes

Annexe A

Le modèle de simulation

Liste des équations

I- Contraintes budgétaires

I.1 - Le gouvernement

Compte courant

(1) $Fy_g + TD_{pr} + TI + DIV_o =$

$$i.\,B_g(-1) + i.CR_g(-1) + i.\,Dc_g(-1= + e.i^*.\,BF_g(-1) +$$

$$[GTR_{pr} + GTR_{cb} - e.\,FTR_g] + Sub + C_g + S_g$$

Compte de capitaux

(2) $S_g + \Delta DC_g + \Delta Cr_g + \Delta B_g + e.\Delta BF_g = KTR_o + KTR_{pr} + I_g$

À noter que :

Le compte courant détermine S_g.
Le compte de capital n'est pas utilisé dans le modèle normatif (il détermine ΔB_g dans le modèle positif).

I.2 - Les entreprises publiques

Compte courant

(3) $Fy_o = TD_o + i.B_o)-1= + e.i^*.BF_o(-2) + DIV_o + OTR_{pr} + S_o$

Compte de capitaux

(4) $S_o + KTR_o + \Delta B_o + \Delta Cr_o + e.\,\Delta Bf_o + e.Cgain_o = I_o$

À noter que :

Le compte courant détermine S_o.
Le compte de capital détermine ΔCr_o.

I.3 - La banque centrale

Compte courant

(5) $e.i^*.R_{cb}(-1) + i.DC(-12) + GTR_{cb} = i.B_{cb})-1) + e.i^*-BF_{cb}(-1) + \Delta S_{cb}$

Le compte de capitaux

(6) $\Delta S_{cb} + \Delta H + \Delta B_{cb} + e.\Delta BF_{cb} + e.Cgain_{cb} = e.\Delta R_{cb} + \Delta DC$

À noter que :

Le compte courant détermine ΔS_{cb}
Le compte de capitaux déterminée ΔDC
Avec un intérêt de $i*_R$ qui peut être différent de i*.

I.4 - Le système bancaire

Compte courant

(7) $i.CR(-1) = i.DC_{bs}(-1) + e.i^*.BF_{bs}(-1) + DIV_{bs} + S_{bs}$

Compte de capitaux

(8) $S_{bs} + \Delta Dc_{bs} + \Delta DEP + e.\Delta BF_{bs} + e.Cgain_{bs} = \Delta CR + \Delta H_{bs}$

À noter que :

Le compte courant détermine
Le compte de capitaux déterminée dans le modèle normatif (dans le modèle positif).

I.5 - La balance des paiements

Compte courant

(9) $MGNFS + (i^*. BF(-1) + \gamma DFI) = XGNFS + (FTR_g + FTR_{pr}) + S_f$

Compte de capitaux

(10) $\Delta BF + Conv + DFInconv = S_f$

À noter que :
Le compte courant détermine Sf
Le compte de capitaux déterminée ΔBF.

I.6 - Le secteur privé

Compte courant

(11) $Fy_{pr} + i.B(-1) + GTR_{pr} + e.FTR_{pr} + OTR_{pr} + DIV_{bs} = Td_{pr} + i.CR_{pr}(-1) + e.i^{*}.BF_{pr}(-1) + e.rDFI + C_{pr} + S_{pr}$

Compte de capitaux

(12) $S_{pr} + KTR_{pr} + \Delta Cr_{pr} + e.\Delta BF_{pr} + e.Cgain_{pr} + e.)DFIconv + DFInconv). = I_{pr} + \Delta B + \Delta M.$

À noter que :

Le compte courant détermine S_{pr}.
Le compte de capitaux déterminée dans le modèle normatif (il n'est pas utilisé dans le modèle positif).

II. - Équations structurelles

II. 1. - Le marché des biens et le bloc des prix

Déterminé

(13) $y_{t+1} = z_t + (i_{g,t} + i_{o,t} + i_{pr,t})/ICOR$ — $i_{g,t}$ (y_{t+1} dans le modèle positif)

(14) $y + mgnfs = c_g + C_{pr} + i_g + i_o + i_{pr} + XGNFS$ — c_g (i_{pr} dans le modèle positif)

(15) $mgnfs_t = mgnfs_{t-1} * (mgnfs_{t-1}/mgnfs_{t-2})^{\mu 0}$ — $mgnfs_t$

$y_t/y_{t-1})^{\mu 1}. (Ereal_t/ereal_{t-1})^{\mu 2}$

(16) $c_{pr,t} = c_{pr,t-1}/c_{pr,t-2})^{1-xt}$

$(Yd_t/yd_{t-2})^{x}$ — c_{pr}

(17) $Yd_t = [Fy_{pr,t} + GTR_{pr,t} + e.FTR_{pr,t} + OTR_{pr,t} + Div_{bs,t} - TD_{pr,t} - e.rDFI]/cpi_t$

$+ (i_t - {}^{\pi}cpi_t) * (B_{t-1} - CR_{pr,t-1})/cpi_t - {}^{\pi}cpi_t * (M_{t-1}/cpi_t)$

$- (1 + i^{*}_{t}.)e_{t-1}/e_t) * (1 + {}^{\pi}cpi_t)] * (BF_{pr,t-1}/cpi_t)$ — y_d

(18)	$i_o = \sigma_o * y$	i_o
(19)	$Y = c_g + c_{pr} + (I_g + I_o + I_{pr})$	c_{pr}
(20)	$c_g = c_g * p$	c_g
(21)	$I_g = P_I * i_g$	I_g
(22)	$I_o = P_I * i_o$	I_o
(23)	$I_{pr} = PI * i_{pr}$	I_{pr}
(24)	$Y = p*y$	Y
(25)	$MNFS = p *_{M} \cdot mgnfs$	MNFS
(26)	$P_c = c_{pr}/c_{pr}$	P_c
(27)	$cpi = p^{\sigma} (e.pv*_M)^{1-\sigma}$	cpi
(28)	$P_I = p^{7} (e.p*_M)^{1-7}$	P_I
(29)	$ereal = e.p *_{M}/P$	e (dans le modèle positif)

II. 2. Le marché monétaire

(30)	$H = [h + \rho (1 - h)] * M$	H (M dans le modèle positif)
(31)	$Mav_t/\rho_t = v_t * (mav_{t-1})^{h0} * z_t h1. (1+i_t)^{h2}$	M (p dans le modèle positif)
(32)	$H_{pr} = h.M$	H_{pr}
(33)	$DE = (1-1) *M$	DE
(34)	$H_{bs} = \rho * SWP$	H_{bs}
(35)	$i = (1+rint) * (1+\pi) - 1$	i

II. 3. - Le marché du crédit de la banque centrale

(36)	$DC = Dc_g + Dc_{bs}$	Dc_g (Dc_{bs} dans le modèle positif)
(37)	$CR = CR_g + Cr_o + Cr_{pr}$	Cr_g (Cr_{pr} dans le modèle positif)

(38)	$B_g + B_o + B_{cb} = B$	B_g (B dans le modèle positif)
(39)	$B_{cb} = B_{cb}(-1) *)\lambda_{pr}/\lambda_{pr}(-1) *)Y/Y(-1))$	
	$+ Conv_{cb} - Cgain_{cb}$	B_{cb}
(40)	$\Delta B_o = \lambda_o * [I_o - KTR_o - S_o]$	B_o

II. 6 - Le marché des actifs monétaires

(41)	$BF = BF_g + BF_o + BF_{bs} + BF_{pr} + Bf_{cb} - Rcb$	Bf_g (R_{cb} dans le modèle positif)
(42)	$BF_{pr} = BF_{pr}(-1)*(\Phi_{pr}/\Phi_{pr}(-1)\,)^{*})DE/DE(-1)\,)*(e(-1)/e)$	
	$- Conv_{pr}$	BF_{pr}
(43)	$Bf_{bs} = Bf_{bs}(-1)\,(\Phi_{bs}/\Phi_{bs}(-1)\,)^{*}\,(e(-1)/e$	
	$- Conv_{bs}$	BF_{bs}
(44)	$Bf_{cb} = Bf_{cb}(-1 * (\Phi_{cb}/\Phi_{cb}(-1)\,)^{*}\,(Y/Y(-1)\,)*(e(-1)/e)$	
	$- Conv_{cb}$	BF_{cb}
(45)	$\Delta Bf_o = \Phi_o * (I_o - KTR_o - S_o)/e - Conv_o$	Bf_o

III - Équations finales

(46a)	$y_t = y_{t-1} * (1+g_y)$	y_t
(47a)	$P_t = P_{t-1} * (1+g_p)$	P_t
(48a)	$i_{pr} = \sigma_{pr} * y$	I_{pr}
(49a)	$R_{cb} = mois * (MGNFS/12)$	R_{cb}
(50a)	$CR = \beta *)1 - p) * DE_{pr}$	CR
(51a)	$CR_{pr} = \beta_{pr} * Y$	CR_{pr}

III. - Modèle positif

(46b)	$c_g = \varkappa_g * y$	c_g

(47b)	$i_g = \sigma_g * y$	i_g
(48b)	$H_t = H_{t-1} * (1+g_h)$	H_t
(49b)	$\Delta Bf_g = \Phi_g*[I_g+KTR_o+KTR_{pr}-S_g]/e$	BF_g
(50b)	$\Delta DC_g = \delta_g*[I_g+KTR_o+KTR_{pr}-S_g]$	DC_g
(51b)	$\Delta Cr_g = \beta_g*[I_g+KTR_o+KTR_{pr}-S_g]$	CR_g

IV - Relations additionnelles

IV. 1. - Autres variables du secteur public

(52)	$Fy_g = 7_g * (Y-TI+Sub)$	Fy_g
(53)	$TD_{pr} = \tau_I * Y$	Td_{pr}
(54)	$TI = \tau_I * Y$	TI
(55)	$Sub = \tau_S * Y$	Sub
(56)	$GTR_{pr = zpr}*Y$	GTR_{pr}
(57)	$GTR_{cb} = z_{cb} \cdot e \cdot i* \cdot TBond$	GTR_{pr}
(58)	$KTR_{pr} = k_{pr} \cdot I_{pr}$	KTR_{pr}
(59)	$KTR_o = k_o \cdot I_o$	KTR_o

IV.2 - Autres variables

(60)	$Div_{bs} = z_{bs} * [i*CR(-1)-i*DC_{bs(-1)}- e*i*.BF_{bs(-1)}]$	Div_{bs}
(61)	$Cgain_o = kgain*Conv_o$	$Cgain_o$
(62)	$Cgain_{bs} = kgain*conv_{bs}$	$Cgain_{bs}$
(63)	$Cgain_{pr} = Conv - DFIconv -)Cgain_o+Cgain_{cb}+Cgain_{bs})$	$Cgain_{pr}$
(64)	$Mav_t = M_t\ 1/2 * M_{t-1}\ ½$	Mav
(65)	$^e eop,t = e_t{}^2 / {}^e eop,t-1$	$^e eop$

gh = taux de croissance monétaire (modèle positif seulement)
gp = taux d'inflation (modèle normatif)
gy = taux de croissance du PIB réel (modèle normatif)
h = taux de liquidité de l'économie
hO = élasticité de la demande de monnaie, avec stock monétaire décalé
h1 = élasticité de la demande de monnaie par rapport au taux d'intérêt nominal
ICOR=coefficient marginal de capital
kgain=gains de capitaux
kpr = dérivés de la conversion de la dette
kpr = part des investissements privés financée par les transferts gouvernementaux
ko = part de l'investissement des entreprises publiques financée par des transferts de capitaux
Mois=mois d'importation couverts par les réserves (modèle normatif)
zbs = pourcentage de profit distribué par le système bancaire
zcb = pourcentage de produits d'intérêt de bons du Trésor transférés à la banque centrale
zo = part de la valeur ajoutée des entreprises publiques transférée au gouvernement
zopr= part de la valeur ajoutée des entreprises publiques transférée au secteur privé
zpr = transferts publics au secteur privé par rapport au PIB

α = élasticité de la consommation privée par rapport au revenu disponible réel
αg = consommation publique par rapport au PIB réel
β = crédit du système bancaire par rapport aux actifs financiers (modèle normatif)
βg = part du déficit public financée par le crédit bancaire
βpr = crédit bancaire au secteur privé par rapport au PIB (modèle normatif)
δg = part du déficit public financée par la banque centrale (modèle positif)
Φpr = dette étrangère du secteur privé par rapport au PIB
Φbs = dette étrangère bancaire par rapport aux actifs financiers
Φcb = dette étrangère de la banque centrale par rapport au PIB
Φg = part du déficit public financée par la dette étrangère (modèle positif)
Φo = part du déficit des entreprises publiques financée par l'emprunt extérieur
7 = part des biens locaux intégrée dans l'investissement
7g = valeur ajoutée du secteur public par rapport au PIB (coût des facteurs)
℘pr = dette extérieure de la banque centrale par rapport au PIB
℘o = part du déficit des entreprises publiques financée par émission de la dette intérieure
μo = élasticité des importations réelles avec importations décalées
μ1 = élasticité des importations réelles par rapport au PIB réel
μ2 = élasticité des importations réelles par rapport au taux de change réel
ρ = coefficient de réserve obligatoire

σg = investissement public par rapport au PIB (modèle positif)
σo = investissement des entreprises publiques par rapport au PIB réel
σpr = investissement privé par rapport au PIB réel (modèle normatif)
τD = impôts directs privés par rapport à la valeur ajoutée
τDo = impôts directs des entreprises par rapport à la valeur ajoutée
τI = impôts indirects par rapport au PIB
τS = part des subventions dans le PIB
Θ = part des biens intérieurs dans l'indice des prix à la consommation.

Annexe B

Les données historiques du modèle

La mise au point d'un modèle suppose la collecte et la gestion d'un ensemble de données. Dans le cas de modèle, les données les plus récentes couvrent pour certaines, l'année 1993 et pour d'autres, les années 194 et 1995. Ces données portent sur :

- les grandeurs de la comptabilité nationale haïtienne : opérations sur biens et services ou de répartition, mesurées en valeur (gourde haïtienne à prix courant) données issues des services de la Banque mondiale.

- des données de la balance des paiements, exprimées en millions de dollars E.U. (Banque mondiale)

- des données du secteur public, en millions de gourdes (Banque mondiale)

- des données du commerce international, en millions de dollars E.U. (Banque mondiale)

- des données de prix, tarifs, déflacteurs et taux d'intérêt.

Comme on le constate, le domaine d'applications des modèles étant immense, le champ des données potentiellement utilisables aussi. Cependant, notre tâche dans la gestion des séries de ce modèle a été facilité par le fait que l'ensemble de ces séries émane d'un seul producteur (Banque mondiale).

Tableau 33. - Haïti - Comptes nationaux (gourdes à prix courant)

PIB aux prix du marché	23.710,4
Agriculture	10.367,8
Secteur secondaire (industrie)	2.902,9
Dont : secteur manufacturier et artisanal	2.216,7
Indice des prix	
PIB aux prix du marché	1.00
Déflateur de l'investissement intérieur brut	1.00
Agriculture	1.00
Industrie	1.00
Dont : secteur manufacturier	1.00

Exportations	64.16	
Importations	204.99	
Dont : importations de marchandises	141.09	
Revenu des facteurs (exportations)	0.0	
Revenu de l'investissement direct		
Investissement direct étranger	1.10	
Transferts de travailleurs		
Transferts officiels		
Subventions officielles courantes	112.47	
Transferts privés	0.0	
Transferts officiels : organisation internationales	0.0	
Transactions courantes		3.34
Subventions		
Investissement direct		0.83
Investissement de portefeuille		
Capitaux		0.0
		0.0
Variation dans les réserves (y compris FMI) (" -" = augmentation)	-36,50	

Tableau 34. - Haïti

Secteur public gouvernementale (millions de gourdes)	1994
Impôts directs	143,7
Impôts indirects	489,5
Impôts et taxes liés au commerce international, transfert	104,7
Transferts en provenance de PE_s	319,5
Pertes et profits de MS	—
Subventions étrangères officielles et recettes publiques courantes (y compris subventions	1.113,4
Total paiement d'intérêt	173,6
Transferts aux autres NFPS	0,0
Subventions à l'exportation	—
Consommation	1.526,9
Salaires	1.183,0
Dépenses plus prêt	106,0
Investissement	106,0
Déficit (-), surplus (+)	-999,7
Subventions officielles	12,4
Stock de la dette intérieure	12.262,3

Tableau 35. - Haïti

Secteur monétaire (Millions de gourdes)	1993	1994
Statistiques bancaires		
Dépôts du secteur privé (M_1)	1.321,2	1.440,8
Dépôt (quasi-monnaie)	4.596,0	5.441,0
Résumé du secteur monétaire (stocks)		
Crédit intérieur brut	8.281,0	10.118,0
Demande exprimée au gouvernement	3.784,9	5.096,6
Demande à d'autres secteurs publics non financiers	326,1	210,4
Monnaie et quasi-monnaie	8.320	9.722,8
Versement en capital	211,8	560,2
Réserves internationales (millions de dollars E.U.)		
a) Réserves brutes de la Banque de la République d'Haïti (à l'exclusion de l'or)	50,67	7,36e+18
b) Actifs étrangers des banques commerciales (DMB)	79,69	
- Poids de l'once d'or	...	
Taux de change (gourdes/dollars)	12,35	

Tableau 36.-Haïti

Commerce international	1994
Exportations (millions de dollars)	
1) Produits de base	12,010
Café	7,700
Sisal et objets en sisal	1,100
Cacao	0,970
Huiles essentielles	2,240
2) Exportations manufacturières (avec intrants locaux)	6,790
Exportations manufacturières comportant des intrants importés	37,610
3) Autres	0,950
Importations C.F.I. (Millions de dollars E.U.)	
. Productions alimentaires	99,400
. Autres biens de consommation	19,800
. Biens intermédiaires	2,480
. Produits manufacturés	7,620
. POL et autres produits énergétiques	46,220
. Biens d'équipement	7,730

Tableau 37. - Haïti

Prix, tarifs, déflateurs et taux d'intérêt	1994	1995
Population)en millions)	7.030	7.164
Taux de change		
Taux de change moyen (gourdes/dollars)	14,98	
Indice du taux de change réel	1,00	
Indice des prix locaux		
Inflation (p.a.)	37,36 %	
Inflation (e.o.p.)	26,05 %	13,40 %
Taux d'intérêt nominal		
Intérêt sur dépôt	31,3 %	
Intérêt sur dépôt à terme	27,2 %	
Bons du Trésor/emprunts du secteur privé	1,68 %	
Taux de prêt du secteur monétaire au secteur privé	15,0 %	
Taux de prêt du secteur monétaire au secteur public	9,0 %	
Taux d'intérêt implicite (étranger)	1,18 %	
Indice MUV	1,00 %	
Indice des prix à l'importation		
Produits alimentaire	1,00	
Produits de base	1,00	
Biens manufacturés	1,00	
Pétrole et autres biens énergétiques	1,00	
Biens d'équipement	1,00	
Services	1,00	

Tableau 38. - Haïti

Prix, tarifs, déflateurs et taux d'intérêt (suite)	1994	1995
Indice des prix à l'exportation		
Produits de base	1,00	
Bien 1	1,00	
Bien 2	1,00	
Bien 3	1,00	
Bien 4	1,00	
Autres biens	1,00	
Biens manufacturés	1,00	
Autres biens	1,00	
Services	1,00	
Indice tarifaire des importations		
Produits alimentaires	1,00	
Produits de base	1,00	
Produits manufacturés	1,00	
Pétrole et autres produits énergétiques	1,00	
Biens d'équipement	1,00	
Services	1,00	
Indice tarifaire à l'exportation		
Bien 1	1,00	
Bien 2	1,00	
Bien 3	1,00	
Bien 4	1,00	
Autres biens	1,00	
Biens manufacturés	1,00	
Autres biens	1,00	
Services	1,00	

Source : Banque mondiale, opus cité.

Annexe C

Scénarios et résultats de la simulation

On distingue deux types de scénarios :

- Les prévisions tendancielles qui utilisent les hypothèses les plus probables (dans le cas d'un scénario unique) c'est-à-dire, un ensemble d'hypothèses possibles, lorsque l'on veut couvrir le domaine des solutions envisageables.

- Les prévisions normatives, où l'on s'astreint à respecter un certain nombre de conditions sur les résultats (par exemple un retour progressif à l'équilibre du solde budgétaire). Ces contraintes rétroagissent évidemment sur l'élaboration des hypothèses.

C'est ce type de scénario qui est retenu dans cette étude. Il décrira une situation où des efforts ont été menés par rapport aux évolutions tendancielles, atteindre certains objectifs (exemple, le rythme de croissance des dépenses de l'État pourra être ralenti par rapport au passé).

Notons enfin que les résultats doivent être pris pour ce qu'ils sont, c'est-à-dire l'équilibre économique associé à des hypothèses dont on se refuse de juger la probalité. Ces scénarios sont, dans le cas d'Haïti, présentés ci-après, ils portent sur les hypothèses relatives à la politique économique poursuivie. Quant aux résultats proprement dits, ils sont présentés à la suite des divers scénarios, ils couvrent la période 1994-2005, sous forme de tableaux extraits d'une sortie d'imprimante relative au modèle RMSM-X. Ces tableaux permettent de visualiser rapidement les principales caractéristiques des simulations et des variations. Ils contiennent successivement, les évolutions des principales composantes des comptes nationaux, de la balance des paiements, des stocks et flux de la dette extérieure, des finances publiques, du secteur monétaire, du commerce international, enfin, de l'évolution possible des prix, taux de change, taux d'intérêt et tarifs.

Scénarios et variantes

Variantes de politiques économiques

	A B	D	E	F	G	H	I	J	K	L	M	N	O	Q
1	-Politique économique-	1993	1994	1995	1996	1997	1998	1999	2000	2001	2002	2003	2004	
2														
30	PIB													
31														
32	Objectifs Taux de croissance du PIB		4,53 %	2,00 %	3,00 %	3,00 %	3,00 %	3,00 %	3,00 %	3,00 %	3,00 %	3,00 %	3,00 %	=+ASU!Q5
33	Invest. Public/PIB k	0,45 %	6,54 %	7,28 %	8,49 %	4,48 %	3,87 %	3,51%	5,90 %	5,91 %	5,92 %	5,93 %	5,93 %	=+ASU!Q131
34	Invest. Privé/PIB k	1,25 %	1,69 %	2,64 %	3,08 %	3,72 %	4,02 %	5,79 %	7,58 %	9,37 %	11,18 %	2,62 %	2,62 %	=+ASU!Q130
35														
36	Résultats des objectifs Valeur PIB (prix K)	23 710,4	24.784,3	25 280,0	26.038,4	268196	27.624,1	28.452,9	20.306,5	30.185,6	31.091,2	32.024,0	32.984,7	=+P40*(1+Q3
37	Investissement	4030	2.041,5	2.507,3	3.013,6	2.199,5	2.179,3	2.645,3	3.948,9	4.614	5.318	2.737	2.822,1.2	=+Q42+Q43
38	privé	1060	1.621,6	1.840,5	2.211,0	1.201,9	1.069,2	9974	1.728,4	1.784,9	1.840,9	1.898,4	1.957,5	=+Q35*Q40
39	public	2970	4199	6668	8027	9975	1.110,1	1.647,9	2.220,5	2.829,7	3.477,4	8394	8646	=+Q36*Q40
40														
41	Résultats & Valeur PIB (prix K)	23 710,4	24 784,3	25 280,0	26.038,4	26 819,6	27.624,1	28.452,9	29 306,5	30.185,6	31 091,2	32 024,0	32 984,7	=+SNA!Q40
42														
43		0	0	0	0	0	0	0	0	0	0	0	0	=+Q40-A46
44														
45	Calculs Différence PIB		1.073,9	4957	7584	7812	8046	8287	8536	8792	9056	9327	9607	=+Q40-P40
46	Investissement	0	2.041,5	2.507,3	3.013,6	2.199,5	2.179,3	2.645,3	3.948,9	4.614,6	5 318,3	2.737,8	2.822,1	=+Q41
47	Coefficient marginal du capital		38	412	331	386	273	263	310	449	510	570	285	=+P51/Q50
48														
49														
50														
51														
52														
53														
54	PIB =	23 710,4	24 784,3	25 280,0	26 038,4	26 819,6	27 624,1	28 452,9	29 306,5	30 185,6	31 091,2	32 024,0	32 984,7	=+Q41
55	Balance	-2 109,6	-6 555,7	-7 132,0	-6 966,1	-6 521,6	-6 545,5	-6 621,8	-66902	-6 743,1	-6 815,6	-6 873,7	-6 922,4	=SNA!Q46
56	Investissement	4030	2 041,5	2 507,3	3 013,6	2 199,5	2 179,3	2 645,3	3 948,9	4 614,6	5 318,3	2 737,8	2 822,1	=+Q41
57	privé	1060	1 621,6	1 840,5	2 211,0	1 201,9	1 069,2	9974	1 728,4	1 784,9	1 840,9	1 898,4	1 957,5	=+Q42
58	Public	2970	4199	6668	8027	9975	1 110,1	1 647,9	2 220,5	2 829,7	3 477,4	8194	8646	=+Q43
59	Consommation	25 417,0	29 298,6	29 904,7	29 990,9	31 193,7	31 990,3	32 429,4	32 047,7	32 320,1	32 588,5	36 159,9	32 085,0	=+Q54-Q55
60	Privé	1 526,9	2 632,8	2 526,7	2 526,7	3 370,3	3 588,8	3 315,0	2 206,7	1 834,0	1 438,7	4 322,6	4 544,5	=+Q59-Q61
61	Publique	23 890,1	26 665,8	27 378,0	27 378,0	27 823,4	28 401,5	29 114,5	29 841,0	30 486,4	31 149,8	31 812,3	32 540,5	=SNA!Q57
62	Consommation (% du PIB)	107,20 %	118,21%	118,29 %	115,18%	116,31%	115,81%	113,98%	109,35%	107,07%	104,82%	112,92%	112,43%	=+Q59/Q$54
63	publique	6,44 %	10,62 %	9,99 %	8,81 %	12,57 %	12,99 %	11,65 %	7,53 %	6,08 %	4,63 %	13,50 %	13,78 %	=+Q60/Q$54
64	privée	100,76 %	107,59%	108,30%	106,37%	103,74%	102,81%	102,33%	101,82%	101,00%	1",19%	92,42 %	98,65 %	=+Q61/Q$54

Tableau 39. Haïti - Grille comparative de différents scénarios

énario	1995	1996	1997	1998	1999	2002	2001	2002	2003	2004	2005
aux de croissance du PIB	0,001	0,025-	0,015-	0,015-	0,015-	0,015-	0,015-	0,015-	0,015-	0,015-	0,030
oissance d'absorption	0,017	0,006-	0,007-	0,011--	0,018-	0,014-	0,014-	0,014-	0,014-	0,014-	0,026
aux de croissance réel per capita											
Produit intérieur Brut (PIB)	0,001	0,025-	0,015-	0,015-	0,015-	0,015-	0,015-	0,015-	0,015-	0,015-	0,011
Consommation totale	0,016	0,008-	0,001-	0,005-	0,014-	0,010-	0,012-	0,016-	0,016-	0,016-	0,004
Consommation privé	0,026	0,009-	0,010-	0,014-	0,010-	0,007-	0,008-	0,017-	0,016-	0,016-	0,003
tte et service de la dette											
T+ST+FMI)											
DOD total (M$E.U.)	0.414-	48.613-	27.341-	10.436-	6.236	12.711-	5.021-	23.049	47.219	56.420	######
Dette total/PIB	0,025-	0,084-	0,050-	0,023-	0,009	0,031	0,035	0,031	0,025	0,027	0,529
Service de la dette(M$E.U.)	0,046-	0,566-	1.005-	0,577-	1.431	1.286-	0,120	1.456	2.443	0,368	77.235
Service de la dette?Exports. Total	0,100-	0,075-	0,003	0,001-	0,002	0,003-	0,002	0,006	0,010	0,006	0,133
Service de la dette/PIB	0,001-	0,003-	0,002-	0,001-		0,001	0,002	0,002	0,003	0,002	0,022
érêt (LT+ST+FMI) :											
ntérêts paysés (M$E.U)	0,046-	0,566-	1.005-	0,407-	0,239	0,824	0,449	0,541	0,169-	1.097-	30.677
ntérêts dus (M$E.U.)	0,046-	0,566-	1.005-	0,407-	0,239	0,824	0,449	0,541	0,169-	1.097-	30.677
ntérêt/Exports. Total	0,050-	0,046-		0,001-	0,0(2	0,003	0,002	0,002	0,001		0,053
térêt/PIB	0,001-	0,002-	0,001-	0,001-		0,001	0,001	0,001	0,001		0,009
arché des biens											
alance	0,001-	0,005	0,016-	0,020-	0,021-	0,024-	0,,022-	0,019-	0,017-	0,016-	0,124-
Exportations	0,012	0,010	0,009-	0,004-	9,001	0,007	0,007	0,006	0,005	0,005	0,155
mportations	0,013	0,005	0,007	0,016	0,021	0,032	0,028	0,026	0,023	0,021	0,279
nsommation	0,011	0,009	0,011-	0,028	0,019	0,026	0,027	0,021	0,019	0,017	1.000
Privée	0,020	0,018	0,010	0,017	0,013	0,022	0,027	0,021	0,019	0,017	0,904
Publique	0,010-	0,009-	0,001	0,010	0,006	0,004					0,097
estissement	0,010-	0,014-	0,005	0,008-	0,002	0,001-	0,005-	0,002-	0,002-		0,124
rivé	0,004-	0,013	0,003	0,011-	0,013-	0,011-	0,010-	0,007-	0,007-	0,005-	0,064
ublic	0,006-	0,027-	0,002	0,002	0,015	0,010	0,005	0,005	0,005	0,005	0,060
argne intérieure brute	0,011-	0,009-	0,011-	0,028-	0,019-	0,026-	0,027-	0,021-	0,019-	0,017-	
pargne totale	0,010-	0,014-	0,005	0,008-	0,002	0,001-	0,005-	0,002-	0,002-		0,124
pargne extérieure		0,007-	0,008	0,014	0,019	0,015	0,022	0,017	0,012	0,009	0,051
argne nationale brute	0,009-	0,007-	0,003-	0,022-	0,017-	0,017-	0,027-	0,019-	0,014-	0,009-	0,073
pargne monétaire											
pargne de l'État	0,022	0,010-	0,011-	0,009-	0,007-	0,007-	0,001-	0,001-	0,001-	0,001-	0,015
pargne privée	0,032-	0,003	0,008	0,013-	0,010-	0,010-	0,027-	00,18	0,013	0,008-	0,058
efficient marginal de capital	0,005-	2,879	1,349	1,204	1,045	0,951	0,885	0,864	0,948	1,034	3,859
Prix											
x de change nominal (p.a.)											
U/$EU)	0,689	0,103	1.419	2.396	3.374	4.459	4.527	4.632	4.726	4.939	26.573
ux de dévaluaiton (p.a.)	0,046	0,043-	0,078	0,050	0,045	0,046	0,002-	0,001-	0,002-	0,004	0,028
ux de change nominal (e.o.p.)	0,396	0,761	1.907	2.885	3.916	4.493	4.579	4.679	4.832	5.026	27.370
ux de dévaluation (e.o.p.)	0,030	0,021	0,063	0,048	0,045	0,021	0,001-	0,001-	0,001	0,003	0,044
ux de change réel (LCU/$EU)	0,051-	0,132-	0,094-	0,073-	0,046-	0,018-	0,028-	0,036-	0,046-	0,050-	0,816
aux de change réel	0,075	0,205	0,140	0.106	0,065	0,024	0,037	0,049	0,063	0,070	1.225
I=$EU/LCU)	0,027-	0,002	0,008-	0,072	0,096	0.127	0,137	0,148	0,160	0,173	1.409
ermes de l'échange	0,107	0,049	0,024	0,016	0,010	0,010	0,010	0,010	0,010	0,010	0,060
nflation (e.o.p.)	0,139	0,074	0,025	0,023	0,010	0,010	0,010	0,010	0,010	0,010	0,060
nflation (p.a.)	0,133	0,032	0,012	0,030		0,012	0,009	0,006	0,009	0,009	0,054
Croissance	0,016	0,050	0,043	0,030	0,028	0,026	0,006	0,007	0,008	0,009	0,059
Secteur public											
estissement de l'État/PIB	0,006-	0,027-	0,002	0,003	0,015	0,010	0,005	0,005	0,005	0,0015	0,060
rgne de l'État/PIB	0,022	0,010-	0,011-	0,009-	0,007-	0,007-	0,001-	0,001-	0,00§-	0,001-	0,015
ette totale/PIB	0,003	0,019-	0,021-	0,010-	0,006	0,004					0,120
ense totale/PIB	0,024-	0,036-	0,008-	0,001	0,028	0,021	0,006	0,006	0,006	0,006	0,165
cit de l'État (-)/PIB	0,028	0,017	0,013-	0,012-	0,022-	0,017-	0,006-	0,006-	0,006-	0,006-	0,045-
cit (-)/PIB	0,027	0,016	0,014-	0,012-	0,022-	0,016-	0,005-	0,005-	0,005-	0,005-	0,036-
ations du crédit de MS/PIB	0,003										
ation des prêts de PS/PIB	0,024-	0,005	0,11	0,003	0,020	0,012		0,002-	0,002-	0,001-	0,022
dit extérieur/PIB	0,002-	0,017-	0,004	0,010	0,002	0,005	0,005	0,008	0,007	0,007	0,009
es directes/PIB	0,003-	0,002	0,002-	0,001-		0,003-					0,010
es indirectes/PIB		0,010-	0,009-	0,003	0,007	0,008					0,087

Tableau 39. Haïti - Grille comparative de différents scénarios (fin)

Scenario	1995	1996	1997	1998	1999	2002	2001	2002	2003	2004	2005
Balance des paiements											
Taux de croissance réel d'exportation	0,531	0,029-	0,437-	0,051-	0,026-	0,018-	0,017-	0,017-	0,021-	0,021-	0,059
Taux de croissance réel d'importation	0,305	0,054	0,057-	0,009-	0,028-	0,013-	0,013-	0,013-	0,014-	0,013-	0,027
Réserves brutes (mois d'importations	0,367-	1 304-	0,947-	0,856-	0,424-	0,041-	0,260	0,491	0,497	0,501	5 380
GFS)	0,292	0,228-	0,113	0,075	0,353	0,431	0,298	0,218	0,006	0,002	0,080
Variation dans les réserves en M											
Part du PIB dans L C :											
Facteur net des paiements	0,001	0,001			0,001-	0,001-			0,001	0,001	0,001-
Transferts (net)	0,001	0,001	0,008	0,006	0,002	0,010		0,002	0,005	0,007	0,074
CAB		0,007-	0,008	0,014	0,019	0,015	0,022	0,017	0,012	0,009	0,051
Commerce international											
Part des marchandises importées											
Aliment	0,040	0,001-	0,026-	0,026-	0,033-	0,032-	0,032-	0,032-	0,032-	0,032-	0,455
Autres biens de consommation	0,095-	0,002	0,004	0,004	0,005	0,005	0,005	0,005	0,005	0,005	0,018
Biens intermédiaires	0,020-	0,033-	0,015-	0,012-	0,005-	0,005-	0,005-	0,005-	0,005-	0,005-	0,205
POL et autre énergie	0,090-	0,112-	0,108-	0,110-	0,108-	0,107-	0,108-	0,108-	0,109-	0,109-	0,146
Biens en capital	0,164	0,144	0,144	0,144	0,140	0,139	0,139	0,140	0,140	0,140	0,177
Biens/inv. Total (en termes réels)	0,448	0,378	0,371	0,384	0,370	0,364	0,357	0,348	0,339	0,330	0,385
Part des marchandices exportées											
Commodité 1	0,002-	0,160-	0,317-	0,261-	0,239-	0,219-	0,208-	0,197-	0,187-	0,176-	0,052
Commodité 2	0,035	0,003-	0,003-	0,004-	0,004-	0,004-	0,004-	0,003-	0,003-	0,003-	0,007
Commodité 3	0,001-	0,001	0,004	0,005	0,005	0,005	0,005	0,005	0,005	0,005	0,012
Commodité 4	0,055	0,055	0,041	0,035	0,031	0,028	0,026	0,024	0,023	0,021	0,028
Manufacturée	0,120-	0,039	0,174	0,095	0,081	0,069	0,065	0,060	0,055	0,049	0,737
Autre	0,032	0,068	0,101	0,130	0,126	0,121	0,116	0,111	0,107	0,103	0,165
Marchés des actifs monétaires et financiers											
1 Monnaie											
Croissance monétaire											0,173
Inflation (e.o.p.)	0,107	0,049	0,024	0,016	0,010	0,010	0,010	0,010	0,010	0,010	0,060
M2/PIB	0,035-	0,050-	0,053-	0,057-	0,053-	0,049-	0,047-	0,044-	0,042-	0,044-	0,333
Monnaie/M2											0,225
Dépôts/M2											0,212
Dépôts/M2											0,564
Vitesse'revenu	0,287	0,325	0,341	0,336	0,335	0,331	0,323	0,312	0,298	0,263	2,987
2 Crédit :											
Stocks											
Crédit total/PIB	0,039-	0,044-	0,047-	0,048-	0,041-	0,046-	0,050-	0,053-	0,052-	0,055-	0,268
Crédit privé/PIB	0,017-	0,026-	0,030-	0,033-	0,028-	0,034-	0,039-	0,043-	0,044-	0,047-	0,219
Crédit de l'État/PIB	0,014-	0,015-	0,014-	0,014-	0,012-	0,011-	0,009-	0,008-	0,007-	0,006-	0,042
Crédit total/M2	0,019-	0,014	0,014	0,019	0,026	0,001-	0,025-	0,047-	0,055-	0,057-	0,803
Flux											
Crédit total/PIB											
Crédit privé/PIB	0,006-	0,001-	0,005-	0,004-	0,001	0,010-	0,009-	0,009-	0,005-	0,008-	0,040
Crédit de l'État/PIB	0,006-	0,002-	0,005-	0,004-	0,001	0,009-	0,009-	0,009-	0,005-	0,008-	0,040
	0,003										
3 Prêt par le secteur privé											
Stock PIB	0,048-	0,042-	0,028-	0,024-	0,001-	0,012	0,012	0,009	0,007	0,006	0,125
·PIB	0,024-	0,005	0,011	0,003	0,020	0,012		0,002-	0,002-	0,001-	0,022
4 Dette extérieure											
Dette totale/PIB	0,025	0,084-	0,050-	0,023-	0,009	0,031	0,035	0,031	0,025	0,027	0,529
Dette publique/PIB											
Secteur monétaire/PIB	0,022-	0,010-	0,006-	0,001-	0,011	0,013	0,012	0,010	0,007	0,004	0,004-
Dette privée/PIB											
5 Taux d'intérêt											
Nominal											
Prêt											0,162
Bon											0,010
Dépôt											0,054
Dépôt											0,087

Résultats de la simulation

Scénario de base
PNB per capita : 242,1 $ (1995)
Population : 7,164 millions (1995)

Tableau 40. Haïti -Comptes nationaux. Données à prix courant
(en millions de gourdes)

	Actuel	Estimation				Projection					
	1991	1992	1993	1994	1995	1996	1997	1998	1999	2000	2005
Produit intérieur brut et prix du marché	17.025,7	16.785,5	19.300,8	23.710,4	34.115,1	41.618,0	46.724,5	51.495,1	56.222,4	61.383,6	95.228,6
Taxes indirects (net)	907,3	615,5	745,6	489,5	978,7	1.451,0	2.428,1	3.596,9	4.318,8	5.120,9	8.237,3
PIB au coût des facteurs	16.104,5	16.161,8	18.520,6	23.220,9	33.136,4	40.167,0	44.296,4	47.898,2	51.903,5	56.262,7	86.991,4
Agriculture	5.830,3	6.673,1	7.679,6	10.367,8	14.396,6	17.521,2	19.728,3	21.657,0	23.375,8	25.342,1	39.818,0
Industrie	3.370,9	2.649,3	3.084,9	2.902,9	4.366,7	5.410,3	6.339,5	7.080,2	7.754,5	8.838,8	15.329,9
Dont : manufacturier	2.272,4	2.064,6	2.418,6	2.216,7	3.240,9	3.953,7	4.541,8	5.049,8	5.450,6	5.995,6	9.954,5
Services	6.903,3	6.839,4	7.756,2	9.950,3	14.373,1	17.235,5	18.228,6	19.161,1	20.773,2	22.081,7	31.843,4
Balance des ressources	-2.613,9	-1.678,7	-2.974,6	-2.109,6	-8.389,3	-8.847,2	-9.347,6	-9.390,1	-9.979,7	-10.658,0	-11.807,1
Exportations (GNFS) [a]	1.998,8	1.038,4	1.450,6	961,1	2.001,3	2.799,4	3.540,8	5.167,6	6.256,8	7.753,0	14.773,1
Importations (GNFS)	4,612,8	2.717,1	4.425,1	3.070,8	10.390,6	11.646,6	12.888,4	14.557,6	16.236,5	18.410,9	26.580,2
Dépenses totales	19.639,6	18.464,2	22.275,4	25.820,0	42.504,4	50.465,2	56.072,1	60.885,2	66.202,0	72.041,5	107.035,8
Dépenses de consommation	17.725,6	17.844,2	21.545,4	25.417,0	39.562,8	46.762,1	50.805,6	55.532,2	60.197,4	65.253,2	95.269,0
Administration publique	1.266,2	1.177,1	1.440,1	1.526,9	2.923,0	3.544,0	4.191,0	4.994,2	5.513,0	5.929,8	9.189,6
Privée	16.459,4	16.667,1	20.105,3	23.890,1	36.639,8	43.218,1	46.614,2	50.538,0	54.684,4	59.323,4	86.079,5
Investissement intérieur brut	1.914,0	620,0	730,0	403,0	2.941,6	3.703,1	5.266,5	5.353,0	6.004,7	6.788,4	11.766,7
Investissement total de l'État [b]	769,5	67,5	195,8	105,8	2.012,0	2.681,0	3.457,6	3.604,7	3.935,6	3.989,9	5.713,7
Investissement privé total [c]	1.144,5	552,5	534,2	297,2	929,6	1.022,1	1.808,9	1.748,4	2.069,1	2.798,4	6.053,0
Investissement total fixe	1.914,0	620,0	730,0	403,0	2.941,6	3.703,1	5.266,5	5.353,0	6.004,7	6.788,4	11.766,7
Investisement total en action	0,0	0,0	0,0	0,0	0,0	0,0	0,0	0,0	0,0	0,0	0,0
Épargne intérieure	-699,9	-1.058,7	-2.244,6	-1.706,6	-5.447,7	-5.144,1	-4.081,1	-4.037,1	-3.975,0	-3.869,6	-40,4
+ Revenu du facteur net	-138,6	-108,3	-131,0	-169,3	-267,2	-175,3	-167,0	-267,7	-283,8	-318,1	-130,6
+ Transferts courants (net) [d]	1.868,5	2.047,5	3.050,4	2.329,0	6.535,8	4.846,1	5.612,2	5.151,7	4.901,6	5.341,4	7.088,8
= Épargne nationale (brut)	1.030,0	880,5	674,9	453,1	820,9	-473,3	1.364,1	846,9	642,8	1.153,7	6.917,7
Produit national brut	16.887,1	16.677,2	19.169,8	23.541,1	33.847,9	41.442,7	46.557,5	51.227,4	55.938,6	61.065,5	95.098,0
Revenu national disponible (brut)	18,775,6	18.724,7	22.220,2	25.870,1	40.383,7	46.288,8	52.169,8	56.379,1	60.840,1	66.406,9	102.186,8

a. «GNFS» exprime «les biens et services».
b. Formation brute de capital fixe seulement.
c. Facteur résiduel, y compris variations de stock
d. Transferts à l'exception des subventions officielles.

Tableau 41. Haïti -Comptes nationaux. Partage du produit intérieur brut
(pourcentage issus de données à prix courant)

Scénario de base

	Actuel					Estimation				Projection	
	1991	1992	1993	1994	1995	1996	1997	1998	1999	2000	2005
Produit intérieur brut	100,0	100,0	100,0	100,0	100,0	100,0	100,0	100,0	100,0	100,0	100,00
Taxes indirectes (net)	5,3	3,7	3,9	2,1	2,9	3,5	5,2	7,0	7,7	8,3	8,7
Agriculture, valeur ajoutée	34,2	39,8	39,8	43,7	42,2	42,1	42,2	42,1	41,6	41,3	41,8
Industrie, valeur ajoutée	19,8	15,8	16,0	12,2	12,8	13,0	13,6	13,7	13,8	14,4	16,1
Dont : Manufacturier	13,3	12,3	12,5	9,3	9,5	9,5	9,7	9,8	9,7	9,8	10,5
Services, valeur ajoutée	40,5	40,7	40,2	42,0	42,1	41,4	39,0	37,2	36,9	36,0	33,4
Balance des ressources (X-M)	-15,4	-10,0	-15,4	-8,9	-24,6	-21,3	-20,0	-18,2	-17,8	-17,8	-12,4
Exportations (GNFS) [a]	11,7	6,2	7,5	4,1	5,9	6,7	7,6	10,0	11,1	12,6	15,5
Importations (GNFS)	27,1	16,2	22,9	13,0	30,5	28,0	27,6	28,3	28,9	30,0	27,9
Dépenses totales	115,4	110,0	115,4	108,9	124,6	121,3	120,0	118,2	117,8	117,4	112,4
Consommation totale	104,1	106,3	111,6	107,2	116,0	112,4	108,7	107,8	107,1	106,3	100,0
- Administration publique	7,4	7,0	7,5	6,4	8,6	8,5	9,0	9,7	9,8	9,7	9,7
- Privée	96,7	99,3	104,2	100,8	107,4	103,8	99,8	98,1	97,3	96,6	90,4
Investissement total	11,2	3,7	3,8	1,7	8,6	8,9	11,3	10,4	10,7	11,1	12,4
- Administration publique	4,5	0,4	1,0	0,4	5,9	6,4	7,4	7,0	7,0	6,5	6,0
- Privé	6,7	3,3	2,8	1,3	2,7	2,5	3,9	3,4	3,7	4,6	6,4
Épargne intérieure brute	-4,1	-6,3	-11,6	-7,2	-16,0	-12,4	-8,7	-7,8	-7,1	-6,3	0,0
Épargne nationale brute	6,0	5,2	3,5	1,9	2,4	-1,1	2,9	1,6	1,1	1,9	7,3
Pour mémoire :											
PNB déflateur	53,3	61,6	72,8	100,0	137,6	164,6	179,4	192,0	203,5	215,7	288,7
Indice des prix à la consommation	49,6	58,3	70,1	100,0	130,2	156,2	179,4	192,0	203,5	215,7	288,7
Inflation (variation en % en PCI)	19,5%	17,7%	20,2%	42,6%	30,2%	20,0%	14,9%	7,0%	6,0%	6,0%	6,0%
PNB total (millions de $ E.U., prix courant)	2.211,1	1.844,6	1.561,6	1.582,8	2.174,5	2.462,5	2.482,9	2.549,8	2.594,1	2.639,1	3.583,6
Facteur de conversion utilisé (LCU/$E.U.)	7,7	9,1	12,4	15,0	15,7	16,9	18,8	20,2	21,7	23,3	26,6
Produit national brut per capita (En $ E.U., méthode Atlas)	...	266,6	246,5	221,1	242,1	291,8	335,4	347,6	347,2	347,6	413,6

a. «GNFS» exprime «les biens et services».

a. «GNFS» exprime «les biens et services».

Scénario de base

Tableau 42. (suite) Haïti -Comptes nationaux. Données à prix courant
(en gourdes de 1994)

			Actuel				*Estimation*			*Projection*	
	1991	*1992*	*1993*	*1994*	*1995*	*1996*	*1997*	*1998*	*1999*	*2000*	*2005*
PNB au prix du marché	31.954,7	27.229,3	26.511,0	23.710,4	24.784,3	25.280,0	26.038,4	26.819,6	27.624,1	28.452,9	32.984,7
PIB au coût du facteur	31.338,3	26.705,8	25.952,7	23.220,9	24.073,3	24.398,6	24.685,3	24.946,2	25.502,1	26.079,2	30.131,5
Agriculture	10.942,7	10.825,0	10.548,5	10.367,8	10.471,4	10.659,9	11.022,4	11.474,3	11.990,6	12.530,2	15.614,9
Industrie	6.326,6	4.297,7	4.237,3	2.902,9	3.172,8	3.274,4	3.526,5	3,759,2	3.973,5	4.192,1	5.478,9
Dont . Manufacturier	4.264,9	3.349,2	3.322,2	2.216,7	2.230,0	2.288,0	2.404,7	2.532,1	2.661,3	2.794,3	3.566,3
Services	14.069,0	11.583,1	11.167,0	9.950,3	10.429,0	10.464,3	10.136,4	9.712,7	9.538,0	9.356,9	9.037,7
Balance des ressources	-3.020,1	-1.721,6	-3.027,9	-2.109,6	-6.555,7	-7.132,0	-6.966,1	-6.573,6	-6.545,5	-6.621,8	-6.922,4
Exportations (GNFS) [a]	2.074,4	1.086,4	1.474,8	961,1	1.799,1	2.172,4	2.477,5	3.046,0	3.197,8	3.384,5	4.509,7
Importations (GNFS)	5.094,5	2.808,0	4.502,7	3.070,8	8.354,8	9.304,4	9.443,6	9.619,6	9.743,3	10.006,3	11.432,1
Dépenses totales	34.974,8	28.950,9	29.538,9	25.820,0	31.340,1	32.412,0	33.004,5	33.393,2	34.169,6	35.074,7	30.907,1
Consommation	31.109,0	27,935,9	28.608,5	25.417,0	28.793,1	29.623,1	30.187,7	30.573,0	31.264,8	32.024,7	36.907,1
Administration publique	2.376,5	1.909,5	1.978,1	1.526,9	2.127,3	2.245,1	2.490,5	2.749,5	2.863,3	2.910,2	3.473,9
Privée	28.732,5	26.026,4	26.630,4	23.890,1	26.665,8	27.378,0	27.697,2	27.823,4	28.401,5	29.114,5	32.540,5
Investissement intérieur brut	3.865,8	1.015,0	930,4	403,0	2.547,0	2.788,9	2.816,8	2.820,2	2.904,8	3.050,0	3.892,7
Investissement total de l'État	...	...	...	105,8	1.618,5	1.837,0	2.138,0	2.069,1	2.094,7	1.973,3	2.131,5
Investissement total privé	...	...	...	297,2	926,0	949,0	675,3	747,7	806,7	1.073,8	1.758,4
Investissement total fixe	3.865,8	1.015,0	930,4	403,0	2.547,0	2.788,9	2.816,8	2.820,0	2.904,8	3.050,0	3.892,7
Variations totales en action	0,0	0,0	0,0	0,0	0,0	0,0	0,0	0,0	0,0	0,0	0,0
Terme de l'échange (TT) effet	133,2	-13,3	1,2	0,0	-189,9	64,0	116,9	368,7	556,8	829,2	1.844,2
Revenu intérieur brut	32.087,9	27.216,1	26.512,2	23.710,4	24.594,4	25.344,0	26.155,3	27.188,3	28.181,0	29.282,1	34.828,8
Épargne intérieure (TT ajusté)	978,9	-719,9	-2.096,3	-1.706,6	-4.198,7	-4.279,1	-4.032,4	-3.384,7	-3.083,8	-2.742,6	-1.185,5
Revenu des facteurs net	-246,8	-169,8	-173,7	-169,3	-197,0	-112,6	-98,3	-146,8	-146,5	-154,9	-48,7
PNB au prix du marché	31.707,9	27.059,5	26.337,3	23.541,1	24.587,3	25.167,4	25.940,1	26.672,7	27.477,7	28.298,0	32.936,0

a. «GNFS» exprime «les biens et services».

Scénario de base

Tableau 43. Haïti -Comptes nationaux. Données à prix courant
(en millions de gourdes)

	Actuel					*Estimation*				*Projection*	
	1991	*1992*	*1993*	*1994*	*1995*	*1996*	*1997*	*1998*	*1999*	*2000*	*2005*
PNB au prix du marché	-3,0	-14,8	-2,6	-10,6	4,5	2,0	3,0	3,0	3,0	3,0	3,0
Agriculture	-0,1	-1,1	-2,6	-1,7	1,0	1,8	3,4	4,1	4,5	4,5	4,5
Industrie	-11,9	-32,1	-1,4	-31,5	9,3	3,2	7,7	6,6	5,7	5,5	5,5
Dont : Manufacturier	-17,7	-21,5	-0,8	-33,3	0,6	2,6	5,1	5,3	5,1	5,0	5,0
Services	-2,5	-17,7	-3,6	-10,9	4,8	0,3	-3,1	-4,2	-1,8	-1,9	-0,9
Exportations (GNFS) [a]	-10,8	-47,6	35,7	-34,8	87,2	20,8	14,0	22,9	5,0	5,8	5,9
Importations (GNFS)	13,5	-44,9	60,4	-31,8	172,1	11,4	1,5	1,9	1,3	2,7	2,7
Dépenses totales	-0,4	-17,2	2,0	-12,6	21,4	3,4	1,8	1,2	2,3	2,6	2,6
Consommation	0,6	-10,2	2,4	-11,2	13,3	2,9	1,9	1,3	2,3	2,4	2,3
Investissement	-7,9	-73,7	-8,3	-56,7	532,0	9,5	1,0	0,1	3,0	5,0	5,0
Revenu intérieur brut	-3,0	-15,2	-2,6	-10,6	3,7	3,0	3,2	3,9	3,7	3,9	3,6
Épargne intérieure brute	-58,5	-183,5	196,8	-28,6	134,9	8,3	-4,5	-9,5	-3,0	-1,9	-4,3
Taux de croissance per capita											
PNB per capita (mp) [b]	-4,9	-16,6	-4,6	-12,2	2,6	0,1	1,1	1,1	1,1	1,1	1,1
PNB per capita (mp)	-4,9	-16,6	-4,6	-12,3	2,5	0,5	1,1	0,9	1,1	1,1	1,1
Consommation totale per capita	-1,4	-12,1	0,3	-12,8	11,2	1,0	0,0	-0,6	0,4	0,5	0,4
Consommation privée per capita	-0,8	-11,3	0,2	-11,9	9,5	0,8	-0,7	-1,4	0,2	0,6	0,3

a. «GNFS» exprime «les biens et services».
b. «Mp» exprime «prix du marché».

Partie E. Indicateurs moyens de la période

	Actuel	*Estimation*	*Projection*
	1985–90	1990–95	1995–100
Coefficient marginal d'épargne		...	...
Coefficient marginal de capital		-1,3	3,8
Élasticité des importations		-0,9	1,1

Tableau 44. Haïti -Balance des paiements
(en millions de dollars E.U. à prix courant)

Scénario de base

	Actuel					Estimation					Projection
	1991	1992	1993	1994	1995	1996	1997	1998	1999	2000	2005
Total des exportations GNFS[a]	259,6	114,1	117,4	64,2	127,6	165,6	188,2	255,9	288,7	333,3	555,9
Marchandise (FOB)	202,0	75,6	81,6	57,4	85,6	107,8	151,6	198,7	215,4	232,6	348,9
Services non facteur	57,6	38,5	35,8	6,8	42,0	57,8	36,5	57,1	73,2	100,7	207,0
Total des importations GNFS	599,1	298,6	358,0	205,0	662,3	689,0	684,9	720,8	749,1	791,5	1.000,3
Marchandise (FOB)	448,6	214,1	266,5	141,1	436,0	447,6	467,7	491,2	508,8	538,8	678,8
Services non facteur	150,5	84,5	92,5	63,9	226,3	241,4	217,2	229,6	240,3	252,8	321,5
Balance des ressources	-339,5	-184,5	-240,7	-140,8	-534,7	-523,4	-496,7	-465,0	-460,5	-458,2	-444,3
Revenu des facteurs net	-18,0	-11,9	-10,6	-11,2	-17,0	-10,4	-8,9	-13,3	-13,1	-13,7	-4,9
Recettes des facteurs	2,0	1,0	2,0	0,0	4,0	14,2	16,9	19,7	22,1	22,6	26,9
Paiements des facteurs	20,0	12,9	12,6	11,2	21,1	24,5	25,8	33,0	35,1	36,3	31,8
Intérêt (planifié)	10,2	10,4	10,6	10,1	20,0	23,4	24,6	31,8	34,0	35,1	30,7
Intérêt total payé [b]	6,3	0,4	0,0	0,0	54,4	23,4	24,6	31,8	34,0	35,1	30,7
Ajustement net d'intérêt plannifié	3,9	10,0	10,6	10,1	-34,4	0,0	0,0	0,0	0,0	0,0	0,0
Autres facteurs de paiement	9,8	2,5	2,0	1,1	1,1	1,2	1,2	1,1	1,2	1,2	1,2
Transferts courants privés (net)	69,5	70,0	73,4	42,9	108,0	114,0	112,8	118,1	117,6	124,6	169,3
Recettes courantes, dont	0,0	0,0	0,0	0,0	108,0	114,0	112,8	118,1	117,6	124,6	169,3
Remises des travailleurs	0,0	0,0	0,0	0,0	0,0	0,0	0,0	0,0	0,0	0,0	0,0
Paiements courants	-69,5	-70,0	-73,4	-42,9	0,0	0,0	0,0	0,0	0,0	0,0	0,0
Transferts officiels courants (net)	103,7	85,0	100,0	112,5	308,6	172,7	185,4	137,0	108,6	105,0	97,5
Solde courant	-184,3	-41,4	-77,9	3,3	-135,2	-247,1	-207,4	-223,1	-247,4	-242,3	-182,5
Dons officiels	61,0	0,0	0,0	0,8	68,2	42,1	18,0	13,0	13,0	10,0	10,0
Investissment privé (net)	13,6	0,0	0,0	0,0	6,2	6,2	17,0	20,0	37,0	46,8	51,7
Investissement étranger direct	13,6	0,0	0,0	0,0	6,2	6,2	17,0	20,0	37,0	46,8	51,7
Investissements de portefeuille	0,0	0,0	0,0	0,0	0,0	0,0	0,0	0,0	0,0	0,0	0,0
Prêt (net) Lt[c]	29,1	-11,2	-15,3	-12,4	89,0	132,1	137,4	129,7	124,3	118,1	41,9
Remboursements[b]	43,4	0,5	0,0	0,0	109,2	148,3	151,8	146,2	142,3	136,8	67,9
Repaiements (planifié)	14,9	11,4	15,3	12,4	20,2	16,2	14,4	16,5	18,0	18,7	26,0
Principal total repayé [b]	6,0	0,0	0,0	0,0	102,1	16,2	14,4	16,5	18,0	18,7	26,0
Ajustements nets	8,9	11,4	15,3	12,4	-81,9	0,0	0,0	0,0	0,0	0,0	0,0
Autres flux nets à long terme	0,6	-0,3	0,0	0,0	0,0	0,0	0,0	0,0	0,0	0,0	0,0

a. «GNFS» exprime «les biens et services».

Scénario de base

Tableau 45 (Fin). Haïti -Balance des paiements
(en millions de dollars américains à prix courant)

	Actuel					Estimation				Projection	
	1991	1992	1993	1994	1995	1996	1997	1998	1999	2000	2005
Ajustement du service de la dette échelonné	12,8	21,4	25,9	22,5	-116,3	0,0	0,0	0,0	0,0	0,0	0,0
Impayé du service de la dette	12,8	21,4	25,9	22,5	0,0	0,0	0,0	0,0	0,0	0,0	0,0
Réduction des arriérés/prépaiements (-)	0,0	0,0	0,0	0,0	-116,3	0,0	0,0	0,0	0,0	0,0	0,0
Autres flux de capitaux	0,0	0,0	0,0	0,0	201,6	56,7	50,0	73,0	86,1	103,7	116,3
Capital net à court terme	0,0	0,0	0,0	0,0	0,0	0,0	0,0	0,0	0,0	0,0	0,0
Flux des capitaux nets n.e.i. [d]	0,0	0,0	0,0	0,0	193,2	43,4	39,9	66,3	81,3	90,5	110,7
Erreurs et omissions	0,0	0,0	0,0	0,0	8,4	13,3	10,1	6,7	4,7	4,2	5,6
Variations en réserves internationales (net) (- indicate increase in assets)	-20,0	-11,3	-19,1	-23,1	-113,5	10,0	-15,1	-12,5	-13,0	-36,4	-37,4
Pour mémoire :											
Total des réserves brutes, dont :	24,8	38,1	50,7	73,6	283,5	282,1	328,6	367,5	377,0	392,5	462,8
Total desréserves - or	0,0	0,0	0,0	0,0	210,7	222,6	279,2	324,8	339,1	358,7	447,2
Or (fin de période, prix de Londres)	0,0	0,0	0,0	0,0	0,0	0,0	0,0	0,0	0,0	0,0	0,0
Réserves totales brutes (en mois d'importations G &S)[e]	0,5	1,5	1,6	4,1	3,7	3,7	4,7	5,2	5,2	5,2	5,2
Taux de change											
Moyenne annuelle (LCU/$E.U.)[f]	7,7	9,1	12,4	15,0	15,7	16,9	18,8	20,2	21,7	23,3	26,6
En fin de période (LCU/$ E.U.)	7,7	9,1	12,4	14,9	16,3	17,9	19,5	20,9	22,5	23,5	27,4
Taux de change (1994=100)	...	...	...	100,0	79,5	74,0	77,3	79,5	82,5	85,6	81,6
Solde courant en pourcentage du PIB	-8,3	-2,2	-5,0	0,2	-6,2	-10,0	-8,4	-8,8	-9,5	-9,2	-5,1

d. «n.e.i» signifie «ne figure pas ailleurs».
e. «G & S» exprime «Les biens et services».
f. «LCU» exprime en monnaie locale.
g. «L'indice du tauxde change réel est exprimé par $ E.U./LCU.
h. «Comprend tous les transferts à l'exception des subventions.

Tableau 46 . Haïti -Stocks et flux de la dette extérieure
(en millions de dollars E.U. à prix courant)

Scénario de base

	Actuel				Estimation					Projection	
	1991	1992	1993	1994	1995	1996	1997	1998	1999	2000	2005
A. Remboursements bruts											
Garanties publiques	38,0	0,5	0,0	0,0	109,2	148,3	151,8	146,2	142,3	136,8	67,9
Créditeurs multilatéraux, dont :	25,6	0,5	0,0	0,0	109,2	148,3	131,5	141,7	122,6	120,8	55,1
IDA	10,8	0,3	0,0	0,0	49,2	88,3	68,5	67,7	58,6	56,8	55,1
IDB	0,0	0,0	0,0	0,0	60,0	60,0	63,0	74,0	64,0	64,0	0,0
Créditeurs bilatéraux	12,4	0,0	0,0	0,0	0,0	0,0	0,0	0,0	0,0	0,0	0,0
Créditeurs privés (déficit)	0,0	0,0	0,0	0,0	0,0	0,0	20,4	4,4	19,7	15,9	12,8
Dont : Bons	0,0	0,0	0,0	0,0	0,0	0,0	0,0	0,0	0,0	0,0	0,0
Créditeurs privés	5,4	0,0	0,0	0,0	0,0	0,0	0,0	0,0	0,0	0,0	0,0
Total Lt[b] Remboursements prêts	43,4	0,5	0,0	0,0	109,2	148,3	151,8	146,2	142,3	136,8	67,9
Net St[b] crédit	0,0	0,0	0,0	0,0	0,0	0,0	0,0	0,0	0,0	0,0	0,0
Tirages FMI	0,0	0,0	0,0	0,0	24,0	22,3	44,5	44,5	22,3	0,0	0,0
Total remboursements (LT+ST+FMI)	43,4	0,5	0,0	0,0	133,2	170,6	196,3	190,7	164,6	136,8	67,9
B. Amortissement											
Garanties publiques	14,9	11,4	15,3	12,4	20,2	16,2	14,4	16,5	18,0	18,7	26,0
Créditeurs multilatéraux, dont :	6,2	7,3	8,5	9,5	10,3	11,2	12,2	14,3	15,8	16,5	21,0
IDA	1,4	2,8	3,9	2,8	5,6	6,2	6,9	7,5	8,1	8,8	9,8
IDB	0,0	0,0	0,0	0,0	4,7	5,0	5,3	6,8	7,7	7,7	11,2
Créditeurs bilatéraux	8,7	4,1	6,8	2,9	2,2	2,2	2,2	2,2	2,2	2,2	2,2
Créditeurs privés (déficit)	0,0	0,0	0,0	0,0	7,7	2,8	0,0	0,0	0,0	0,0	0,0
Dont : Bons	0,0	0,0	0,0	0,0	0,0	0,0	0,0	0,0	0,0	0,0	0,0
Créditeurs privés	0,0	0,0	0,0	0,0	0,0	0,0	0,0	0,0	0,0	0,0	0,0
Total Lt Remboursements prêts	14,9	11,4	15,3	12,4	20,2	16,2	14,4	16,5	18,0	18,7	26,0
Repaiement au FMI	4,4	1,3	12,0	13,4	0,4	0,4	3,0	11,4	21,0	16,7	17,8
Amortissement total (LT+FMI)	19,3	12,7	27,3	25,8	20,6	16,6	17,4	27,9	39,0	35,4	43,8
C. Remboursements nets											
Garanties publiques	23,1	-10,9	-15,3	-12,4	89,0	132,1	137,4	129,7	124,3	118,1	41,9
Créditeurs multilatéraux, dont :	19,4	-6,8	-8,5	-9,5	98,9	137,1	119,3	127,4	106,8	104,3	34,1
IDA	9,4	-2,5	-3,9	-2,8	43,6	82,1	61,6	60,2	50,5	48,0	45,3
IDB	0,0	0,0	0,0	0,0	55,3	55,0	57,7	67,2	56,3	56,3	-11,2
Créditeurs bilatéraux	3,7	-4,1	-6,8	-2,9	-2,2	-2,2	-2,2	-2,2	-2,2	-2,2	-2,2
Créditeurs privés (déficit)	0,0	0,0	0,0	0,0	-7,7	-2,8	20,4	4,4	19,7	15,9	10,0
Dont : Bons	0,0	0,0	0,0	0,0	0,0	0,0	0,0	0,0	0,0	0,0	0,0

a Les données historiques sont extraites du rapport sur la dette de la Banque mondiale.
b «LT» = Long terme

Tableau 47 . Haïti -Stocks et flux de la dette extérieure

(en millions de dollars E.U. à prix courant)

Scénario de base

	Actuel					Estimation				Projection	
	1991	1992	1993	1994	1995	1996	1997	1998	1999	2000	2005
Créditeurs privés	5,4	0,0	0,0	0,0	0,0	0,0	0,0	0,0	0,0	0,0	0,0
Total LT[b] Remboursements prêts	28,5	-10,9	-15,3	-12,4	89,0	132,1	137,4	129,7	124,3	118,1	41,9
Net ST[a] crédit	0,0	0,0	0,0	0,0	0,0	0,0	0,0	0,0	0,0	0,0	0,0
Crédit net au FMI	-4,4	-1,3	-12,-	-13,4	23,6	21,9	41,5	33,1	1,3	-16,7	-17,8
Total remboursements (LT+ST+FMI)	24,1	-12,2	-27,3	-25,8	112,6	154,0	178,9	162,8	125,6	101,4	24,1
D. Intérêt et charges											
Garanties publiques	7,4	7,6	8,1	8,0	17,2	9,3	10,4	12,1	13,3	14,2	18,9
Créditeurs multilatéraux, dont :	5,4	5,8	6,5	7,6	6,5	7,6	8,7	10,0	11,2	11,9	15,2
IDA	2,7	2,5	2,5	3,6	2,8	3,2	3,8	4,2	4,7	5,0	6,5
IDB	0,0	0,0	0,0	0,0	3,7	4,4	4,9	5,9	6,6	6,8	8,7
Créditeurs bilatéraux	2,0	1,8	1,6	0,4	10,5	1,7	1,7	1,6	1,6	1,5	1,4
Créditeurs privés (déficit)	0,0	0,0	0,0	0,0	0,2	0,0	0,0	0,4	0,5	0,9	2,3
Dont : Bons	0,0	0,0	0,0	0,0	0,0	0,0	0,0	0,0	0,0	0,0	0,0
Créditeurs privés	0,0	0,0	0,0	0,0	0,0	0,0	0,0	0,0	0,0	0,0	0,0
Total intérêt en prêts LT	7,4	7,6	8,1	8,0	17,2	9,3	10,4	12,1	13,3	14,2	18,9
Intérêt en crédit ST	0,0	0,0	0,0	0,0	0,0	0,0	0,0	0,0	0,0	0,0	0,0
Intérêt sur tirages au FMI	2,7	2,8	2,5	2,2	2,7	4,1	4,1	9,8	10,6	10,9	1,7
Intérêt total (LT+ST+FMI)	10,1	10,4	10,6	10,2	20,0	13,4	14,5	21,8	24,0	25,1	20,7
E. Dettes extérieures (D)D)[c]											
Garanties publiques	769,9	762,2	749,2	729,3	802,6	934,7	1.072,2	1.201,8	1.326,2	1.444,3	1.898,5
Créditeurs multilatéraux, dont :	534,8	527,5	518,9	509,4	593,3	730,4	849,7	977,1	1.084,0	1.188,3	1.587,4
IDA	340,1	337,3	333,4	330,6	389,7	471,8	533,4	593,6	644,2	692,2	885,6
IDB	0,0	0,0	0,0	0,0	203,6	258,6	316,3	383,5	439,8	496,1	701,8
Créditeurs bilatéraux	235,1	234,7	230,3	219,9	161,0	158,8	156,6	154,4	152,2	150,0	139,0
Créditeurs privés (déficit)	0,0	0,0	0,0	0,0	48,3	45,5	65,9	70,3	90,0	106,0	172,1
Dont : Bons	0,0	0,0	0,0	0,0	0,0	0,0	0,0	0,0	0,0	0,0	0,0
Créditeurs privés	0,0	0,0	0,0	0,0	0,0	0,0	0,0	0,0	0,0	0,0	0,0
Total LT DOD	769,9	762,2	749,2	729,3	802,6	934,7	1.072,2	1.201,8	1.326,2	1.444,3	1.898,5
Dette ST	9,7	9,7	9,7	9,7	9,7	9,7	9,7	9,7	9,7	9,7	9,7
Utilisation du crédit FMI	33,1	31,8	20,0	6,6	30,2	52,1	93,6	126,7	128,0	111,3	-13,1
DOD Total (LT+ST+FMI), dont :	812,7	803,7	778,9	745,6	842,5	996,5	1.175,5	1.338,2	1.463,9	1.565,2	1.895,1
Arriérés principaux	18,4	30,8	61,0	89,5	0,0	0,0	0,0	0,0	0,0	0,0	0,0
Arriérés	5,9	11,1	22,5	31,5	0,0	0,0	0,0	0,0	0,0	0,0	0,0

a. Données historiques issues du rapport sur la dette de la Banque mondiale.
b. LT – Long terme
c. DOD – Remboursement de la dette

Tableau 48 . Haïti -Stocks et flux de la dette extérieure (suite et fin)
(en millions de dollars à prix courant)

Scénario de base

				Actuel[a]				Estimation			Projection
	1991	1992	1993	1994	1995	1996	1997	1998	1999	2000	2005
Debt and debt burden indicators											
Total debt service	29,4	23,1	37,9	36,0	40,6	30,0	31,9	49,7	63,0	60,5	64,5
Interest (LT + ST + IMF)[b]	10,1	10,4	10,6	10,2	20,0	13,4	14,5	21,8	24,0	25,1	20,7
Principal (LT + IMF)	19,3	12,7	27,3	25,8	20,6	16,6	17,4	27,9	39,0	35,4	43,8
Total DOC[c] and TDS[d]											
DOD/Exports (XGSe) ratio	310,7	698,2	652,6	1162,1	640,3	554,3	573,2	485,6	471,1	439,7	325,1
DOD/GDP ratio	36,8	43,6	49,9	47,1	38,7	40,5	47,3	52,5	56,4	59,3	52,9
TDS/Exports (XGS) ratio	11,2	20,1	31,8	56,1	30,8	16,7	15,6	18,0	20,3	17,0	11,1
IDA exposure indicators											
DIA DS/public DS[f]	14,0	22,9	16,9	17,8	20,7	31,3	33,5	23,5	20,3	22,8	25,3
Preferred creditor DS/public DS	63,6	74,5	77,8	90,8	49,1	77,7	87,8	91,5	93,2	92,4	86,5
IDA DS/exports (XGS)	1,6	4,6	5,4	10,0	6,4	5,2	5,2	4,2	4,1	3,9	2,8
Memorendum items											
Interest payments/exports (%)	3,9	9,0	8,9	15,7	15,2	13,0	12,0	11,6	10,9	9,9	5,3

a = Données historiques fournies par la Banque mondiale.
b = Long terme.
c = Remboursement de la dette.
d = Total du service de la dette.
e = Exportations de biens et services.
f = Service de la dette.

Tableau 49 . Haïti -Finances publiques
(à prix et taux de change courants)

Scénario de base

	Actual				Estimation				Projection	
	1991	1992	1993	1994	1995	1996	1997	1998	1999	2000
Budget de l'État (millions LCUs)a										
Recettes totales courantes	1 859,5	1 089,5	1 503,9	1.113,4	2 832,0	3 104,0	4 012,3	5 386,0	6 384,8	7 196,6
Taxes directes	210,6	175,8	170,0	143,7	120,9	399,1	299,2	370,5	476,8	331,2
Taxes indirectes	921,2	623,7	780,2	489,5	1.447,7	1 835,0	2 761,4	3 882,9	4 653,0	5 480,4
En biens et services intérieurs	638,1	470,1	601,0	384,8	1.023,7	1 255,0	1 814,4	2 847,9	3 431,0	4 089,4
En commerce international	283,1	153,6	179,2	104,7	424,0	580,0	947,0	1 035,0	1 222,0	1 391,0
Revenus non taxés	727,7	290,0	553,7	480,2	1 263,4	869,9	951,7	1 132,6	1 255,0	1 385,0
Dépenses courantes totales	1 391,2	1 409,6	1 785,1	2 077,1	3 580,0	4 701,7	4 961,3	5 881,3	6 521,6	7 017,8
Intérêt en dette extérieure	36,0	46,2	124,9	115,5	174,3	230,6	320,9	478,0	495,0	543,2
Intérêt en dette intérieure	58,1	58,1	58,1	58,1	51,0	111,2	115,6	123,0	126,0	132,8
Transfert au secteur privé	17,0	120,0	127,4	306,6	0,0	0,0	0,0	0,0	0,0	0,0
Transfert aux autres NFPS[b]	0,0	0,0	0,0	0,0	-37,3	431,8	0,0	0,0	53,4	52,5
Subsides	13,9	8,2	34,6	0,0	469,0	384,0	333,3	286,1	334,2	359,5
Consommation	1 266,2	1 177,1	1 440,1	1 526,9	2 923,0	3 544,0	4 191,5	4 994,2	5 513,0	5 929,8
Traitements et salaires	895,2	926,1	1 119,7	1 183,0	1 690,0	2 239,0	2 294,3	2 376,9	2 565,4	2 758,8
Autres consommations	371,0	251,0	320,4	343,9	1 233,0	1 305,0	1 897,2	2 617,3	2 947,6	3 171,0
Épargne	468,3	-320,1	-281,2	-893,7	-748,0	-1 597,7	-949,1	-495,2	-136,8	178,8
Recettes en capital	0,0	0,0	0,0	0,0	0,0	0,0	0,0	0,0	0,0	0,0
Dépenses totales en capital	769,4	67,5	195,7	106,0	2 012,0	2 681,0	3 457,6	3 604,7	3 935,6	3 989,9
Transferts en capital	769,4	67,5	195,7	106,0	0,0	0,0	0,0	0,0	0,0	0,0
Investissement budgétaire fixe	0,0	0,0	0,0	0,0	2 012,0	2 681,0	3 457,6	3 604,7	3 935,6	3 989,9
Solde budgétaire ("-" = déficit)	-301,1	-387,6	-476,9	-999,7	-2,760,0	-4,278,7	-4,406,7	-4,099,9	-4,072,4	-3,811,1
Sources de financement(+)	301,1	387,6	476,9	999,7	2,760,0	4,278,7	4,406,7	4,099,9	4,072,4	3,811,1
Dons officiels en capital	0,0	0,0	0,0	12,4	2 177,6	1 605,8	1 464,1	1 268,3	1 124,4	1 166,3
Prêts extérieurs (net) (y compris arriérés)	181,9	46,2	124,9	115,5	1 723,5	2 233,4	2 203,1	2 528,9	2 267,7	2 375,5
Remboursements (net) (cash)	...	...	...	...	...	...	...	...	...	...
Ajustement des repaiements échelonnés (-)	...	...	...	...	...	...	...	...	...	...
Ajustement duservice de la dette échelonné (+)	1 286,9	926,7	1 068,7	893,9	...	...	...	...	...	...
Système monétaire net	62,0	407,1	567,3	1 311,7	-969,0	-127,6	0,0	0,0	0,0	0,0
Autres prêts intérieurs (net)	57,2	-65,7	-215,3	-439,9	-172,1	567,1	739,4	302,7	680,2	269,4

a. «LCU» = monnaie locale.
b. Écart résiduel.

Tableau 50 . Haïti -Résumé du secteur monétaire
(en millions de gourdes à prix courant)

Scénario de base

	Actuel						Estimation		Projection	
	1991	1992	1993	1994	1995	1996	1997	1998	1999	2000
A. Flux annuels										
Avoirs extérieurs nets	127,5	58,7	242,7	-85,8	1.002,0	-393,0	92,8	118,3	179,0	747,9
Réserves internationales nettes	154,0	102,8	236,1	346,0	1.780,8	-169,0	283,7	252,9	281,8	846,0
Autres avoirs extérieurs nets	-26,5	-44,1	6,6	-431,8	-778,8	-224,0	-190,9	-134,7	-102,8	-98,1
Crédit intérieur	449,8	1.185,5	1.975,9	1.836,8	-262,8	3.031,1	1.597,1	1.719,4	648,4	273,3
État	-17,4	547,3	916,6	1.196,0	-392,3	-198,8	-10,3	-12,1	-12,9	-32,8
Budget de l'État	62,0	407,1	567,3	1.311,7	-969,0	-127,6	0,0	0,0	0,0	0,0
Autres NFPS[a]	-79,4	140,2	349,3	-115,7	576,7	-71,2	-10,3	-12,1	-12,9	-32,8
Économie	467,2	638,2	1.059,3	640,8	129,5	3.230,0	1.607,4	1.731,5	661,3	306,1
Secteur privé	116,0	92,5	542,5	142,6	990,3	1.317,9	803,6	933,4	-198,7	-504,5
Autres institutions financières	351,2	545,7	516,8	498,2	-860,9	1.912,1	803,8	798,1	860,1	810,6
Total des avoirs = actifs	577,3	1.244,2	2.218,6	1.751,0	739,2	2.638,1	1.689,9	1.837,7	827,4	1.021,1
Monnaie et quasi-monnaie	582,8	1.203,0	2.175,6	1.402,6	739,2	2.638,1	1.689,9	1.837,7	827,4	1.021,1
Autres avoirs nets	-5,5	41,2	43,0	348,4	0,0	0,0	0,0	0,0	0,0	0,0
B. Stocks en fin d'année										
Avoirs intérieurs nets	-50,6	8,1	250,8	165,0	4.127,3	4.108,5	4.583,3	5.041,3	5.595,7	6.620,8
Réserves internationales nettes	-315,1	-481,9	-725,9	-891,0	4.127,3	4.108,5	4.583,3	5.041,3	5.595,7	6.620,8
Autres avoirs extérieurs nets	264,5	490,0	976,7	1.056,0	0,0	0,0	0,0	0,0	0,0	0,0
Crédit intérieur	5.119,8	6.305,3	8.281,2	10.118,0	9.855,2	12.886,4	14.483,5	16.202,9	16.851,4	17.124,6
(NFPS) à l'État	2.647,1	3.194,4	4.111,0	5.307,0	4.914,7	4.715,9	4.705,6	4.693,5	4.680,6	4.647,8
Budget de l'État	2.810,5	3.217,6	3.784,9	5.096,6	4.127,6	4.000,0	4.000,0	4.000,0	4.000,0	4.000,0
Autres NFPS[a]	-163,4	-23,2	326,1	210,4	787,1	715,9	705,6	693,5	680,6	647,8
Économie	2.472,7	3.110,9	4.170,2	4.811,0	4.940,5	8.170,5	9.777,9	11.509,4	12.170,8	12.476,8
Secteur privé	1.845,2	1.937,7	2.480,2	2.622,8	3.613,1	4.931,0	5.734,6	6.668,1	6.469,4	5.964,8
Autres institutions financières	627,5	1.173,2	1.690,0	2.188,2	1.327,3	3.239,4	4.043,3	4.841,4	5.701,4	6.512,0
Total des avoirs = actifs	5.069,2	6.313,4	8.532,0	10.283,0	13.982,6	16.994,8	19.066,8	21.244,2	22.447,1	23.745,5
Monnaie et quasi-monnaie	4.941,6	6.144,6	8.320,2	9.722,8	10.462,0	13.100,1	14.790,0	16.627,7	17.455,2	18.476,3
Autres avoirs nets	127,6	168,8	211,8	560,2	3.520,6	3.894,7	4.276,8	4.616,5	4.991,9	5.269,2

a «NFPS» = le secteur public non financier

Tableau 51 . Haïti -Résumé du secteur monétaire
(en millions de gourdes à prix courant)

Scénario de base

	Actuel					*Estimation*			*Projection*	
	1991	*1992*	*1993*	*1994*	*1995*	*1996*	*1997*	*1998*	*1999*	*2000*
C. Facteur de l'expansion monétaire										
Avoirs extérieurs nets	-1,0	0,1	3,0	1,7	39,5	31,4	31,0	30,3	32,1	35,8
Crédit de l'État (NFPS)	53,6	52,0	49,4	54,6	47,0	36,0	31,8	28,2	26,8	25,2
Crédit	50,0	50,6	50,1	49,5	47,2	62,4	66,1	69,2	69,7	67,5
Autres avoirs nets (-)	-2,6	-2,7	-2,5	-5,8	-33,7	-29,7	-28,9	-27,8	-28,6	-28,5
Augmentation totale en MQM	100,0	100,0	100,0	100,0	100,0	100,0	100,0	100,0	100,0	100,0
D. Monnaie, crédit et prix										
M2/PIB	29,0	36,6	43,1	41,0	30,7	31,5	31,7	32,3	31,0	30,1
Taux de croissance annuel MQM	...	24,3	35,4	16,9	7,6	25,2	12,9	12,4	5,0	5,8
Taux de croissance annuel du crédit privé	...	5,0	28,0	5,7	37,8	36,5	16,3	16,3	-3,0	-7,8
Augmentation dans le credit privé en pourcentage de l'augmentation du crédit intérieur	...	...	...	...	...	...	...	...	...	...
Taux d'intérêt										
Taux nominal en fin de période										
Taux réel en fin de periode										

b. «MQM» + Monnaie et quasi-monnaie.

Tableau 52 . Haïti -Commerce international

Scénario de base

	1991	Actuel 1992	1993	1994	1995	Estimation 1996	1997	1998	1999	Projection 200005
A. Millions de dollars à prix courants										
Exportations totales de marchandises (FOB)	202,0	75,6	81,6	57,4	85,6	107,8	151,6	198,7	215,4	[illegible]
Principaux produits	24,0	14,7	12,0	12,0	28,0	24,0	23,8	27,1	27,1	[illegible]
Café	16,3	10,2	8,5	7,7	14,0	12,2	11,5	12,9	13,0	[illegible]
Sisal & Cordes	4,1	1,7	1,4	1,1	4,8	1,5	1,6	1,7	1,8	[illegible]
Cacao	1,2	2,2	1,7	1,0	1,9	2,0	2,3	3,0	3,0	[illegible]
Pétrole	2,4	0,6	0,4	2,2	7,3	8,2	8,5	9,5	9,3	[illegible]
Produits manufacturés	128,8	55,2	66,9	44,4	45,5	66,9	101,8	131,7	145,1	[illegible]
Autres biens [a]	49,3	5,7	2,7	1,0	12,0	17,0	26,0	40,0	43,2	[illegible]
Importations totales de marchandises (CIF)	527,7	278,0	346,1	183,3	480,8	508,4	512,8	540,1	559,4	[illegible]
Aliments	190,8	183,6	196,6	99,4	217,8	238,6	237,9	249,6	256,8	[illegible]
Autres biens de consommation	189,4	0,2	45,1	19,8	7,0	9,1	8,4	9,0	10,0	[illegible]
POL [b] et autre énergie	61,3	61,1	70,7	46,2	70,5	73,8	72,9	76,6	80,0	[illegible]
Biens intermédiaires n.e.i. [c]	22,5	8,9	12,3	10,1	90,7	95,1	101,2	107,6	114,1	[illegible]
Biens primaires	...	...	...	...	...	...	...	...	...	... ...
Biens manufacturés	16,1	6,8	8,3	7,6	68,0	71,3	75,9	80,8	85,5	[illegible]
Biens en capital	63,8	24,3	21,5	7,7	94,8	91,7	92,3	97,2	98,5	[illegible]
B. Millions de dollars au prix de 1994										
Exportations totales de marchandises (FOB)	185,2	68,7	70,2	57,4	86,5	108,0	146,7	179,9	189,5	[illegible]
Café	12,5	10,2	9,8	7,7	10,5	9,7	11,4	13,4	14,0	[illegible]
Sisal & Cordes	2,7	1,7	1,4	1,1	4,4	1,4	1,4	1,5	1,5	[illegible]
Cacao	0,7	1,5	1,6	1,0	2,2	2,4	3,3	4,5	4,8	[illegible]
Pétrole	2,4	0,6	0,4	2,2	23,5	29,2	33,8	39,2	39,8	[illegible]
Produits manufacturés	121,2	49,6	54,3	44,4	44,0	62,7	92,9	115,6	123,3	[illegible]
Autres biens	45,7	5,0	2,7	1,0	1,9	2,6	3,9	5,7	6,0	[illegible]
Importations totales de marchandises (CIF)	398,5	338,9	346,1	183,3	451,2	518,9	531,2	543,0	548,5	[illegible]
Aliments	208,1	194,0	201,7	99,4	200,9	224,8	228,7	231,0	228,7	[illegible]
Autres biens de consommation	23,9	40,1	42,4	19,8	5,3	50,0	56,7	58,2	62,1	[illegible]
POL [b] et autre énergie	78,5	70,2	67,2	46,2	66,2	67,3	65,6	67,0	68,1	[illegible]
Biens intermédiaires n.e.i.	23,2	10,8	12,6	10,1	90,0	92,5	96,8	100,7	104,5	[illegible]
Biens primaires	...	...	...	...	...	...	...	...	...	... ...
Biens manufacturés	16,3	6,7	8,6	7,6	69,7	71,6	75,1	78,2	80,9	[illegible]
Biens en capital	64,8	23,8	22,2	7,7	88,9	84,3	83,5	86,0	85,3	[illegible]

a. Comprend les produits de base.
b. «POL» signifie pétrole et produits dérivés.
c. Ne figure pas ailleurs.

Tableau 53 . Haïti -Commerce international

Scénario de base

	Actuel				Estimation				Projection		
	1991	1992	1993	1994	1995	1996	1997	1998	1999	2000	2005
Mémorandum											
Taux de croissance du volume d'exportation	-28,8%	-62,9%	2,1%	-18,2%	50,8%	24,9%	35,8%	22,7%	5,3%	5,3%	5,3%
Taux de croissance du volume d'imporation	14,7%	-15,0%	2,1%	-47,1%	146,2%	15,0%	2,4%	2,2%	1,0%	2,7%	2,7%
C. Indices des prix (1994=100)											
Marchandises exportées	109,1	110,0	116,3	100,0	98,9	99,8	103,4	110,5	113,7	116,6	135,0
Marchandises importées	132,4	82,0	100,0	100,0	106,5	98,0	96,5	99,5	102,0	105,1	115,9
Termes de l'échange des marchandises	82,4	134,1	116,3	100,0	92,8	101,9	107,1	111,0	111,5	110,9	116,4
D. Services des non-facteurs (1994=100)											
Exportations de NFS [d]	1.598,8	918,4	723,1	100,0	494,1	544,1	275,0	344,1	352,9	388,2	625,3
Exportations de NFS- Indice des prix	53,3	61,6	72,8	100,0	125,0	156,3	195,3	244,1	305,2	281,5	486,9
Importations de NFS - Volume index	252,5	135,9	147,7	100,0	489,9	470,3	456,2	456,3	468,6	481,3	549,9
Importations de NFS- Indice des prix	93,3	97,3	97,0	100,0	176,7	173,5	182,2	186,3	190,4	212,5	

d. «NFS» = Services.

Tableau 54 . Haïti -Prix, taux de change, taux d'intérêt et tarifs
(Prix............... PIT)

Scénario de base

					Actuel						*Estimation*				*Projection*	
		1993	1994	1995	1996	1997	1998	1999	2000	2001	2002	2003	2004	2005		
Population (millions)			7.0300	7.1640	7.300	7.439	7.580	7.724	7.871	8.020	8.173	8.328	8.486	8.648		
MUV/PIB			1,00	0,76	0,66	0,62	0,59	0,57	0,55	0,53	0,51	0,50	0,48	0,46		
Taux de change																
Taux de change moyen (gourdes/$ E.U.)			14,98	15,69	16,90	18,82	20,20	21,67	23,26	23,83	24,43	25,13	25,84	26,57	28,17	
Taux de change en fin de période (gourdes/$ E.U.)		12,35	13,00	16,30	17,86	19,51	20,93	22,47	23,54	24,13	24,78	25,48	26,21	27,37		
Taux de change réel (gourdes/$ E.U.) (1994=1,00)			1,00	0,80	0,74	0,77	0,79	0,82	0,86	0,85	0,84	0,83	0,82	0,82		-18,4%
REK = appréciation réelle				-20,5%	-6,9%	4,5%	2,8%	3,8%	3,8%	-0,9%	-0,9%	-0,9%	-0,9%	-0,9%		-1,6%
Indice des prix intérieurs (1994 = 1,00)																
État + Consommation privée (SNA)			1,00	1,37	1,58	1,68	1,82	1,93	2,04	2,13	2,25	2,38	2,51	2,65		
Investissement	PIB		1,00	1,24	1,46	1,61	1,74	1,88	2,02	2,13	2,25	2,39	2,53	2,68		
Importations de biens en capital			0,29	0,52	0,45	0,44	0,46	0,44	0,43	0,42	0,41	0,40	0,39	0,39		
PIB (p.a.)	Polique		1,00	1,38	1,65	1,79	1,92	2,04	2,16	2,29	2,42	2,57	2,72	2,89	3,06	
PIB (c.o.p.)	Polique		1,13	1,45	1,66	1,79	1,91	2,03	2,15	2,28	2,41	2,56	2,71	2,87		
Agriculture			1,00	1,37	1,64	1,79	1,89	1,95	2,02	2,13	2,21	2,33	2,42	2,55		
Industrie			1,00	1,38	1,65	1,80	1,88	1,95	2,11	2,22	2,39	2,49	2,68	2,80		
- Dont : Manufacturier			1,00	1,45	1,73	1,89	1,99	2,05	2,15	2,27	2,38	2,49	2,66	2,79		
Services			1,00	1,38	1,65	1,80	1,97	2,18	2,36	2,54	2,75	2,98	3,24	3,52		
Investissement privé NOUVELLE FORMULE!!! Privé			1,00	1,00	1,08	2,68	2,34	2,57	2,61	3,05	3,11	3,21	3,28	3,44	1,55152	
Taux d'intérêt nominal																
Intérêt sur dépôt			-31,3%	5,0%	5,4%	5,4%	5,4%	5,4%	5,4%	5,4%	5,4%	5,4%	5,4%	5,4%		
Intérêt en temps de dépôt			-27,2%	8,7%	8,7%	8,7%	8,7%	8,7%	8,7%	8,7%	8,7%	8,7%	8,7%	8,%		
Bon de l'État (emprunt du secteur privé)			1,7%	0,0%	1,0%	1,0%	1,0%	1,0%	1,0%	1,0%	1,0%	1,0%	1,0%	1,0%		
Taux sur les prêts au secteur privé			15,0%	15,0%	16,2%	16,2%	16,2%	16,2%	16,2%	16,2%	16,2%	16,2%	16,2%	16,2%		
Taux sur les prêts à l'État			9,0%	1,0%	1,0%	1,0%	1,0%	1,0%	1,0%	1,0%	1,0%	1,0%	1,0%	1,0%		
Taux d'intérêt implicite (For.)			1,2%	2,6%	5,0%	6,0%	6,0%	6,0%	6,0%	6,0%	6,0%	6,0%	6,0%	6,0%		
MUV-Index des prix (1994=100)			1,00	1,05	1,08	1,10	1,13	1,16	1,19	1,22	1,25	1,27	1,30	1,33		

b. «MQM» = Monnaie et quasi-monnaie.

Bibliographie

BIBLIOGRAPHIE

Agenor, Pierre Richard «Government déficits, output and inflation in a monetary model of the balance of payments - the Case of Haïti, 1970–83» International Economic Journal 4, n°2, Summet 1990, 59–75.

Anderson, David J., et al. «Midterm Evaluation of the Microenterprise andSmall Producers Support Projects in Peru.» GEMINI. Technical report No. 100, Bethesda, Maryland, 1995.

Augustin, Antoine; Van Bokkelen, Reginald; Josue; Marc; and Occenad, Marc. «Ha!iti Nutrition and Food Security.» CAPS Policy Paper: Nutrition and Food Security, Port-au-Prince, 1993.

Azoulay et Dillon J.C. «La sécurité alimentaire en Afrique : Manuel d'analyse et d'élaboration des stratégie» éditions Karthala . Paris 1993.

Baro, Mamadou; et al «Rapid Assessment of Food Security and the Impact of CARE Food Programming in Northwest Haïti.» University of Arizona, Tucson, 1994.

Bendavid-Val, Avrom. Regional and Local Economic Analysis for Practitioners: Fourth Edition. Westport, Connecticut: Praeger Publishers, 1991.

________ «Rural-Urbain Linkages: Farming and Farm Households in Regional and Town Economies» Review of Urbain and Regional Development Studies, II (1989), 89–97.

Bingman D. «TheMeasurementof Food Security: Chronic Undernutrition and Temporary Food Deficiencies.» FAO. 1993.

Binswanger, Hans P.; et Landell-Mills, Pierre. « The World Ba nk Strategy for Reducing Poverty and Hunger: A Report to the Development Community.» Environmentaly Sustainable Development Studies and Monographs Series No. 4, World Bank, Washington, D.C., 1995.

Birdsall, Nancy. «Notes on Public Spending on Higher Education in Developoing Countries: Too Much or Too Little? » Development Policy. Newsletter on Policy Research by the Inter-Americain Development Bank (Mars 1994).

______; Ross, David et Sabot,Richard. «Inegality and Crowth Reconsidered.» Draft manufascript Oxford, 1994.

Beimur, Marguerite; et al. «Haïti: Agricultural Sector Assessment.» USAID/Haïti, Port-au-Prince, 1987.

Brisset Claire «les problèmes alimentaires dans le monde» cahiers français n° 278, oct, déc. 1996.

Brower, Bruce L. «Final Report: Export Industry Technology Support Project (EXITOS).» Chemonics International, Washington. D.C., 1995.

Brown, Donald G.; et al. «Pan American Development Foundation (PADF) JOBS Creation Project: Evaluation.» USAID/Haïti, Port-au-Prince, 1995.

Brown, Lynn; et Haddad, Lawrence. «Agricultural Growth As a Key to Poverty Alleviation.» 2020 Brief 7, International Food Policy Research Institute, Washington, D.C., 1994.
Girls' Education: School Dazs. World Report, N°, 84 (Winter, 1995)

Cariaga y. Cariaga. «Lineamientos para una Estrategia de Seguridad Alimentaria.» Secretaria Ejecutive del PL-480, La Paz, Bolivia, 1996.

Center for Disease Contreol; et al. «Haïti's Nutrition Situation in 1990.» Port-au-Prince, 1993.

Chanteau J.P. et Thirion M. «À quoi sert l'aide alimentaire dans les PVD.» Problèmes économiques n° 2351 –24 nov. 1993.

Coordination nationale de sécurité alimentaire. «Plan national de sécurité alimentaire et de nutrition.» Port-au-Prince, 1996.

________. «Position nationale d'Haïti sur la sécurité alimentaire en vue du Sommet mondial de l'alimentation.» Port-au-Prince, 1996.

D'amours Stephane «Haïti 2004. Le fruit de cinq siècles d'histoire» visiteurs 574, 1997.

Deaton, Bradz,, et al. «A Food Strategy for Haïti: Maximizing Developmental Effectiveness.» Tuskegee University and Virginia Polytechnic Institute and State University, 1988.

Delatour, Lesli; et Dugglebz, Tamara. «Strengthening the Informal Sector in Haïti: Constraints, Possible Interventions and Factors for Success.» USAID/Haïti, Port-au-Prince, 1993.

Demographic and Health Surveys; Macro International, Inc.; and Institut Haïtien de l'Enfance. «Enquête, moralité, morbité et utilisation des services (EMMUS-II).» Port-au-Prince, 1994-95.

Dupont Louis «la planification du développement à l'épreuve des faits.», éditions Publisud. Paris 1995.

El Shakhs, Salah. «Development, Primacy and Systems of Cities» The Journal of Developing Areas, VII (1972),11-36.

Emlings, Shelley. «Poor Haitian Farmers Cash in on U.S. Coffee Craze.» Newsclips, U.S. Agency for International Development, Washington, D.C., 1996.

FMI, «statistiques financièeres internationales», 1996

Food and Agriculture Organization of the United Nationals. «Haïti: Analyse du secteur agricole et identification des projets — volume I: Rapport principal.» Port-au-Prince, 1995.

______. «Bilans alimentaires», 1991.

______. «Food Security Assessment» WFS 96/tech/7. Provisional Version, janv. 1996.

Fosier, R. Scott (ed.). The New Economic Role of American States: Strategies in a Competitive World Economy. New Zork; Oxford University Press, 1988.

Gagnon, Gérard. «Food Security Issues in Haïti.» A World Bank Background Paper, Port-au-Prince, 1996.

Graham, Carol. Safety Nets, Politics, and the Poor: Transitions to Market Economies. Washington, D.C. The World Bank, 1994.

Green R. «Macroeconomic aspects of Commodity Aid and Counterpart funds in Subsaharian Africa» Institue of Development Studies. 1991.

Grosh, Margaret, Administering Targeted Social Programs in Latin America: From Platitudes to Practice. Washington., D.C.: The World Bank 1994.

IFPRI «Seasonal Variability in Third World Agriculture: The Consequences for Food Security», John Hopkins Universitz Press. 1989.

Institute for Liberty an Democracy. «Formalization: The Essential Complement to the Economic Refor Program — Project Definition and Proposal.» Port-au-Prince, 1997.

Inter-American Development Bank. «Haïti: Country Paper.» Regional Operations Department II, Country Division 4, Washington, D.C. 1996.

________. «Caribbean are — Economic Conditions. Macroeconomic Management is it Working?». 1997.

________. «Choices and Change: Reflections on the Caribbean», 1996.

________. «Economic and Social Indicators», 1996.

________. «Support to the Reorganization and Rationalization of the Health Sector: Profile 1,», Washington, D.C. 1996.

Jayne, T.S.; Tschirley, D.L.; Staatz, John M.; Shaffer, James D.; Weber, Michael T.; Mukumbu, Mulinge; et Chisvo, Munhamo, «Market-Oriented Strategies to Improve Household Access to Food: Experience from Sub-Saharan Africa.» Draft manuscript. Michigan State University, East Lansing, 1994.

Jensen, Helen; et al. «Food Consumption Patterns in Haïti: Evidence from the Haïti Household Expenditure and Consumptions Survey.» Staff Report 90.SR 51, Center for Agricultural and Rural Development, Iowa State University, Ames, 1990.

________, «Health Conditions and Expenditures in Haïti: Evidence from the Haïti Household Expenditure and Consumptions Survey.» Staff Report 90.SR 51, Center for Agricultural and Rural Development, Iowa State University, Ames, 1990.

________, «Nutrition in Haïti: Evidence from the Haïti Household Expenditure and Consumptions Survey.» Staff Report 90.SR 52, Center for Agricultural and Rural Development, Iowa State University, Ames, 1990.»

Kumar, Krishna. «Generating Broad-Based Growth Through Agribusiness Promotion» USAID Program and Oprations Assessment Report No. 9, Washington, D.C. 19994.

Lamb, John E. «Final Report: Non-Traditional Agricultural Export Support Project.» Cheminics International, Washington,D.C.

Lawrence, Haddad J. Sullwan, Jand Kennedy, E «Identification and Evaluation of Alternatives Indicators of Food and Nutrition Security.», IFPRI, 1991.

Lanza. Kenneth. «Strategie Framework Development for USAID/Haïti's Private Sector.» Draft manuscript, Port-au-Prince, 1997.

Lea, John Dale (Yach). «Benefit Cost Analysis for the PLUS Project.» Memorandum, Haïti Productive Land Use Systems Project, The South-East Consortium for International Development and Auburn Universitz, Port-au-Prince, 1996.

________, «Plus Project Contribution to Food Security.» Manuscript, Port-au-Prince, 1996.

________.«Project PLUS Monitoring and Evaluation Case Study Resultats.» Draft, SECID/ Auburn PLUS Report No. 22, Port-au-Prince, 1996.

«Loi portant modification du taux de la taxe sur le chiffre d'affaires.» Le Moniteur. N° 51'A (15 juillet 1996), VI-XI.

Londoño, Juan Luis. «Poverty, Inequality, and Human Capital Development in Latin America, 1950-2025.» Latin American and Caibbean Studies, World Bank, Washington, D.C., 1996.

Lundberg, Mattias K.A.; et Diskin, Patrick K. «Targeting Assistance to the Poor and Food Insecure: A Review» of the Literature. Draft manuscript, Michigan State University, East Lansing, 1994.

Lustig, Nora. «Modernizing Socil Policy in Latin America and theCaribbean.» Conferencia Hemisférica Sobre Erradicación de la Pobreza y la Discriminación, Santiago de Chile, 1996.

_______. «Direct and Indirect Measures to Ensure Access to Food Supplies» FAO, Economic and Social Development Paper, No. 53, 1985.

Magill, John. «Strategies for Microenterprise Development in Ecuador.» GEMINI Project, Bethesda, Maryland, 1994.

Maguire Robert. «Haïti Held Hostage: International Responsesto the Quest for Nationahodd, 1986-96», Inter-American Foundation, 1997.

McClelland, Donald. «Investments in Agriculture: A Synthesis of the Evaluation Literature.» USAID Program and Oprations Assessment Report No. 15, Washington, D.C. 1996.

Mehta, Surinder. «Some Demographic and Economic Correlates of Primate Cities: A Case for Revaluation.» The City in Newly Developing Countries. Ed. Bz Breese. Englewood Cliffs: Prentice Hall, 1969.

Mellor, John W. «Agriculture on the Road to Industrialization.» Food Policy Statement No. 22, International Food Policy Research Institute, Washington, D.C., 1995.

_______. «Effective Food Aid for Effective Food Security.» FAO, Economic and Social Development Paper No. 53, 1985.

Ministère de la santé publique et de la population. «Plan quinquennal de santé : 1996–2000.» Draft, Port-au-Prince, 1995.

Mission inter-agences sur les secteurs industriel et commercial. «Redémarrage et transformation: Un défi pour lees secteurs industriel et commercial.» Programmes des Nations-Unies pour le développement, Port-au-Prince, 1996.

Mitchell, Donald O. IMGO, M. Duncan R.C., «The World Food out Look.» Cambridge University Press, 1997.

Mitchell, Marc; et al. «Population, Health and Nutrition Long-term Strategy forUSAID/Haïti.» Management Sciences for Heath, Port-au-Prince, 1996.

Mokaddem, Mme. «R-publique d'Haïti : Rapport de mission Code des investissements.» Fonds monétaire international, Port-au-Prince, 1996.

Nicholson, Norman. «Civil Societz and Economic Growth.» Draft manuscript, Port-au-Prince, 1996.

OCDE. «Aide des pays du Comité d'aide au développement.», 1996.

Paniagua, Alberto V., z Nogales S., Héctor. «Bolivia: Bases para une Politica de Desarrollo Rural Regional.»
Borrador, Documento deCampo 52, Proyecto MACA/PNUD/FAO, Apoyo a la Gestión Técnico-Normative del MACA, La Pay, 1993.

Pelletier, David; Deneke; Kidane; Haile; et Negussie. «The Food-First Bias and Nutrition Policy: Lessons fron Ethiopia.» Food Policy, XX (No. 4, 1995), 279-98.

Psactaropoulos, George- «Returns to Investment in Education: A Global Update.» Policy Research Working Paper, Latin America and theCaribbean Region, World Bank, Washington, D.C. 1993.

_______; et Patrinos, Harrz. «Indigenous People and Poverty in Latin America: An Empirical Analysis.» Latin America and the Caribbean Technical Department, Regional Studies Program, Report No. 30, World Bank, Washington, D.C, 1993.

Preeg H. Ernest. «Preval's Haïti: A Country on the Brink.» The Journal of Commerce, 24 mars 1997 «The Haïtian Dilemma, CSIS, 1996.»

Raditz, Cay W., et Currelly, C. John, «Haïtian Rural Financial Assessment: Grand'Anse.» The Barents Group, Washington, D.C., 1997.

«Remarks of Secretary of Agriculture Dan Glickman on Behalf of the United States of America». World Food Summit, Rome, 1996.

Riordon, JamesT.; van Haeften, Roberta; Daly, Jorge L.; Amat y Léon Chávez, Carlos; Beltrán Barco, Arlette; Gómez de Zen, Rosario; et Yamada Fukusaki, Gustavo. «Food Security Strategy for Peru.» USAID/Peru, Lima, 1994.

Romanoff, Steven A. «Social and Economic Conditions in 12 Low-Income Neighborhoods in Haïti.» Romanoff Associates and A.T. International, Washington, D.C., 1995.

Rondinelli, Denis. Urbanization and Rural Development: A Spatial Policy for Equitable Growth. New York: Praeger, 1978.

Rutta, Vernon W. (ed.). Why Food Aid? Baltimor: The Johns Hopkins University Press, 1993.

Server Luis. «A RMSM-X Model for Chile.», Working Papers, World Bank, 1991.

Summers, Lawrence. «Girls' Education: The Most Influential Investment.» Scientific American August, 1992), 132.

Thomson Anne et Mety Manfred. «Implications of Economic Policy for Food Security.» FAO, 1997.

Trouillot, Michel-Rolph; Acacia, Michel; Ulysse, Gina; et Zoung, Malcom. ««Democracy in Haïti: A Strategie Assessment. Development Associates, Inc., Arlington, Virginia, 1997.

Truong, Tham V.; et Moore, Daniel C. «Privatization of Commodity Markets: A Case Study of the Fertilizer Sub-Sector Reform Program in Cameroon.» «Cuarto Ciclo deJornadas Económicas,» Guatemala City, 1995.

Tweeten, Luther; Mellor, John; Reutlinger, Shomo; et Pines, James. «Food Security Discussion Paper.» U.S. Agencz for International Development, Washington, D.C. 1992.

Uebe, Götz. «World of Economic Models: Catalogue of typical Specification and Economic Models.» Avebury Ashgate, 1995.

United Nations Conference on Trade and Development. «The Trade Point: Concept and Implementation.» Geneva, 1993.

United Nations Development Program. Human Development Report. Mew York: Oxford University Press, 1996.

________, «Mission inter-agences sur les secteurs industriel et commercial : redémarrage et transformation :

un défi pour les secteurs industriel et commercial.» Port-au-Prince, 1996.

________,Unités States Department of Agriculture, ERS «Food Aid Needs Assessment.» 21 nov. 1996.

________,«Data for Food Demand Analysis: Availabilitz, Characteristics, Options, Stock # AER-613.»

U.S. Agency for International Development. «Food Aid and Food Security.» Policy Paper, Washington, D.C. 1994.

________.«Food Needs Assessment Project (FNA).», mars 1989.

________.«Making Markets Work for the Rural Poor: An Agenda to Advance Broadly Based, Sustainable Rural Economic Growth in Latin America and theCaribbean.» Bureau for Latin America and the Caribbean,Washington, D.C. 1994.

________.«Policy Determination: Definiton of Food Security.»Washington, D.C. 1992.

USAID/Haïti. «Enhancing Food Security II Project Paper (USAID Project No. 521-0258).» Port-au-Prince, 1995.

________, «USAID Strategy to Improve Food Security in Haïti, a Proposal.» Février 1997.

________,«Haïti: USAID Monitoring Report, Mai.uillet 1996.» Volume 5, numéro 3, Port-au-Prince, 1995.

________, «Incentives to Improve Basic Education.» Basic Education Fact Sheet, Port-au-Prince, 1996.

________, «Resultats Review and Resource Request, 1996-98.» Port-au-Prince, 1996.

________, «Statuts Reports: USAID/Haïti.» Port-au-Prince, 1996.

University ofArizona. «A Baseline Study of Livelihood Security in the Northwest of Haïti.» Tucson, 1996

________, «A Baseline Study of Livelihood Security in the Southern Peninsula ofHaïti.» Tucson, 1996.

Valdes Alberto. «Food Security for Developing Countries.» A Westview Special Study, 1985.

Van Haeften, Roberta. «Food Security Concepts.» LAC TECH Bulletin No. 8, U.S. Agency for International Development, Washington, D.C., 1994.

Vergara, Ricardo. «La Ciudad y el Camp: Una Danza Eterna?» Debate Agrario: Análisis y Alternativas, No. 13 (janvier-mai 1992), 175-92.

Von Braun, Joachim; Bouis, Howarth; Kumar; Shubh; et Pandya-Lorch, Rajul. «Improving Food Security of the Poor: Concept, Policy, and Programs.» International Food Policy Research Institute, Washington, D.C. 1992.

Von Braun, Joachim; et Pandya-Lorch, Rajul (eds.). «Income Sources of Malnourished People in Rural Areas: Microlevel Information and Policy Implications.» Working Papers on Commercialization of Agriculture andNutritionm No. 5, International Food Policy Resarch Institute, Washington, D.C., 1991.

White T. Anderson. «Degradation andDevelopment in Rural Haïti: Policy Lessons from History and Natural Resources Projects. » Environmental and Natural Ressources Policy and Training Project, St. Paul, Minnesota, 1994.

World Bank. «Caribbean Economic Overview.» Report No. 15471, Washington, D.C. 1996.

________.«Haïti Agricultural Sector Review.» Report No. 9357-A, Washington, D.C., 1991.

________.«Le redressement de l'économie haïtienne : résultats, problèmes et perspectives.» 1989.

________.«Examen des dépenses publiques d'Haïti, note n° 3, agriculture.» Projet, mars 1997.

________.«Examen des dépenses publiques d'Haïti, n° 4, environnement.» Projet, mars 1997.

________, «Country Assistance Strategy of theWorld Bank Group for the Republic of Haïti.» 13 août 1997.

________. «Poverty Reduction and Humain Development in the Caribbean, a Cross-Country, Study.» Discussion Papers, 1997. Yetley, Mervin J et Tun Sovan «Projecting Food Demand: A Comparison of Two Methods » United States Departmenet of Agriculture: ERS, Staff Report, juillet 1986.

________. «World Poulation Projections. 1995

______ . Yetley Mervin et Tun Sovan : <Projecting food demand : A comparison of two methods>, United States Department of agriculture : ERS : Staff report : 1985.

Index

INDEX

Abréviations et acronymes

AAN	Autorité aéroportuaire nationale
ALENA	Association de libre échange nord-américaine
APN	Autorité portuaire nationale
BCA	Bureau de crédit agricole
BCI	Banque de crédit agricole
BID	Banque interaméricaine de développement
BNDAI	Banque nationale de développement agricole et industriel
BRH	Banque de la République d'Haïti (Banque centrale)
CAD	Comité d'aide au développement (OCDE)
CAMEP	Centrale autonome métropolitaine d'eau potable
CARE	Coopérative for American Relief Everywhere (organisme caritatif américain)
CARICOM	Caribbean Community (Marché Commun de la Caraïbe)
CAS	Country Assistance Strategy (Stratégie d'assistance nationale)
CBI	Caribbean Basin Initiative (Initiative pour le bassin de la Caraïbe)
CIF	Coût, assurances, fret
DTS	Droits de tirages spéciaux
EDH	Électricité d'Haïti
EERC	Emergency Economic Recovery Credit (Crédit de redressement économique d'urgence)
EERP	Emergency Economic Recovery Program (programme de redressement économique d'urgence)
ENAOL	Entreprise nationale des oléagineux
EPPLS	Entreprise publique des logements sociaux
ERC	Economic Recovery Credit (Crédit de redressement économique)
ESAF	Enhanced Structural Ajustement Facility (Facilité d'ajustement structurel)
EX	Exercice fiscal haïtien allant du 1er octobre au 30 septembre
FAO	Organisation des nations Unies pour l'alimentation et l'agriculture
FBCF	Formation brute de capital fixe

FDI	Fonds de développement industriel
FES	Fonds économique et social
FIES	Fonds d'investissement économique et social
FMI	Fonds monétaire international
FOB	Franco à bord
ha	Hectare
HASCO	Haïtan American Sugar Company (Société sucrière Haïtiano-américaine)
IDA	International Development Association (Association internationale de développement)
IHSI	Institut haïtien de statistique et d'informatique
MARNDR	Ministère de l'agriculture, des ressources naturelles et du développement rural
MDE	Ministère de l'environnement
MSPP	Ministère de la santé publique et de la population
OCDE	Organisation de coopération et de développement économique
OFATMA	Office d'assurance-accidents du travail, maladie et maternité
OIT	Organisation internationale du travail
ONA	Office national d'assurance
ONAC	Office national de l'aviation civile
ONAPAM	Office national du programme alimentaire mondial
OPRODEX	Office de promotion des denrées exportables
PAM	Programme alimentaire mondial
PAS	Programme d'ajustement structurel
PAT	Projet d'assistance technique
PFP	Policy Framework Paper (Déclaration de politique générale)
PIB	Produit intérieur brut
PNB	Produit national brut
PNUD	Programme des nations unies pour le développement
POCHEP	Postes communautaires d'hygiène et d'eau potable
RMSM-X	Revised Minimum Standard Model (modèle standard révisé-version X)
SEN	Société d'équipement national
SEPRRN	Société d'entretien permanent du réseau routier national

SOFIHDES	Société financière haïtienne de développement international
SNEP	Service national d'eau potable
SONAPI	Société nationale des parcs industriels
USAID	Agence des États-Unis pour le développement international
USN	Usine sucrière du Nord (située à Citadelle)
USND	Usine sucrière nationale de Darbonne.

*

* *

Table des matières

Collection ***Sociétés et économies insulaires***
dirigée par Fred CÉLIMÈNE
et François VELLAS

La collection ***Sociétés et Économies Insulaires*** correspond au besoin né du grand développement des régions insulaires qui jouent un rôle essentiel dans les échanges économiques mondiaux, mais aussi dans les échanges culturels et scientifiques. Les îles, aujourd'hui, ont largement dépassé les problèmes traditionnels liés à l'éloignement et à l'isolement. Les nouvelles technologies de communications et de télécommunications donnent désormais aux sociétés insulaires les mêmes possibilités que sur les continents, tout en permettant aux îles de conserver leurs avantages comparatifs liés notamment à la qualité de la vie et à l'environnement.
Les ouvrages de la collection *Sociétés et économies insulaires* ont pour ambition d'aborder à la fois les îles en tant qu'entités spécifiques et en tant qu'espaces privilégiés des politiques de développement sectoriel.
Cette collection permettra ainsi de combler un vide dans l'édition des ouvrages sur les régions insulaires en permettant de rassembler un ensemble de contributions de grande valeur consacrées uniquement aux îles.

Déjà parus

François VELLAS, Jean-Michel Cauet, *Le tourisme et les îles*, 1997.
Philippe HEIN, *Économie de l'île Maurice*, 1997.
Jean-Michel SALMON, *Marché du travail et développement économique dans les petites économies insulaires : théorie et application*, 1997.
R. Hernandez MARTIN, D. GODENAU, A.J. Vera MESA, C.J. Rodriguez FUENTES, *L'économie des îles Canaries*, 1997.
François VELLAS, *Le tourisme et la Caraïbe*, 1997.
Elisa PAULIN, *Théorie de la spécialisation internationale et économies insulaires : le cas des iles de la Caraibe*, 1997.
Joël BOUDINE, *Le régime fiscal des départements d'Outre-mer*, 1998.

www.ingramcontent.com/pod-product-compliance
Lightning Source LLC
LaVergne TN
LVHW050625051026
849532LV00002B/275
* 9 7 8 2 7 3 8 4 7 4 3 8 4 *